사랑이라는 이름의

중)독

사랑이라는 이름의 중독
Victim of Love

초판 1쇄 발행 2004년 5월 1일
초판 20쇄 발행 2013년 6월 30일

지은이 토머스 화이트맨 & 랜디 피터슨
옮긴이 김인화
펴낸이 오정현
펴낸곳 도서출판 국제제자훈련원

등록 제22-1240호(1997년 12월 5일)
주소 (137-865) 서울시 서초구 서초1동 1443-26
e-mail dmipress@sarang.org **홈페이지** www.discipleN.com
전화 (02)3489-4300 **팩스** (02)3489-4329

ISBN 89-90285-05-4 93230

※ 책값은 뒤표지에 있습니다. 잘못된 책은 구입하신 곳에서 교환해 드립니다.

국제제자훈련원은 건강한 교회를 꿈꾸는 목회의 동반자로서 제자 삼는 사역을 중심으로
성경적 목회 모델을 제시함으로 세계 교회를 섬기는 전문 사역 기관입니다.

사랑이라는 이름의

중독

토머스 화이트맨 · 랜디 피터슨 공저
김인화 옮김

국제제자훈련원

추천사 1

사랑하고 사랑받을 수 있는 능력은 행복한 생활의 필수적인 조건이다. 사랑하지 않고 행복한 사람은 없다. 사랑은 배워야 하는 기술이다. 우리나라도 이혼율이 50퍼센트에 육박하면서 사회생태계가 위협받고 있는 매우 심각한 현실에 놓여 있다. 이러한 이혼을 막는 지름길은 행복한 결혼율을 높이는 것이다.

이 책은 병적이고 역기능적이며 중독적인 관계를 집중적으로 다루며 그것을 어떻게 청산하고 건강한 관계로 발전시킬 수 있는지 그 비결을 제시하고 있다.

중독이란 어떤 대상에 '습관적으로 열중하거나 몰두하는 것'이다. 쉽게 말해서 어떤 행동을 도저히 중단할 수 없는 상태를 의미하며, 통제 불가능한 행동을 하게 될 때 우리는 그것을 중독되었다고 한다. 우리는 중독이라고 하면 흔히 알코올이나 마약, 도박 같은 것을 떠 올린다. 그러나 우리는 관계나 음식, 종교, 스포츠 또는 일과 같이 좋은 것에도 중독될 수 있다. 이 책의 저자들이 주장하는 것처럼, 이 시대의 가장 큰 중독은 동반의

4

존중독(codependence)을 포함하는 사람중독이다. 사이버중독, 성중독, 사랑중독, 사람중독은 우리에게도 심각한 사회문제로 부각되고 있다.

인간의 가장 기본적인 욕구는 '다른 사람과 관계하고 싶은 욕구'이다. 어떤 심리학자는 이를 '관계에의 의지'(will to relate)라고 표현했다. 관계에는 건강한 관계와 역기능적이고 병적인 관계가 있다. 관계가 마약과 같은 역할을 하며, 그 관계를 깰 힘이 없으며, 관계를 통해 자기의 마음의 구멍을 채우려 하는 경우이다.

중독적 관계의 특징은 무엇인가? 중독적 관계는 어떤 단계를 거치며 발전하는가? 결혼하지 않고 계속하여 관계에 실패하고 있는 사람들의 특징은 무엇인가? 결혼 안에서의 관계중독은 어떻게 치유할 수 있으며, 가족관계나 우정에서의 중독은 어떻게 다루어야 하는가?

저자들은 이와 같은 질문에 성경과 심리학의 통찰, 그리고 상담경험을 근거로 실제적이면서 실현 가능한 해답을 제시하고 있다. 5장의 관계중독 테스트는 독자 자신의 중독 여부를 진단해 볼 수 있는 도구가 될 것이다.

저자들은 전문상담가들로서 상담현장에서 만난 내담자들의 사례를 중심으로 문제를 진단하고 균형 있는 대안과 해결책을 제시하고 있다. 당신은 어떠한가? 당신이 미혼자이든, 기혼자이든, 아니면 이혼자이든 건강하고 행복한 삶을 누리는데 관심이 있다면, 이 책을 읽어보라. 그리고 도움이 되었다면 이웃에게 소개하거나 선물하는 친절을 베풀도록 하라.

좋은 번역으로 독자들을 섬겨 주신 김인화 자매에게 감사하며, 친밀한 인간관계를 누리기를 원하는 모든 분들에게 이 책을 자신 있게 추천한다.

정동섭 교수

(Ph.D., 전 침신대 기독교상담학 교수 / 현 밴쿠버 기독교세계관대학원(VIEW) 교수)

결혼하게 되면 수만 가지의 괴로움이 따른다. 그러나 결혼하지 않으면 한가지 기쁨도 누릴 수 없다. 모두들 그 한 가지 기쁨을 위해 결혼을 했다. 그러나 한가지 기쁨을 얻기도 전, 대부분의 사람들은 수만 가지의 괴로움과 고통에 파묻히고 만다. 어느 가정이나 결핍된 요소와 역기능이 있을 수밖에 없다. 중요한 것은 그 장애물을 디딤돌로 삼느냐 아니면 걸림돌로 삼느냐의 선택이다.

때문에 "인생이란 나에게 무슨 일이 일어나느냐의 10퍼센트와 그 일어나는 일에 내가 어떻게 반응하느냐의 90퍼센트로 구성된다고 할 수 있다. 따라서 그 반응은 인생의 '어퍼스트로피(')'와 같다. Impossible을 I'm Possible로 바꾸는 생명을 지녔기 때문이다. 이 어퍼스트로피 하나면 '고질병'이 '고칠병'이 된다.

책의 원제처럼 어쩌면 우리 모두는 사랑의 피해자(victim)인지도 모른다. 거룩한 사랑에 때가 묻고, 순결해야 할 사랑은 구겨졌다. 왜곡된 사랑이 판을 치고, 사랑에 경계선이 사라지면서 집착에 빠지기도 한다. 사랑과 집착이 삼각파도처럼 서로를 죽음으로 내몰기도 한다. 사랑 안에 두려움이 없고 온전한 사랑은 두려움을 내어 쫓아야 하는데 오히려 우리는 두려움에 갇혀 긴장 가운데 살아간다.

이러한 많은 문제로부터 벗어나려 몸부림쳐 보지만 끝내 다람쥐 쳇바퀴 돌 듯 문제 속에서 사는 이들에게 이 책은 희망을 준다. 반복되는 역기능으로부터 벗어날 수 있는 길을 제시하고 있는 것이 바로 이 책이기 때문이다. 썩어져 가는 구습을 좇는 옛 사람을 벗어 버리고 새로운 사람, 새로운 사랑으로 거듭나려는 사람들에게 이 책은 나침판이 되고, 회복과 치유의 메시지를 준다. 진정한 사랑을 찾는 비결이 무엇인지를 알게 해 준다.

마지막으로 하고 싶은 말이 하나 있다. 제방도 작은 바늘구멍 하나로 무너질 수 있듯이, 부부의 문제도 사소한 것들로부터 시작된다. 나아가 부부간의 갈등은 얼마든지 해소될 수 있는 것들임에도 이혼이라는 마지막 출구로 가고 있는 부부들이 많아지고 있다. 진정한 사랑을 회복하고자 하는 모든 부부들에게 일독을 권한다. 또한 결혼을 앞둔 젊은이들의 결혼예비학교 교재로도 손색이 없다. 미리 예방접종을 하면 면역 체계가 형성되어 그만큼 건강한 삶을 영위할 수 있을 것이기 때문이다.

송길원 목사
(하이패밀리 대표 / 건강가정시민연대 공동대표 / 숭실대학교 대학원 겸임교수)

나는 나의 비전과 미션에 근본적인 문제의식을 제기하는, 다소 충격적이고 고통스럽게까지 한 이 책을 접하게 되었다.

나는 사람과 사람을 이어주고 공동체와 공동체를 이어주는 네트워커인 동시에, 그리스도를 머리로 하는 공동체 세우기를 전문적으로 하는 목회자이다. 특별히 청년 공동체를 세우는 일에 사반 세기 이상 전력했고, 누구 못지않게 하나님과의 수직적인 관계와 수평적인 관계의 중요성을 가르쳤다. 우리가 그리스도의 몸에 속한 한지체로 모든 지체가 마디마디 연결되는 것의 중요성 또한 상당히 강조해 왔다. 그것은 교회 없이는 구원이 없고, 성장도, 비전도, 사역도 없다고 믿었기 때문이다.

그런데 이 책은 가장 소중하게 여기며 하고 있는 일을 뿌리부터 점검해 보도록 나를 흔들어 놓았다. 더 나아가 나 자신의 모든 관계와 내가 구하며 베푸는 사랑에 대해서조차 근본적으로 의심해 보도록 만들었다. 나 자신조차도 관계중독이나 사람중독 또는 사랑중독에 무지했고, 내가 세우는 리더들 중 누가 그런 중독의 요소를 갖고 있는지 살피지 않고 공동체를 세워 온 것을 수치스럽지만 인정할 수밖에 없었다.

　교회나 크고 작은 크리스천 공동체는 건강하게 세워지지 않으면, 그 자체에 관계나 사람중독증을 유발, 심화시키거나 심지어는 미화시킬 수 있는 요인과 여건을 적지 않게 갖고 있다. 관계중독, 사람중독, 사랑중독 외에 예배중독과 일중독에 빠진 사람들을 아주 신령하거나 성숙한 사람으로 부각시킬 수도 있기 때문이다. 그런 점에서 목회자와 공동체 세우기에 기여하는 사람들은 이 책의 주제에 대해 깊이 생각해 봐야 하고 바른 지식을 갖고 있는 것이 꼭 필요하다.

　특별히 의미 있는 관계를 맺기 시작하는 이십 대의 청년들은 이 책을 통해 바른 관계 맺기를 배워야 한다. 아울러 청년사역자들도 사랑과 공동체에 대한 헌신만을 강조하기 전에 올바른 관계 맺기를 배워서 젊은이들이 이 책의 원제처럼 '사랑의 희생자'(Victim of Love?)가 되지 않도록 지도해야 할 책임이 있다. 이제 교회는 하나님께서 선물로 주신 현대 의학이나 심리학이나 상담학 등을 통해서 발견하게 된 인간관계에서 발생할 수 있는 각양의 중독증과 그 치유책 등의 이슈들에 대해서 해박하고 전문적인 사랑(Professional Love)을 보여 줄 수 있어야 한다.

　이 책은 내게 충격과 고통을 주었지만, 바른 관계 맺기와 건강한 공동체를 세우는 데 아주 실제적인 가능성과 지침을 주었다. 그리고 무엇보다도 나 자신의 중독 여부나 정도를 알게 되었을 뿐 아니라 소중한 사람들과의 관계를 보다 전문적인 사랑의 차원에서 맺는 법을 배우게 해주었다.

고직한 선교사(YOUNG 2080 대표)

처음 이 책을 읽기 시작했을 때 저자가 제시하는 '중독적인 관계'의 사례들이 우리 상황과는 문화적인 차이가 있었고, 매우 심각한 상황들이었기에 과연 보통 사람들이 얼마나 자기에게 적절하다고 느끼면서 읽을 수 있을 것인가 하는 의문이 들었다. 그러나 계속 읽으면서 특별히 심각한 상황에 있는 사람을 다루고 있기는 하지만, 결국 다른 사람과 관계를 형성하면서 살아가야 하는 나를 포함한 모든 사람들의 이야기라는 것을 이해하게 되었고 참 재미있게 읽을 수 있었다.

저자는 중독적인 관계에 대한 통찰력 깊은 이해와 구체적인 대처방안을 제시한다. 중독적인 요소는 일상적인 생활 가운데 누구나 심인적 맹아를 가지고 있는 것인데, 중독적인 관계로 빠져 드는 내면의 성향을 바르게 이해하고 깨닫게 함으로 현명하게 대처할 수 있도록 돕는다.

이 책을 읽어가면서 결혼 적령기에 있는 많은 청년 형제 자매들과 함께

생활하며 가지게 되었던 '이렇게 번듯한 청년들이 왜 다른 사람과의 관계를 어려워하며 건강하고 깊은 관계를 맺지 못하는가?'라는 질문에 대한 중요한 이해를 얻을 수 있었다. 또한 그들이 이 책을 통해 좀 더 균형 잡히고 의미 있는 관계들을 즐길 수 있을 것이라는 생각도 갖게 되었다.

다른 사람과 좀 더 깊이 있는 관계를 형성하기 원하는 사람이라면, 서로를 이해하고 삶을 나눌 수 있는 데이트를 하고 싶은 사람이라면, 연인과의 사랑스러운 관계, 배우자와의 아름다운 관계를 소망하는 사람이라면, 가족을 비롯해서 가까운 사람들과 함께 나누는 진솔한 대화와 친밀한 관계를 꿈꾸는 사람이라면 이 책을 꼭 읽어 보기를 감히 권한다.

이 책을 쉽게 읽을 수 있을 것이다. 그리고 오랫동안 곁에 두고, 마음 깊은 곳을 길어내는 일에 기꺼이 도움을 받으려 하게 될 것이다.

김은수 목사(사랑의교회 젊은이선교 디렉터)

서_문

아주 지적인 여성이 남자한테 학대당하면서도 그를 떠나지 못하는 이유는 뭘까? 그리고 유능한 여성이 자기보다 훨씬 '못한' 남자에게 끌리는 이유는 뭘까?

행복의 필요조건을 다 갖춘 남자가 삶 전체를 낭떠러지로 몰고 갈 수도 있는 불륜에 연루되는 이유는 뭘까? 좋은 직업, 화목한 가정, 사랑하는 아내와 아이들에 남 부러울 것 없는 남자가….

자식이 성인이 되어도 아이 취급하며 독립된 인간으로 생활하지 못하게 하는 이유는 뭘까? 자녀가 가정 밖에서의 삶을 잘 꾸려가도록 준비시켜 주는 게 부모의 역할인데 말이다.

이 모두가 중독적인 관계의 예라고 할 수 있다. 희생적인 사랑이 아니라 강박적인 충동에 이끌리는.

그렇다면, 이것이 우리가 접할 수 있는 중독의 전부일까? TV 토크쇼들은 일중독자, 소비중독자, 음식중독자, 도박중독자 및 TV중독자들에 대한 이야기로 항상 향후 몇 회분까지 녹화가 돼 있다고 한다. 그래서 인간의 또 다른 약점인 사랑중독도 얼마든지 있을 수 있다고 변명해도 되는 걸까?

절대로 그렇지 않다. 나는 중독적인 인성을 갖고 있는 사람이 수없이 많다고 생각한다. 마약을 한 적 없고 술에 취한 적 없다고 해서 중독적이지 않은 것은 아니다. 사회적으로 용인되는 방식으로 중독적인 생활을 영위하는 사람이 얼마나 많은지 모른다. 그런 사람들에게는 사랑이 더할 수 없이 매력적이다. 사랑만큼 사회적으로 용납받기 쉬운 게 어디 있단 말인가? 그들은 연인에게서 마약주사 같은 환상을 갈망한다. 마약중독자가 마약 성분이 온몸에 퍼지기를 갈망하듯이….

당신은 다음과 같은 말을 한 적 있는가? 혹은 생각해 본 적이 있는가?

"그 사람과 함께할 수 없다면 차라리 죽어 버릴 거야."

"그녀를 잡기 위해서라면 뭐든 하겠어."

"당신은 제 전부예요. 당신 없이 전 아무것도 아니에요."

이런 말들은 아름다운 시어로는 적당하다. 혹은 러브송으로 만든다면 대히트 칠 것이다. 그러나 현실 속에서의 이런 말은 관계의 균형이 일그러져 있음을 시사한다. 물론, 이런 말을 한두 번 했다고 해서 중독적인 관계에 빠져 있다고 단정 지을 수는 없다. 그러나 이런 말을 자주 한다면, 자신이 얼마나 의존적인지 점검해 보아야 한다.

그렇다고 내가 관계를 반대한다고 오해하지는 마라. 나는 관계를 반대하지 않는다. 이 책도 그런 책이 아니다. 건강한 관계는 참으로 값지고 귀한 선물이다. 건강한 관계에는 치유하고 회복하고 즐겁게 하는 힘이 있다. 그러나 건강하지 못한 관계는 불행을 몰고 온다. 나는 여러분이 이 책을 읽고 위험신호를 감지하고, 나쁜 관계에서 빠져나올 수 있기 바란다.

그리고 건강한 관계를 맺기 바란다.

내게 상담을 요청해 오는 사람들은 대부분 독신이다. 이혼해 혼자 된 사람도 있고 아직 미혼인 사람도 있다. 그래서 사례들이 대부분 데이트하는 관계에서 일어나는 낭만적인 중독에 대한 것들이다. 그러나 건강하지 못한 중독관계는 결혼 안에서도 일어날 수 있다. 그래서 그런 상황에 대해서도 썼다. 그런 상황에는 약간 다른 규칙들이 적용된다. 동성간의 우정과 가족 관계 역시 중독적인 것으로 치달을 수 있기 때문에 여기에 대해서도 몇 장 할애했다.

각자 처한 상황이 어떠하든, 중독적인 관계에 대한 일반적인 원칙은 대부분 자신에게 속해 있다. 그 관계에 어떻게 들어가며 어떻게 나오는지가 다 자신에게 속해 있는 것이다. 이 책의 핵심도 이것이다.

나는 십여 년 전, 펜실베이니아 주의 파올리에 있는 생명상담서비스센터(Life Counseling Services)에서 상담가로 활동하며, 처음으로 중독적인 관계에 대해 알게 됐다. 주로 여성들과 상담했는데, 대부분 잘못된 관계로 힘들어하고 있었다. 나와 상담하면서 이들은 관계에서 무엇을 추구해야 하는지 깨달았고, 건강한 사람을 만날 때까지는 기다리겠다고 결심했다. 그런데도 그들은 매번 자기에게 안 맞는 사람을 선택해서는 그로 인해 힘들어했다. 똑같은 실수를 계속 되풀이하는 것이었다. 나는 이게 너무도 혼란스러웠다.

매주 우리는 똑같은 원칙을 되짚었고, 그때마다 그들은 지금 맺고 있는 중독적인 관계에서 빠져나오겠다고 결심했다. 그러나 그 결심은 내 방을 나서기 무섭게 무너져 버리곤 했다. 상대방이 발하는 위압적인 매력 앞에 그들은 속수무책이었던 것이다. 결국, 나는 의지력만으로는 충분치 않다고 결론 내렸다.

그들은 마약중독자와 유사한 점이 많았다. 나는 이 사실이 몹시 충격적이었다. 그들에게는 관계가 마약이었다. 그것도 그들 스스로 선택하는. 나는 마약중독자들이 어떤 어려움을 겪는지 많이 목격했다. 그들은 마약이나 알코올이 자기를 갈가리 찢는다는 걸 알면서도 거기에서 벗어나지 못했다. 내가 발견한 마약중독을 극복하는 가장 효과적인 방법은 마약사용을 일체 중단한 다음, 자기와 비슷한 사람들 모임이나 후원자와 연결돼, 자기 행동에 책임을 지는 것이었다.

나는 파괴적인 관계에서 빠져나오지 못하는 여성들과 상담할 때마다, 그들에게도 이 치료법이 필요하지 않을까 하고 생각했다. 그들에게는 그 관계를 깨고 나올 힘이 없었다. 게다가 그들에게는 삼십 일 치료 프로그램이나 해독제 같은 것을 제공해 줄 수도 없었다. 그래서 나는 궁리 끝에, 비슷한 문제로 힘들어하는 일곱 명의 내담자들로 하나의 그룹을 만들기로 했다. 그들은 모두 자기를 도와주고 자기 행동에 책임을 요구할 사람들이 절실히 필요했다.

그런데 한가지 문제가 있었다. 이런 그룹에는 어떤 재료를 사용해야 할까? 이런 모임에는 어떤 치료법이 효과 있을까? 나는 이런 특별한 필요를 가진 사람들에게는 어떤 재료가 적합한지 알지 못했다. 그래서 다른 유형의 중독자들을 위해 개발된 재료들을 몇 가지 택했다. 그들은 일주일에 두 번씩 만나 자신의 이야기를 나누고, 자기 행동에 대해 해명하고 책임지는 작업을 하며 많은 도움을 주고받았다.

나는 이 첫 번째 모임을 기초자료로 삼고, 거기에 지난 수년간의 세미나와 다른 그룹들 및 다른 사람들과의 개인적인 상담을 통해 얻은 자료들을 더해 이 책을 썼다. 나는 자기 이야기를 나누어 준 그들의 용기와 결심을 진심으로 높이 산다. 이 지면을 빌어, 어려운 관계 속에서 겪은 몸부림과 죄책감에 대해 들려 준 그들에게 감사의 마음을 전한다.

본서에서 나는 본인의 동의 아래 다섯 개의 사례연구를 소개했다. 단, 그들의 신분을 보호하기 위해 이름과 몇 가지 세부적인 사항은 조금 손을 댔다. 그들의 이야기에 등장하는 인물들은 그들의 눈을 통해 바라본 것이다. 따라서 약간의 편견이 개입되었을 수도 있다. 어쩌면 그 사람들은 그들의 주장과 달리 그렇게 나쁜 사람들이 아닐 수도 있을 것이다. 모든 이야기에는 항상 다른 면이 있기 마련이니까.

중간중간, 다른 이야기도 나올 것이다. 나는 상담가로서 내담자들의 비밀을 지켜야 하는 책임을 다하려고 노력했다. 동시에 그들의 이야기를 온전하게 들려주기 위해서도 최선을 다했다. 몇몇 사례에서는 내게 상담받은 여러 사람을 섞어 복합적인 인물을 만들어 내기도 했다. 그래서 아마 그들 자신이 읽어도 자기 이야기인지 모를 것이다. 이렇듯 나는 그들의 사생활은 보호해 주되, 핵심적인 사실과 그들의 이야기에 담겨 있는 교훈은 있는 그대로 전하기 위해 고민에 고민을 거듭했다.

이 책을 통해 여러 남성과 여성들의 힘든 싸움에 대해 읽으며, 많은 격려와 깨달음을 얻기 바란다. 혹 중독적인 관계에 빠져 고통 당하고 있다면, 이 책에서 건강을 향해 첫 발을 내딛는 데 필요한 힘을 공급받기 바란다.

차례

01

서클

    칠월이라 후덥지근한 데다 습도도 높았다. 나는 상담실에 일곱 개의 의자를 둥그렇게 놓았다. 시간이 되자, 사람들이 한 명 두 명 도착하기 시작했다. 도착하는 동안은 옆사람과 자기 소개도 하고 이런 저런 얘기도 주고받더니, 일곱 명 모두 도착하자 아무도 입을 열지 않았다. 차가운 침묵만이 감돌았다.

    서로 어색해 하는 분위기가 밤공기만큼이나 무겁게 느껴졌다. 나는 긴장을 풀어 주려고 목소리를 최대한 부드럽게 해 말문을 열었다. "제가 여러분을 왜 불렀는지 궁금할 거예요. 저는 잘 알고 있지만, 서로와는 초

면이죠? 제가 여러분을 부른 이유는 여러분이 처한 상황이 서로 비슷하기 때문이에요. 다른 사람들 얘기를 들으며 자신과 비교해 본다면 많은 도움이 될 거예요."

나는 누구를 지명해 강제로 말하게 하고 싶지는 않았다. 그래서 누가 먼저 말하겠냐고 물었다. 다시 한 번 무거운 침묵이 흘렀다. 아무도 나와 눈을 마주치려고 하지 않았다. 얼마 후, 캐런이 목청을 가다듬더니 심호흡을 크게 하고 입을 열었다. 자리가 내 옆인지라, 자기가 먼저 말하지 않으면 안 되겠다고 느낀 모양이었다.

"전 5년 전에 이혼했어요. 그 후 네 명의 남자를 만났죠. 그런데 한 사람과도 친밀한 관계로 발전하지 못했어요. 사실, 전 그런 관계가 가능하다고 믿지도 않아요. 그렇지만, 친밀하지 못한 관계는 견디기 어려울 정도로 힘들었어요."

캐런은 다시 한 번 심호흡을 했다. 그리고는 계속 말을 이어갔다. "지금도 전 한 남자를 만나고 있어요. 그 사람한테 관심이 아주 많아요. 하지만 그가 저를 어떻게 생각하는지는 모르겠어요. 유부남이거든요."

캐런의 아버지는 알코올 중독자였다. 성장기 내내 그녀는 아빠의 사랑을 얼마나 갈망했는지 모른다. 그래서 그녀는 일찍 결혼했다. 그러나 결혼은 허니문이 끝남과 동시에 빛이 바래고 말았다. 그래도 그녀는 잘 살아 보려고 노력했다. "하지만, 지금 생각해 보면, 그렇게 열심히 노력한 것 같지도 않아요." 그녀는 한숨을 쉬었다.

이혼은 남편이 원한 것이었다. 남편의 이혼 요구로 그녀는 깊은 거절감을 맛보았다. 그것은 그녀에게 지워지지 않는 상처가 되었다. 이혼 후 그녀는 다른 남자 품에 안겨 상처를 치유받으려고 했다. 그러나 그녀가 하는 사랑은 하나같이 건강하지 못했다. 남자들은 그녀를 감정적으로 학대했으며 물리적인 폭력도 가했다. 그래도 그녀는 어떤 남자를 만나든 신실하게 대했다. 그러나 모두 그녀에게 싫증내고 떠나가 버렸다. "분명, 제게 문제가 있는 것 같은데 그게 뭔지 잘 모르겠어요. 그런데 남자들은 제 문제를 금새 발견하고는 다들 떠나가 버리더라구요." 그녀가 차가운 음성으로 이렇게 말했다.

일곱 명 가운데는 종교적인 집안에서 자란 사람들도 있었다. 캐런도 그 가운데 하나였다. 그녀는 남자를 만날 때마다 성관계만은 절대로 갖지 않겠다고 다짐했다. 그러나 열정이 달아오르고 자기의심의 파도가 밀려오면, 그 다짐은 힘없이 녹아 버리곤 했다. 캐런은 육체적 관계를 쉽게 허락하는 자신이 말할 수 없이 미웠다. 그러면서도 그것을 정당화하려고 했다. 어차피 자기는 이혼녀고 물건으로 치면 하자가 있는 중고라고…. 그리고 남자에게 사랑받으려면 자기도 무언가 주어야 한다고….

지금 그녀는 유부남을 만나고 있다. "전 그 사람이 좋아요. 그 사람과 있으면 특별하다는 느낌이 들거든요. 처음에는 그 사람과 좋은 친구가 될 수 있을 거라고 생각했어요. 전 남의 가정을 파탄낸 적도 없고, 그러고 싶지도 않거든요. 그리고 그 사람이 아내를 버리고 제게 오는 일도 없을 테니까 저 때문에 그 사람 가정이 파탄날 일도 없을 거라 생각했죠. 그 사람에게 전 색다른 음식에 불과하니까요. 근데, 그만 그와의 관계가 낭만적으로, 육체적으로 발전해 헤어날 수 없을 정도로 깊어지고 말았어요. 솔직히 말하면, 그와의 관계에는 뭔가 짜릿한 것도 있어요. 물론, 나쁜 쪽으로죠. 전 그게 싫으면서도 자꾸 끌려 들어가고 있어요." 캐런은 내가 자기를 편 들어 주기를 바라는 듯 곁눈질로 나를 흘끔 보았다. 사람들이 비난

할까 두려운 듯했다.

"그를 만나면 안 된다는 건 저도 알아요." 그녀가 또박또박 힘주어 말했다. "하지만 그는 이미 제 안에 들어와 버렸어요. 제겐 그가 필요해요."

나는 사람들을 둘러보았다. 몇 명이 고개를 끄덕였다. 무슨 말인지 알겠다는 표정이었다. 그러나 다른 몇 명은 여전히 시선을 내리깐 채 바닥만 보고 있었다. 어쩌면 캐런의 이야기가 너무 가슴에 와 닿아 그러는지도 몰랐다.

"고마워요, 캐런. 처음 보는 사람들 앞에서 자기 이야기하기가 쉽지 않은데, 용기 내 줘서 고마워요. 그러면 캐런 오른쪽으로 돌아가며 한 사람씩 이야기할까요? 레이첼, 당신 이야기를 들려 주겠어요?"

레이첼은 이십 대 중반의 아가씨로 예뻤으며 생기가 넘쳤다. 그녀는 긴장했는지 얼굴을 찌푸리며 "반대 방향으로 돌면 안 될까요?"라고 말했다. 그러나 이내 미소 지으며 "아니에요. 원래 하려던 대로 하죠. 저에 대해 뭘 알고 싶으세요?"라고 물었다.

"왜 여기 왔죠?"

"오늘 저녁은 애인이 바빠 절 만나 줄 수 없거든요." 그녀의 얼굴이 금새 흐려졌다. 그녀는 워낙 활력이 넘쳐 표정 구석 구석 생기가 돌았다. 그런데 한 차례 흐린 표정이 지나가자, 얼굴이 먹구름 낀 하늘처럼 어두워졌다. "우습게 들리겠지만, 그게 진짜 이유예요." 이제는 목소리까지 냉소적으로 되었다.

레이첼의 애인은 여성 편력이 심했다. 그는 그녀를 공주처럼 떠받들어 주었다. 그러나 그녀는 그를 만날 때마다 그의 정원에는 몇 명의 공주가 있을까를 생각했다. 그래도 그런 느낌에 대해서는 한 번도 이야기하지 않았다. "괜히 그런 말해서 그를 잃고 싶지 않거든요. 그는 서약 같은 거를 하자거나 미래에 대해 이야기하자고 하면 입을 다물어 버려요. 아니면 화제를 다른 데로 돌리구요. 그리고는 일주일이고 이주일이고 절 만나 주지 않아요. 그러니 몇 명의 여자를 만나고 있냐, 나랑 결혼할 마음은 있냐 하는 건 물어 볼 수도 없죠."

무슨 말인지 알겠다는 중얼거림이 여기저기서 흘러 나왔다. 모두 그런 남자를 사귄 경험이 있었던 것이다.

나는 레이첼의 유년시절에 대해 물어 보았다. 그녀의 아버지는 거의 집에 없었다고 한다. 그래서 그녀는 엄마를 지나치게 의존하게 되었다. 그녀는 십대 때부터 데이트하기 시작해, 지금까지 사귄 남자만도 한 트럭은 넘는다고 한다. 그러나 안정된 관계를 맺은 건 몇 번 안 되고, 그나마 균형이 깨지면서 이내 끝나 버렸다고 한다. "전 항상 상대방이 저를 원하는 것과는 비교도 안 될 정도로 상대방을 많이 원해요. 때문에 늘 많은 문제가 생겼죠. 그런데 이번에도 그런 것 같아요."

그녀의 얼굴에서 눈부시게 밝은 표정이 잠깐 비춰져 나왔다. "그래도 전 운이 좋다고 생각해요. 지금 사귀는 사람은 진짜 근사하거든요. 그는 저를 고급 레스토랑에도 자주 데려가 주고, 신나는 곳에도 많이 데려다 줘요. 전에 만난 남자들은 운동경기 보러 갔다가 맥주 마시러 가는 게 고작이었는데, 이 사람은 안 그래요. 이제는 제가 받은 축복도 헤아려 봐야겠어요."

그러더니 얼굴이 다시 어두워졌다. "하지만, 그를 볼 수 없을 때도 많아요. 어떤 때는 주말마다 연락이 두절돼요. 아무 설명도 없어요. 마음 같아서는 그가 국제 스파이나 비밀요원이라 그런 거라고 믿고 싶지만, 다른 여자가 있어 그런다는 건 삼척동자도 다 알아요. 한번은 주말에 서른 번도 넘게 전화했는데, 자동응답기 소리밖에 듣지 못한 적도 있어요. 그날 전 소파에 누워 눈물을 훔치며 하루 종일 전화기 버튼을 눌러댔어요. 저도 제 권리 찾고 강해져야 한다는 거 알아요. 하지만, 그 사람이 떠나 버릴까봐 두려워요. 그리고 가끔씩이라도 근사한 데이트를 하는 게 전혀 하지 않는 것보다 낫다는 생각도 들구요."

다음은 조이 차례였다. 그녀는 자기에게 진정한 사랑은 남편뿐이라고 자랑스럽게 말했다. 그녀는 중3 때부터 남편과 데이트해 대학교 때 결혼했다고 한다. 결혼한 지 올해로 십사 년이 되었다. 그러나 지금은 별거하고 있다고 했다.

여러 사람들 입에서 신음소리가 흘러 나왔다. 캐런은 가방에서 휴지를 꺼내 조이에게 건네주었다. 조이는 휴지를 받아들더니 손에 꼭 움켜쥐었다.

"남편은 지금 삼 년째 이혼을 요구하고 있어요. 저는 안 된다고 하고 있구요. 전 하나님이 그를 다시 돌려 보내 주실 거라 믿어요. 전 그이를 사랑해요. 지금도 그 사람이 어떻게 가정을 버리고 다른 여자에게 갈 수 있었는지 이해가 안 되요. 아이가 셋씩이나 되는데 말이에요." 그녀가 서른을 갓 넘긴 나이임을 감안하면, 아이들도 아직 어릴 게 분명했다. 조이는 아이들을 혼자 키우는 게 얼마나 힘든지 이야기하기 시작했다. 그러자 그녀 속에 있던 분노가 모습을 드러냈다. 그녀의 겉모습은 온화해 보였다. 그러나 속으로는 분노를 삼키고 있었다. "얼마 전에 남편은 다른 여자와 살림을 차렸어요. 남편 말로는 수입의 상당 부분을 아이들 양육비로 제게 보낸다고 하는데, 전 그 여자에게 돈을 더 많이 쓰고 있는 것 같은 느낌이 들어요. 전 이게 속상해요. 그가 책임져야 하는 사람은 저와 아이들이지 그 여자가 아니잖아요?"

그러자 캐런이 "그게 그렇게 속상하다면, 남편 말대로 이혼해 버리지 그래요?"라고 물었다. 그러나 이내 바보 같은 질문했다는 표정이 얼굴에 떠올랐다. 다른 여자들도 속으로는 '차라리 남편을 놓아 버리는 게 낫지 않을까?'라고 생각하고 있었다. 그러나 그게 말처럼 쉽지 않다는 건 다들 너무 잘 알고 있었다. 그게 쉽다면, 뭣하러 여기 왔겠는가?

"안 그래도, 친구들이 그러라고 해요." 조이가 대답했다. "남편과 이혼하고 제 삶을 살라구요. 하지만, 그이를 사랑하는 걸 어떡해요? 그리고 저희가 한 결혼서약은 지금도 유효한걸요! 그는 그 서약을 깨뜨릴 수 있었는지 몰라도 전 그러지 못해요. 그리고 전 사랑의 힘을 믿어요. 하나님의 능력도 믿구요. 전 남편에게 끝까지 신실하고 싶어요. 이 상황 속에서 하나님께서 어떤 일을 하고 계시는지는 잘 모르겠어요. 저를 시험하시는지, 아니면 제가 짐작할 수 없는 다른 일을 하고 계시는지요. 아무튼, 남편을 사랑하는 마음은 거두고 싶지 않아요. 언젠가는 자신의 선택이 틀렸다는 걸 알고 제게 돌아올 거라 믿거든요."

다음은 로리 차례였다. 그녀는 사십 대 중반 여성으로 화장도 옷차림도 완벽했다. 나는 그녀가 성공한 커리어우먼처럼 치장하지 않은 것을 한 번도 본 적 없다. 그녀는 자기 주장이 강한 현대 여성의 진수 그 자체였다.

"직장 동료와는 절대 연애하지 마세요. 절대로요."

"경험에서 나온 소리인가요?" 레이첼이 물었다.

로리는 레이첼을 바라보며 천천히 고개를 끄덕였다. "그런데 전 이 규칙을 깨뜨리고 말았어요. 여기 온 것도 그 때문이구요. 8개월 전, 회사 상사가 제게 접근해 왔는데 어리석게도 마음 문을 열고 말았어요. 전 다른 사람이 조금만 관심 보여 줘도 아주 좋아해요. 그런데, 제가 모시는 상사가 하루에 일곱 시간씩, 일주일에 오일 씩 관심을 보여 주니 어땠겠어요? 결국, 저는 그를 받아들였고 데이트하기 시작했죠. 처음에는 우연이었어요. 하지만 그 다음부터는 우연이 아니었죠."

그 사람과의 관계는 아주 안 좋았다고 한다. 그녀는 그 관계를 정리해야 한다고 하루에도 수십 번씩 되뇌이곤 했다. 그러나 어떻게 정리해야 할지 알 수가 없었다. "그는 정말 매력적이에요. 하지만 쓰레기 같죠. 저는 이 두 가지가 왜 항상 함께 가는지 모르겠어요." 그녀는 사무실에서 단 둘이 있을 때 그가 그녀를 어떻게 이용했는지 들려주었다. 그는 생각지도 못한 방식으로 그녀를 성적으로 굴복시켰으며, 직업상 그에 대해 갖고 있던 헌신을 교묘히 이용했다. 그녀는 말할 수 없이 비참했으며 덫에 걸린 느낌이었다.

"날마다 오늘은 꼭 이 관계를 끝내야 한다고 생각해요. 하지만, 출근해서 그를 보면 마음이 흔들려요. 그는 제게 강력한 힘을 행사하고 있어요. 이 느낌을 어떻게 표현해야 할지 모르겠어요. 분명한 건 제가 그를 원한다는 거예요. 전 잠시도 그와 떨어져 있고 싶지 않아요."

로리는 두 번 이혼한 적 있기 때문에, 결혼 같은 건 다시는 하고 싶지 않다고 했다. "두 번째로 이혼할 때, 다시는 남자한테 흔들리지 않겠다고 맹세했어요. 근데 그 맹세가 어디로 갔는지, 지금은 이 남자 때문에 흔들리고 있네요. 그와의 관계가 잘못됐다는 건 알지만, 그를 제 마음과 삶에서 지워낼 수가 없어요."

이제 데이비드 차례였다. 그는 그 자리에 참석한 유일한 남자였다. 지금까지 남자를 공격하는 말이 주로 나왔으므로, 그가 다소 불편할 것 같았다. 그러나 그는 조금도 주저않고 말문을 열었다.

"제 생각에는, 제가 바로 여러분이 욕하는 그런 남자인 것 같습니다. 쓰레기 같은 데다 여성편력이 심하며 여자를 이용하는 남자죠. 그런데 남자들이 정말 그렇게 나쁠까요?"

"형편없죠." 로리가 말했다.

"물론이죠. 당신이 없었더라면, 훨씬 더 심한 말도 했을 거예요." 레이첼도 덧붙였다.

그 말에 한바탕 웃음이 출렁거렸다. 모두 긴장이 많이 풀린 것 같았다. 모임이 제대로 된 방향으로 흘러가는 것 같아 마음이 놓였다. 처음에 느꼈던 어색한 분위기는 찾아볼 수 없었다. 이제는 서로를 치료하는 연결끈이 형성되려 하고 있었다.

"제가 여러분이 욕하는 그런 남자인 건 사실이지만, 그걸 자랑스럽게 여기는 건 아닙니다. 제 말을 듣고 여러분이 조금이라도 남자 입장에서 생각할 수 있었으면 좋겠습니다. 저는 삼십 대고 아직 미혼입니다. 서른이 넘도록 결혼하지 않았다는 말은 그만큼 연애를 많이 했다는 소리겠죠. 그동안 아주 깊은 관계만도 열 번 정도 가졌고, 잠깐씩 만나는 가벼운 관계는 수도 없이 가졌습니다. 그런데 대부분의 관계가 똑같이 시작해서 똑같이 끝나곤 했습니다."

데이비드가 맨 처음 여자친구를 사귄 건 고등학교 때였다. 그때 그는 일 년 넘게 그녀를 멀리서 바라보았다. 그러다가 그녀가 그의 관심을 알게 되면서 둘의 사귐은 시작되었다. 그런데 알고 보니, 그녀는 그가 꿈꾸던 여자가 아니었다. 그래서 몇 달 뒤, 그는 그녀와의 관계를 정리했다.

데이비드의 표정이 고통으로 일그러졌다. 그 일을 생각하는 것만으로도 괴로운 듯했다. "그렇게 하는 제 자신이 싫었습니다. 그녀는 정말 괜찮은 여자였으니까요. 하지만 전 더 이상 그녀를 원치 않았습니다. 단지 그런 이유로 여자를 버린다는 게 잔인하게 느껴졌지만, 어쩔 수 없었어요. 그런데 그런 잔인한 짓을 그 후로도 수없이 많이 했어요. 전 마음에 드는 여자가 있으면, 공주님 떠받들 듯 잘해 줘요. 그러면 그 여자가 제게 마음 문을 열게 되고 결국 관계가 시작되죠. 그러다가 그 여자가 제가 꿈꾸던 완벽한 여자가 아니라는 걸 발견하면, 그걸로 관계를 끝내요."

"하지만, 세상에 그렇게 완벽한 사람이 있을까요?" 캐런이 말했다.

"저도 알아요. 제가 원하는 것도 완벽한 여자가 아니라, 저를 완벽하게 만족시켜 주는 여자예요. 저한테 딱 맞는 여자를 찾고 있는 거죠. 제 장점은 부각시켜 주고, 단점은 보완해 줄 여자 말이에요. 완벽할 필요는 없지만, 저한테 딱 맞아야 해요."

데이비드는 여자를 열정적으로 쫓아다니다가 드디어 정복하고는 환상이 깨져 버리는 패턴이 계속 되풀이되었다고 한다. 때문에 많은 여자들에게 고통을 안겨 주어 마음이 아프지만, 그래도 그게 자기 모습이라고 했다. 한마디로, 그는 눈이 높은 남자였다.

내가 얼마나 대단한 여자를 찾느냐고 묻자, 외모, 지성, 유머감각, 영성, 창의성 등을 골고루 갖춘 여자를 찾는다고 했다. "공상소설에나 나올 법한 여자군요." 레이첼이 비웃듯 말했다.

그런데 데이비드는 공상세계에나 있을 법한 여자가 채워 주었으면 하는 공허감이 자기 속에 있다고 했다. "저는 지금도 그런 여자를 찾고 있어요. 이젠 그게 삶의 목적이 되어 버린 것 같아요. 제게 딱 맞는 여자를 만나 미치도록 사랑하는 것, 그게 제가 바라는 전부죠. 전 회의실이든, 식당이든, 문을 열고 들어갈 때마다 거기 제가 찾는 여자가 있을지도 모른다고 생각해요. 그래서 어딜 들어가든, 거기 있는 여자들을 일일이 체크하죠. 저 여자라면 내 기준에 부합하지 않을까? 혹시 저 여자가 내가 찾는 여자가 아닐까 하구요."

"그럼, 이 방에 있는 여자들은 어때요?" 로리가 짓궂게 물었다. "우리도 벌써 체크했나요?"

데이비드는 얼굴을 붉히며 눈을 아래로 깔았다. "솔직히 말씀 드리면, 그래요."

나는 그 순간을 놓치지 않고 "바로 그거에요. 솔직해지는 것. 고마워요, 데이비드. 여러분, 우리는 서로를 판단하기 위해 이 자리에 있는 게 아니에요. 오늘 우리가 모인 이유는 각자 처한 상황에 대해 나누고 자기 상황을 다른 사람과 비교하기 위한 것임을 잊지 마세요. 그럼, 지니 이야기를 들어 볼까요?

지니는 거기 모인 일곱 명 가운데 목소리가 가장 나긋하고 온화했다. 그녀의 검은 눈동자에는 깊은 아름다움이 베어 있었다. 그러나 그녀는 사람들의 시선을 끌고 싶지 않은 듯, 옷차림도 수수하게 하고 화장도 거의 하지 않았다. 안경도 얼굴의 반을 가릴 정도로 큰 걸 쓰고 있었다. 그녀는 안경 너머로 사람들을 보았다. 나는 그녀가 오리라고는 기대하지도 않았다. 이 모임이 그녀에게 어려울 거라는 걸 알고 있었기 때문이다. 그래서 그녀가 모습을 보였을 때 무척 놀랐다. 하지만, 이 자리가 불편하고 어려운 만큼 그녀는 꼭 필요한 도움을 받을 수 있을 것이다.

"전 아직 미혼이에요. 하지만, 여러분이 말하는 관계는 여러 번 가져

봤어요. 상처도 많이 받았구요. 물론, 제가 상처를 준 적도 많았을 거예요. 제 문제는…." 그녀는 갑자기 말을 끊더니, 나를 쳐다보았다. 도움을 청하는 듯했다. 그러나 나는 시선만 돌려줄 뿐, 아무 말도 하지 않았다. 자기 이야기는 자기가 해야 했다.

"제 문제는 육체적인 관계를 너무 쉽게 허락한다는 거예요. 그게 하나도 유익하지 않다는 걸 알면서 말이죠. 그런데 육체적인 관계를 갖고 나면, 남자들은 더 이상 저를 원치 않아요. 어떤 때는 제가 그들을 원치 않기도 하구요. 전 어떻게 해야 섹스를 사랑으로 승화시킬 수 있는지 몰라요. 섹스라는 게 그 순간에는 대단하게 느껴져요. 침대에 있는 동안은 그 느낌이 영원히 계속될 것 같죠. 사실은 그렇지 않은데 말이죠."

지니는 다른 사람들의 이목을 의식한 듯 고개를 떨구며 "죄송해요. 이런 얘기 하는 게 아닌데…." 라고 했다.

몇 명의 입에서 "아니에요"라는 외침이 흘러 나왔다. 그래서 나는 "지니. 그렇지 않아요. 오히려 그렇게 말해 줘서 고마운 걸요! 여기 계시는 분들도 그게 어떤 느낌인지 잘 알 거예요."라고 말했다. 나는 그녀가 그만큼이라도 자기를 보여 줘서 기뻤다. 지니는 나와 상담하는 내내, 계속해서 자신과 싸우고 있었다. 그녀는 착한 여자가 되고 싶어했고 정숙한 삶을 살고 싶어했다. 그러나 그 결심은 몇 달 정도밖에 가지 않았다. 몇 달만 지나면, 다시 술집에 나가 처음 만나는 남자와 잠자리를 같이하곤 했다. 그러다가 관계가 정착되려고 하면, 그때마다 파괴해 버렸다. 그녀는 지속적인 관계 맺는 걸 아주 두려워하는 것 같았다. 실은 그것을 간절히 원하면서도.

지니와 개인적으로 상담하며 나는 그녀가 아빠에게 성폭행당했다는 걸 알게 되었다. 그녀가 아빠로부터 애정과 관심을 받았던 때는 아빠가 밤에 그녀 방으로 들어왔을 때뿐이었다. 그녀가 남자와 관계 맺는 법을 배운 것도 아빠를 통해서였다.

지니의 고통이 얼마나 깊은지 알고 있었기에, 나는 모니카로 넘어가기로 했다. 모니카는 사십 대 여성으로 아주 보수적인 옷차림을 하고 있었다.

"전 이혼한 지 이 년쯤 됐어요. 결혼생활은 생각하기도 싫을 정도로 끔찍했어요. 몇 년 동안이나 언어폭력에다 감정적 학대에 시달렸거든요. 그런데 그때는 그 사실을 몰랐어요. 그저 받아들이기만 했죠. 지금도 제가 그렇게 바보같이 살았다는 걸 생각하면 화가 치밀어 올라요."

"그럼, 어떤 계기로 이혼하게 됐죠?" 로리가 물었다.

"남편이 바람 핀다는 걸 알았어요. 그것도 남자랑요. 얼마나 충격이 컸던지, 어떻게 해야 할지 모르겠더라구요. 그 사실을 알고 이내 별거에 들어갔어요. 그리고 오랜 기간 별거하다 결국 이혼했죠. 근데, 이혼수속을 마치자 눈물을 걷잡을 수 없어 삼 일 밤낮을 울었어요. 저를 못살게 굴던 괴물 같은 남자한테서 해방됐는데, 세상이 끝나기라도 한 것처럼 슬프더라구요."

모니카는 이혼 후에 만난 남자들에 대해서도 들려주었다. 이혼하자 삶이 텅 빈 것 같은 공허감이 밀려왔다. 아무래도 남편 자리를 메워 줄 사람이 있어야 할 것 같았다. 그래서 그런 남자를 찾았다. 그러나 슬프게도, 그 남자 역시 그녀를 함부로 대했다. 그는 그녀를 당연하게 생각했으며, 함께 있을 여자가 없을 때만 찾아왔다. 돈이 많으면서도 비싼 곳에는 절대 데려가 주지 않았다. 그녀에게 더 잘할 거라 약속도 했고 나중에는 결혼할 거라고 맹세도 했지만, 실제로는 점점 더 멀게 느껴지는 행동만 했다. 그래서 한 번은 거기에 대해 따졌더니, 무슨 잔소리가 그렇게 심하냐며 자기한테 신경 쓰지 말라고 했다.

"벌써 육 개월째, 그와의 관계를 끝내려 하고 있어요. 그런데 모든 게 끝났다고 생각할 때마다, 그가 전화해서 다시 시작하자는 달콤한 말을 속삭여요. 그러면 전 너무 마음이 아파요. 그리고 막 화가 나요. 그래서 '이런 식으로는 더 이상 계속 할 수 없어요.' 라고 말하곤 해요. 하지만, 마음 깊은 곳에서는 저도 그를 원하고 있어요. 그를 안 보면 너무 그리워요. 그와 함께 있지 않다는 게 말할 수 없이 고통스러워요."

"그와 같이 살 수도 없고, 그 없이 혼자 살 수도 없다는 말이군요. 그게 어떤 건지 저도 잘 알아요." 레이첼이 말했다. 다른 사람들도 공감한다는 듯 고개를 끄덕였다.

공통점

이들의 이야기에는 공통점이 있다. 내가 이들로 하나의 그룹을 만든 것도 이 때문이다. 보통, 이런 상황에 처하면 자신을 고립시키는 경향이 있다. 자기에게 성격적으로 문제가 있다고 생각해 다른 사람 만나기를 피하는 것이다. 그러면서 자기는 혼자라고 느낀다. 이들이 "저, 너무 바보 같죠?" "대체 제가 왜 이러는지 모르겠어요." "이게 잘못이란 거 저도 알아요. 하지만…"이라는 말을 많이 하는 것 눈치 챘는가?

많은 사람들이 이런 실수를 범한다. 그렇다고 이것이 문제가 안 된다는 것은 아니다. 다만, 그런 실수를 범했다고 해서 이상한 사람이 되는 것은 아니라는 것이다. 이럴 때는 다른 사람들과 이야기 나누며 서로의 문제를 비교하는 것이 많은 도움이 된다.

그러면, 이 일곱 명의 공통점을 살펴보도록 하자.

첫째, 그들은 비이성적일 정도로 어떤 사람이나 관계에 끌리고 있다. 그리고 마약중독자나 알코올중독자처럼 통제력을 상실했다. 내가 볼 때, 그들에게는 현재 맺고 있는 관계가 바로 마약이다.

둘째, 그들에게는 그 관계를 깰 힘이 없다. 그들도 깨려고 하지만, 그럴 수가 없다. 그들은 쓰레기 같은 남자랑 살다가 이혼당한 후, 또 다시 쓰레기 같은 남자들을 만나고 헤어지는 것을 반복했다. 그 결말이 얼마나 비참한지 알면서도.

셋째, 그들은 사람이나 관계를 통해 자기를 채우려고 했다. 그리고 정도의 차이만 있을 뿐, 모두 자존감이 결여되어 있었다. 그들은 자기를 온전하게 해 줄 '잃어버린 한 조각'을 찾고 있었다.

나는 이것이 우리 시대의 가장 큰 중독이라고 생각한다. 현대는 성 혁명과 이혼 그리고 기술의 진보로 인한 개인들의 고립을 특징으로 한다. 우리는 모두 건강한 관계를 갈망한다. 그러나 어떻게 해야 건강한 관계를 누릴 수 있는지 알지 못한다. 그래서 종종 왜곡되고 균형이 깨져, 불합리할 정도로 높은 기대와 낮은 자아상이 뒤범벅된 관계를 맺곤 한다. 우리는 누군가를 필요로 한다. 그런데 그 필요를 종종 구세주를 바라는 거에 버금갈 만큼 높이 쌓아올리곤 한다.

관계의 중독성에 대해 면역성을 갖고 있는 사람은 거의 없다. 미혼이냐 기혼이냐, 남성이냐 여성이냐, 늙었냐 젊었냐, 무신론자냐 거듭난 그리스도인이냐와 상관없이, 인간은 누구나 중독적인 관계에 빠질 수 있다. 배우자나 연인에게 중독될 수도 있고 부모, 자식 그리고 절친한 친구에게 중독될 수도 있다. 심지어는 잘 알지 못하는 사람에게 중독될 수도 있다. 중독의 상태도 양호한 정도에서 강박적이고 위험한 정도까지 다양하다. 그러나 상태가 양호하든 위험하든, 관계중독은 모두 중독으로 인식하고 적절한 조치를 취해야 한다.

《위험한 정사(Fatal Attractio, 1987)》 같은 영화는 강박적인 관계들이 갖고 있는 어두운 면을 잘 묘사한다. 우리는 그런 영화를 보며 스토커처럼 집착이 강한 사람들로 인해 야기되는 비극에 눈물을 흘린다. 그런데 현대문화는 중독적인 관계를 좋은 관계로 그리는 경향이 있다. 흔히 말하는 누구에게 '미쳤다'는 표현이 그 예다. 의미인즉, 그 사람에게는 이성을 상실하게 할 정도로 매력적인 무언가가 있다는 소리다. 사람들은 "당신 없이는 미소 지을 수 없어요."라는 유행가 가사도 위험한 집착이 아니라 진실한 사랑의 표현이라고 생각한다. 그리고 프린스(Prince)라는 아티스트가 부른 "당신을 위해서라면 기꺼이 죽겠어요." 라는 노래를 들으면서도 관계를 이렇게 불가능한 수준으로까지 높이는 게 어떤 문제를 야기하는지 생각해 보지도 않는다. 셀린느 디온(Celine Dion)의 "당신이 나를 사랑하니까"(Because You Loved Me)도 자신의 모든 행복을 연인의 뒷받침 덕택으로 돌리고 있다. 사람들은 이런 게 사랑이라고 생각한다.

사랑은 분명 위대하다. 나도 차갑도록 이성적인 중매 시스템이 좋다고 말하는 것은 아니다. 그러나 음악과 영화와 TV는 온통 "사랑에 빠져 있지 않으면 당신은 아무것도 아니다. 당신은 그 사람에 대한 정열로 들끓어야 한다. 그리고 그 사람과 함께 있기 위해서라면 이성적인 것은 뭐든 거부해야 한다."고 부추긴다. 이것이 화면 위에서는 그럴 듯하게 연출될지 모르겠다. 그러나 현실에서는 왜곡된 관계만 양산할 뿐이다.

인간적인 사랑은 강한 힘을 갖고 있다. 궁극적으로, 그것은 서로에게 자기 삶을 주며 하나가 되어 가는 두 사람의 문제다. 그러나 그 사랑은 두 사람이 서로에게 주는 균형 잡히고 건강한 것이어야 한다. 건강한 사랑만이 두 사람을 소진시키지 않고 세워 줄 수 있다.

그러면 중독적인 관계의 본질을 살펴본 다음, 그것의 변형된 형태들을 다루어 보도록 하자.

이성을 잃을 정도로 강한 흡인력

이런 사랑은 상처를 남긴다. 사람을 완전히 소진시켜 버린다. 어떤 사람에 대한 갈망이 강할 때, 우리는 '상사병'에 걸렸다고 한다. 그런데 데이비드의 경우에는 이 갈망이 오래 가지 못했다. 그는 이상형의 여자를 갈망하고 있었다. 그러나 현실에는 그런 여자가 없었다. 레이첼은 '여성 편력이 심한' 남자친구와 견고한 관계를 맺기 원했다. 물론, 그게 불가능하다는 건 그녀가 더 잘 알고 있었다.

강한 흡인력을 발하는 사람을 만나면, 어떤 고통이 있어도 그에게 매달려 있어야 할 것 같은 느낌이 든다. 그래서 가망도 없고 건강하지도 않은 관계를 지속하기 위해 다른 모든 관계를 희생시킨다. 심지어 자기 삶도 내팽개친다. 그리고 사랑하는 그 사람에게 삶 전체를 통제받으며, 잠깐씩 찾아오는 짜릿한 느낌에 모든 것을 건다. 그러나 그 느낌을 얻고 유지하는 것은 갈수록 힘들어진다.

어떨 때는 그 남자도 자기가 강한 영향력을 행사하고 있다는 것을 알아채고 최대한 많이 착취한다. 우리 그룹의 여성들은 자기가 집착하는 남성의 안 좋은 태도 때문에 모두 가슴 아파했다. 데이비드는 개별 상담 중에 "남자가 쓰레기라면 여자는 바보예요. 남자가 쓰레기 같은 인간이 되게 했으니까요."라고 말했다. 그러나 그는 그 반대가 되는 상황도 얼마든지 있을 수 있다고 했다. 그가 만난 여자들 중에도 자기 마음을 갖고 장난친 여자가 있었던 것이다. 그러나 그것은 그가 그렇게 하도록 허락했기 때문이었다.

강한 사랑은 놀라울 수도 있지만, 위험할 수도 있다. 준 만큼 돌려받지 못할 때는 더욱더 그렇다. 이런 강렬한 흡인력은 관계의 균형을 순식간에 깨뜨려 버린다. 그리고 많은 어려움을 야기한다.

건강하지 못한 사이클을 깨뜨릴 수 없음

코카인 중독자는 코카인을 흡입하는 자신을 싫어하면서도 끊지 못한다. 그리고 예전 같으면 만족했을 법한 양에도 만족하지 못하고 좀더 강한 것을 원한다. 코카인 중독은 경제적으로 비싼 대가를 요구한다. 그리고 아주 위험하며, 중독자의 삶을 완전히 망가뜨린다. 거기에 한번 중독되면 헤어날 수가 없다. 얼마나 해로운지 알아도 끊을 수가 없다.

마약이나 알코올 같은 데 중독되면, 신체에 변화가 일어난다. 생화학적 변화가 일어나 사람들을 피하고 혼자 있으려고 하며 육체적으로 많은 증상이 나타난다. 그런데 관계중독에는 이같은 화학적 중독증상은 없어도, 그에 못지 않게 강한 힘을 발하는 감정적 중독증상이 있다. 우리 그룹의 일곱 명은 모두 건강하지 못한 관계를 맺고 있었다. 그들은 거기에서 빠져나오고 싶어했다. 관계의 패턴도 바꾸고 싶어했다. 그러나 자기 힘으로는 할 수 없었다. 그래서 나를 찾아왔다. 그들은 건강하지 못한 관계 때문에 원칙, 확신, 친구, 자존감이 모두 희생했다.

현재 관계가 잘못이라는 것을 알면서도 그것을 포기할 수도, 포기하고 싶어하지도 않는 사람들이 종종 있다. 그들은 친구들에게 도움을 청하지만, 막상 조언해 주면 무시해 버린다. 그리고 절대 참지 않을 거라고 맹세해 놓고서도 상대방이 함부로 대하면 또 참는다. 그리고는 비참해 한다. 가끔 전문가에게 도움을 청하기도 하지만, 그들의 조언 역시 한 귀로 듣고 한 귀로 흘려 버린다. 상담받기 위해 힘들게 번 돈을 지불했으면서도 말이다. 사람들이 중독적인 관계에 빠지는 것은 속에 깊은 필요를 갖고 있기 때문이다. 따라서 치료도 깊이 들어가야 한다.

헌신된 관계는 위대하다. 그리고 상대방에게 충성하는 것은 좋다. 그러나 그 관계가 건강하지 못하고 거기에서 나오고 싶어도 나오지 못한다면, 그것은 문제가 있는 것이다.

특정한 사람 혹은 관계에서 충족감을 찾으려고 함

사람들이 이토록 비이성적으로 행동하는 이유는 관계에서 받는 고통보다 혼자 남겨질지도 모른다는 두려움이 크기 때문이다. 그들은 '나쁜 관계라도 맺는 것이 관계를 전혀 맺지 않는 것보다 낫다.'고 생각한다(레이첼의 말도 본질적으로는 이런 의미였다). 이는 자기 혼자서는 충족감을 느낄 수도 없고 가치 있는 사람도 될 수 없으며, 행복해질 수도 없음을 의미한다.

많은 사람들이 자기 삶에는 무언가 빠져 있다고 느낀다. 현대문화는

"누군가의 사랑을 받지 못하면 당신은 아무것도 아니다."라고 말한다. 요즈음에는 낭만이 종교 버금가는 영향력을 행사하는 것 같다. 그래서 섹스나 낭만적인 사랑에서 의미를 발견하지 않으면 안 될 것 같다.

그렇다고 내가 낭만적인 사랑을 무조건 배척하는 것은 아니다. 낭만적인 사랑은 아름답고 신비하다. 그러나 이런 유한한 관계에서 궁극적인 의미를 찾고, 다른 사람의 애정과 인정 속에서 자신의 정체성과 존재 이유를 찾으려고 하는 것은 분명 잘못이다.

어떤 학자들은 우상이 중독의 뿌리라고 정의한다. 중독은 그 주사바늘(그게 무엇이든)을 하나님이 계셔야 할 자리에 꽂는다. 그리고는 그것을 숭배하고 섬기게 한다. 거기에 의지하고 그것으로 자신을 정의하게 한다. 제럴드 메이(Gerald G. May)는 『중독과 은혜(*Addiction and Grace*)』에서 "영적으로 볼 때, 중독은 우상의 뿌리 깊은 형태다. 사람이든 사물이든, 일단 거기에 중독되면 그것이 우리의 거짓신이 되어 버린다. 그래서 그것들을 숭배하고 거기에 관심과 시간과 에너지를 쏟아 붓는다. 사랑은 한쪽에 내팽개쳐 두고서"[1] 라고 말한다.

인간적인 사랑이 우리를 만족시켜 주는 것은 사실이다. 우리를 좀더 훌륭한 사람으로 만들어 주기도 한다. 그러나 인간관계에 너무 큰 기대를 거는 것은 위험하다. 관계에서는 절대로 자신을 발견할 수 없다. 자신은 자기 속에서만 찾을 수 있다. 그러므로 다른 사람의 눈에서 자신의 영혼을 찾으려고 하지 마라.

02

중독적인 관계의 유형들

가로등이 켜졌다.
당신은 집에 없다.
당신의 의지는 이미 당신 것이 아니다.
가슴에 땀방울이 맺힌다.
당신은 이를 간다.
한 번만 더 키스해 주면, 당신은 완전히 내 것이 될 것이다.
당신은 사랑에 중독되었다. 이걸 인정하는 게 당신도 좋을 것이다.

    섹스에 미친 현대 문화가 사랑중독을 노래로 미화하는 것은 조금도 놀라운 일이 아니다. 모든 도덕적 구속을 벗어 버리고 정열에만 탐닉할 수 있다면… 아무 책임감도 없는 꿈의 나라로 도망가 버릴 수 있다면… 돌아갈 집도 없고 자신의 의지도 없으며, 오직 나를 기쁘게 해주기 위해 존재하는 섹스 파트너가 옆에 있다면, 더할 수 없이 환상적일 것이다. '사랑의 중독자'라는 노래를 부른 가수의 뮤직비디오에 보면 꽉 쪼이는 옷과 찰랑거리며 윤기 나는 생머리에, 하이힐을 신고 춤추는 백댄서들이 등장한다. 하나같이 개성도 인격도 의지도 없는 섹스 인형 같은 여자들이다.

이것이 중독이다. 중독의 노예가 되면 평생 한가지에 매달려 살게 된다. 그것이 코카인이든 위스키든 주말 저녁에 데이트하는 거든, 그것이 삶의 중심이 되어 버리는 것이다. 그것 외에는 아무것도 중요치 않게 된다. 중독은 중독자의 개성을 잃게 만들어 마약 주사만을 찾아다니는 기계로 전락시켜 버린다.

관계중독이나 사람중독이 정말 사람의 개성을 없앨 수 있을까? 물론이다. 관계중독자는 상대방을 자기가 흠모하는 허상으로 바꾸어 버린다. 중독이 현실을 바라보는 시각을 왜곡시켜 잘못된 상을 만들어 내기 때문이다. 그러나 이것은 중독자가 그렇게도 추구하는 온전함을 누리지 못하게 한다.

관계중독에는 세 가지 유형이 있다. 이 세 가지가 언뜻 보기에는 똑같아 보이고 나타나는 증상도 비슷하지만, 소망의 대상은 완전히 다르다.

사랑중독

어떤 사람은 사랑에 빠지는 것을 사랑한다. 매번 실연의 아픔을 겪으면서도 줄기차게 로맨스에 빠진다. 낭만적인 사랑은 행복의 빛이 바래고 나면, 더 이상 관계를 유지하기 어렵다. 사랑중독자 가운데는 희미해져 가는 감정을 되살려 보려고 자신이 비참해지든 말든 아랑곳 않는 사람들이 있다. 남편이 바람 피고 무시하고 모욕 주고, 심지어 물리적 폭력까지 가해도 아무 소리 못한다. 다시 자기를 사랑해 줄지 모른다는 희망 때문에.

우리 그룹에서는 캐런이 여기에 해당됐다. 그녀는 오 년 전에 이혼한 후 계속해서 고통스러운 관계를 경험했다.

개별 상담 시간에 그녀는 내게 중학교 3학년 이후로는 남자를 사귀지 않은 적이 없다고 고백했다. 그녀는 자기를 채워 주고 완벽하게 사랑해 줄 사람이 어디엔가 있을 거라고 믿고 있었다. 그녀의 결혼생활은 처음에는 순탄했다. 그러나 얼마 못 가 깊은 절망을 안겨 주었다. 지금 그녀는 유부남과의 관계에서 짜릿한 사랑을 발견하고 있다. 그 사랑이 깊은 절망과 고통으로 끝나리라는 것을 알면서도.

일곱 명 가운데 유일한 남자였던 데이비드 역시 완전한 사랑을 추구하는 데 중독되어 있었다. 사랑에 중독되는 현상은 여성들 사이에서 많이 볼 수 있다. 그러나 드물게 남성에게도 나타난다.

캐런과 데이비드는 로맨틱한 관계에서 충족감을 찾으려고 했다. 요즈음은 영화와 TV, 소설 등 낭만이 충족감을 가져다 준다고 부추기는 매체가 얼마나 많은지 모른다. 그런데 이런 생각은 위험하면서도 부분적으로는 맞다. 성경의 아담과 하와 이야기에 '잃어버린 갈비뼈'에 대한 개념이 나온다. 우리는 그 잃어버린 한 조각을 발견하기 전까지는 무언가 빠진 듯한 허전한 느낌을 떨칠 수가 없다. '둘이 만나 한 몸이 된다.'는 이 고전적인 개념은 오늘날에도 결혼식장에 가면 주례사에서 들을 수 있다. 내 생각에, 이 개념은 인간은 반쪽만큼의 가치밖에 없다는 것을 의미하는 것 같다.

그러므로 충족감을 가져다 주는 사랑의 관계를 추구하는 것은 잘못이 아니다. 그러나 온전한 사람이 되기 위해 오직 그 관계에만 의존하는 것은 위험하다. 온전한 두 사람이 만나 하나 되는 게 가장 좋다. 하나 더하기 하나는 여전히 하나인 것이다.

　사람중독은 자기는 낮게 보면서 다른 사람은 높게 보는 사람이 많이 걸린다. 캐런도 자신을 형편없게 생각했다. 그녀는 어떤 학대를 받아도 참고 견뎠다. 심지어 그런 대접을 받아 마땅하다고 생각했다. 그녀는 자신의 가치를 남자에게서 끌어냈다. 그들에게 구타를 당하면서도.

　캐런과는 달리 데이비드는 꽤 건강한 자아상을 소유하고 있었다. 그러나 그는 완벽한 여성이라는 우상을 만들어 냈다. 그는 잡지와 록 비디오를 보며, 자신의 삶을 충족시켜 줄 여성상을 만들어 냈다. 그리고 자기가 바라는 특징 가운데 몇 가지를 가진 여자가 있으면 쫓아다녔다. 그러나 그들이 자기 기대에 미치지 못한다는 것을 발견하면 이내 실망했다.

　여자를 쫓아다닐 때는 그도 캐런처럼 행동했다. 육체적으로 학대당하지는 않았지만, 그들이 자기를 이용해도 묵묵히 참았다. 약속 시간이 한참 지나도록 기다린 적도 있었고, 모욕을 당한 적도 있었다. 그 여자가 자기가 원하는 여자가 아니라는 확신이 들 때까지는 어떤 모욕도 참았다. 자기가 원하는 여자를 갖기 위해서는 뭐든 참을 수 있었던 것이다. 그러나 그 여자가 돌아서서 사랑을 주면, 그때는 그들의 단점을 발견하고 관계를 정리해 버렸다.

성중독

　성중독은 개인적이기도 하고 비개인적이기도 하다. 비개인적인 성중독 가운데 가장 흔한 것은 포르노다. 포르노는 자위행위를 통한 성적쾌락에 초점을 맞춘다. 비개인적인 성중독에 빠진 사람들은 모델이나 배우, 창녀 같은 사람들과 관계를 맺기도 하지만, 그들과 지속적인 관계는 맺지 못한다. 포르노는 중독자의 결혼과 가정에 파괴적인 영향력을 행사한다. 중독자가 거기에서 빠져나오려고 발버둥칠수록, 그의 삶 전체에 쏟아져 그가 맺고 있는 모든 관계를 더럽힌다.

남자 여자 할 것 없이, 성중독이 개인적인 관계에서 일어나는 사람들도 많다. 성중독자들은 자신의 성적 충동을 채우기 위해 다른 사람을 이용한다. 표면적으로 보면, 성중독은 쾌락의 추구지만 실제로는 힘에 대한 추구다. 혹은 자신을 파괴하는 방법이기도 하다. 다른 약물과 마찬가지로 성충동도 중독자를 점점 깊이 끌어당기는 힘이 있다. 그래서 포르노를 보는 데서 더 이상 기쁨을 느끼지 못하면, 원하는 만큼의 기쁨과 성적 해방감을 위해 새로운 것을 찾게 된다.

쾌락은 종종 힘에 대한 인식과 혼합된다. 남성은 여성을 침대 안으로 끌어들임으로써 여성을 '정복한다.' 여성은 남성이 자기와 성관계를 맺도록 유혹함으로써 남성을 '통제한다.' 어떤 사람에게는 이것이 유일한 힘이다. 요즘은 십대 후반의 아이들도 난교에 많이 빠져 든다. 그들의 자아상은 중학교와 고등학교 시절을 거치며 '미운 오리새끼', '바보, 천치', '불쾌한 인간' 등으로 낙인 찍혔다. 그 가운데 일부는 이 낙인이 얼마나 잘못된 것인지 입증하는 데 남은 평생을 다 보내기도 할 것이다. 그러기 위해 그들은 자기가 아주 매력적이라는 것을 과시하기도 하고, 손에 닿는 모든 사람을 유혹하기도 할 것이다. 새로운 사람을 유혹할 때마다, 그것은 자신에 대해 부정적인 말을 한 사람들에 대한 승리가 된다.

나는 회사와 지역사회에서 많은 존경을 받고, 비교적 젊은 나이에 성공한 젊은이를 알고 있다. 사람들은 그가 행복할 거라고 생각한다. 그러나 그는 고등학교 다닐 때 두 가지 영역에서 실패했다고 생각하고 있었다. 그는 졸업생 대표로 고별사를 낭독할 정도로 우수한 학생이었다. 그러나 스포츠에서 두각을 나타내지 못했고 여학생들에게 인기가 별로 없었다. 그는 이것을 깊이 후회했다. 그래서 삼십 대가 된 지금은 복수라도 하듯 소프트볼과 배구, 테니스와 농구에 매달린다. 이것도 잘할 수 있다는 것을 보여 주기 위해 부상 입는 위험도 감수한다. 그리고 아직 장가도 안 가고 혼자 살며 예쁘고 나이 어린 여자들과 끊임없이 데이트한다. 그 가운데는 그에게 전혀 안 맞는 여자들도 있다. 그가 성생활에 대해 털어 놓지는 않았지만, 모든 것을 종합해 보건대 성중독자가 분명한 것 같았다. 그런데 이런 사람들이 진정으로 갈망하는 것은 성적 행동이 아니다. 거기에 수반되는 의미이다. 그들에게 있어 성은 승리이며 자신감의 표시이고 권력의 표상이다.

지니에게는 성이 곧 사랑이었다. 그녀의 어릴 적 경험 가운데 사랑에 가장 가까운 것은 근친상간이었다. 그녀는 지금도 사랑을 성과 연관시킨다. 그녀는 사랑중독자가 보이는 모든 증상을 보이고 있었다. 그녀는 사랑이 섹스 이상일 수도 있을까봐 몹시 두려워했다. 그래서 성적인 관계가 사랑을 향해 나아갈 때마다 관계를 끝내곤 했다. 그녀는 사랑받기 원했다. 그러나 한번도 진정한 사랑을 경험해 보지 못했기 때문에 진정한 사랑만 생각하면 무서워 죽을 것 같았다.

그녀에게는 섹스가 자기파괴의 한 형태였다. 성중독자들은 자신을 증오한다. 자기는 사랑받을 가치가 없다고 생각한다. 그런데 이런 감정은 대개 유년기 때 받은 학대에 기인한다. 그들은 성이 더럽다고 생각한다.

그들 눈에 난교는 진흙탕에서 뒹구는 것과 같아 보인다. 그들은 자신을 학대함으로써 자기의 나쁜 행동에 대해 벌을 준다. 그러면서 정의감 같은 것을 느낀다. 그들은 사랑 없는 섹스는 천박하며 고통스럽다는 것을 안다. 그러면서도 아무하고나 성관계를 가진다. 자기는 그런 고통을 받아 마땅하다고 생각하기 때문이다.

한번은 TV에서 이 같은 고통을 겪고 있는 젊은 여성에 대한 프로그램을 본 적 있다. 아버지가 유명한 영화배우였던 그녀는 밤무대에서 나체쇼를 했다. 포르노영화도 찍었다. 그녀는 자기 행동이 부모님과 남편 그리고 자신에게 깊은 상처가 된다는 것을 알고 있었다. 그래도 그 일을 그만두지 않았다. 그녀는 자기를 형편없게 생각했으며, 영화배우로 이름을 날리고 있는 아빠에게 수치를 가져다 준 것을 기뻐했다. 후에, 나는 신문에서 그녀가 자살했다는 기사를 접했다. 그녀 스스로 자기 죄에 사형선고를 내린 것이었다.

물론, 이것은 극단적인 예다. 대개 성중독자들은 그 사실을 알리지 않는다. 고통이 통제할 수 없을 정도로 커질 때까지 혼자만의 비밀로 간직한다. 그들은 이중생활을 영위한다. 속으로는 성중독을 탐닉하면서도 겉으로는 정상적인 삶을 영위한다.

한번은 프랭크라는 남자와 상담한 적이 있었다. 그는 밤에 어떤 여자 집에 들어가 속옷을 훔쳐 갖고 달아나다 체포되었다. 다행히, 초범이라 구속되지는 않았다. 경찰들은 그를 '변태'라고 불렀다. 그러나 판사는 그가 상담을 필요로 한다는 것을 알아보았다.

겉으로 보면 프랭크는 '변태'가 아니었다. 좋은 직장에 다니며, 아내와 두 아이와 함께 행복한 가정을 꾸려가는 평범한 가장이었다. 교회에서는 도덕적인 사람이라는 평을 받고 있었으며 주일학교 교사로도 활동하고 있었다. 그러나 그에게는 아무도 모르는 또 다른 삶이 있었다. 그의 아버지는 알코올 중독자였다. 아버지를 보며, 그는 자기는 절대로 술 마시지 않겠다고 다짐했다. 그러나 그에게는 중독적인 성향이 유전되어 오고 있었다. 그리고 그것은 뜻밖의 방향으로 표출되었다. 십대 때는 충동적인 자위행위로, 이십 대에는 좀더 강도 높은 만족을 가져다 주는 포르노로 표출된 것이다. 그는 포르노를 볼 때마다 죄책감에 시달렸다. 그래서 음란한 생각을 그만두게 해 달라고 간절히 기도했다.

포르노에 빠져 있는 동안, 그는 한 여자와 오래도록 데이트했는데 성적인 접촉은 한 번도 시도하지 않았다. 자기가 어떤 짓을 할지 몰라 두려워서였다. 그는 그녀에게 도저히 자기 문제를 털어놓을 수 없었다. 거절당할까봐 두려웠다.

프랭크는 자기가 포르노에 빠져 드는 건 성적 욕구불만 때문이라고 생각했다. 친구들도 여자를 '손에 넣으면' 기분이 한결 나아질 거라고 했다. 그러나 그는 그녀를 함부로 대하고 싶지 않았다. 결혼한다면 어떨까? 그러면 당연히 성관계를 갖게 되고 이 문제도 자연스럽게 해결되지 않을까?

결혼 후 처음 얼마간은 예상대로 되었다. 그러나 얼마 지나지 않아 그는 자신의 성적 욕구가 아내보다 훨씬 강하다는 것을 발견했다. 그래도 결혼해서 아내와 성관계를 갖는 것이 포르노 보고 자위행위하며 죄책감에 시달리는 것보다 훨씬 나았다.

그런데 어이없게도, 그는 또 다시 자위행위를 하기 시작했다. 결혼하고 나면 아내를 통해 성적 욕구를 해결할 수 있을 거라고 믿었기 때문에, 이것은 너무도 큰 충격이었다. 그는 아내에게 충분히 많은 섹스를 요구하고 있었다. 더 이상 요구한다는 건 무리였다. 그래서 그는 또 다시 포르노를 보며 자위행위를 하게 됐다. 그런데 이번에는 죄책감이 훨씬 덜했다. 바람 피는 것도 아니고 다른 사람에게 상처를 주지 않아도 됐기 때문이었다.

그러나 시간이 갈수록 포르노 보는 게 추하게 느껴졌다. 자위행위도 치욕스럽게 느껴졌다. 아무래도 다른 방법을 찾아야 할 것 같았다. 섹스를 할 수 있는 진짜 여자를 찾아야 할 것 같았다. 그러나 그런 생각을 행동으로 옮기는 건 쉽지 않았다. 그래서 그는 아는 여자들과 섹스하는 모습을 상상하기 시작했다.

처음에는 다수의 여성을 상대로 그런 상상을 했는데, 시간이 지나면서 한 여자가 상상의 주인공이 되었다. 그는 매일 저녁 그녀를 따라가 창문으로 훔쳐보며 그녀와 섹스하는 상상을 했다. 그리고는 캄캄한 밤중이 되어서야 집으로 돌아왔다. 좀더 지나자 처음 보는 여자들도 상상의 주인공이 되기 시작했다. 그는 자신의 존재를 알아차리지 못하게 하면서 조금씩 조금씩 그들에게 접근해 갔다. 전화로 음란한 말을 하기도 하고, 나무에 올라가 집안을 들여다보기도 했다. 급기야 그들이 외출한 틈을 타 집안으로 침입해 들어가기까지 했다. 한 단계 한 단계 대범한 시도를 할수록, 흥분은 그만큼 더 커졌다. 성관계를 맺고 싶다는 욕망도 커졌다. 그러나 이것은 그를 위험의 수렁으로 몰아넣었다.

프랭크의 행동은 점점 더 자기 파괴적이 되어갔다. 결국, 그는 주거침입죄로 고소되었다. 그 미치광이 같은 짓은 그렇게 해서 종지부를 찍게 되었다. 그가 자기 집에 들어와 있는 것을 보고 여자가 기절초풍할 정도로 놀라자, 프랭크는 죄책감이 느껴졌다. 그 여자도 자기에게 매력을 느끼고 있다고 상상하고 있던 터라 더 그랬다.

현장에서 체포되었기에 망정이지, 그렇지 않았다면 다음에는 얼마나 더 대범한 행동을 했을지 모른다. 그의 중독은 그를 얼마나 멀리까지 데려갈 수 있었을까? 그가 체포되었기 때문에, 여기에 대한 답은 알 수 없다. 그러나 신문에 보면 갖가지 유형의 성중독에 대한 기사가 실린다. 그래서 성중독이 사람을 얼마나 멀리까지 데려갈 수 있는지 많이 접할 수 있다. 성중독은 가정을 파괴하고 직장에서 쌓은 경력을 일순간에 무너뜨리며 정신을 왜곡시킨다.

성중독이 야기할 수 있는 가장 큰 파괴는 성적 만족의 파괴다. 프랭크는 포르노 때문에 아내와 행복한 관계를 맺을 수 없었다. 그녀는 그의 환상을 충족시켜 주지 못했다. 결국, 아름다운 쾌락이 되어야 하는 성관계가 독을 품은 것으로 변질되어 버렸다. 부부간의 사랑의 표현이 되어야 하는 성관계가 오히려 그를 해친 것이다. 그런데 이런 일이 수많은 가정에서 일어나고 있다. 참으로 큰 불행이 아닐 수 없다.

여기에서 가장 중요한 단어는 애착(attachment)이다. 성중독자는 특별한 관계나 활동을 애착의 대상으로 삼아 그것에서 자신이 바라는 것을 얻으려고 한다. 그러면 그것들이 그의 마음속에서 한데 뒤섞이게 된다. 앞에서 살펴보았듯이, 어떤 사람은 사랑을 곧 섹스로 생각하고 그것에 강한 애착을 보인다. 그래서 섹스하고 있는 동안은 사랑받고 있다고 느낀다. 그러나 이것은 잘못이다. 역으로, 섹스를 하고 있지 않으면 사랑받고 있지 못한다고 느낀다. 이 역시 잘못이다. 또 어떤 사람은 힘, 지배력, 자기가치 같은 것들을 성적 행동과 동일시한다. 그래서 섹스하고 있는 동안은 자기가 힘과 지배력을 갖고 있다고 느낀다. 상당히 가치 있다고도 느낀다. 프랭크는 포르노를 보고 여자들을 훔쳐보는 데서 흥분을 느꼈다. 그러나 그 흥분은 그가 평생에 걸쳐 맛볼 소중한 흥분을 빼앗아 가 버렸다.

사람중독

사람중독이란 어떤 특정한 사람에 대한 애착이 강해 그 사람을 통해서만 자신의 행복을 느끼는 것을 말한다. 그것은 '사랑과 사랑에 빠지는 것'도 아니고 성적 충동에 끌리는 것도 아니다. 물론, 그와 똑같은 증상을 몇 가지 보이기는 한다. 사랑중독과 성중독은 중독자가 삶의 전부를 신분, 감정 혹은 어떤 활동으로 축소시키는 반면, 사람중독은 특별한 한 사람으로 축소시킨다. 그래서 삶이 온통 그 사람 중심이 된다. "오늘도 해리를 보지 못하면 죽어 버릴 거야."라는 식으로.

해리가 멀리 있으면 혼자된 듯한 느낌이 들어 일이 손에 잡히지 않는다. 그러다가 해리가 옆에 있으면 모든 세계가 그를 중심으로 돈다. "내 생각, 내 느낌, 내가 원하는 것은 중요치 않아. 난 해리를 행복하게 해주고 싶어. 내가 바라는 건 그것뿐이야." 이것이 감정적 의존인데 아주 위험하다.

그런데 대중문화는 이 같은 의존을 부추긴다. 내가 어렸을 때 "스타일리스틱스"(Stylistics)라는 그룹이 부른 노래 가운데 "당신은 제 전부예요. 그리고 이 세상 전부는 당신이죠."라는 가사가 있었다. 그 노래는 사랑 노래였다. 우리는 사랑을 이런 고상한 말로 표현한다.

그런데 당신이 전부라면, 나는 무엇인가? 이 그림에서 내가 들어갈 자리는 어디인가? 사람중독자는 자기 자리는 없다고 말한다. 그들은 상대방에게 전적으로 헌신하며 자기 인식의 끈을 놓고 산다. 그래서 관계의 균형이 깨져 버린다. 최악의 경우, 그들은 육체적으로 끔찍한 학대를 당하면서도 끊임없이 상대방에게로 돌아간다. 더 심하게 학대받을 것을 알면서도. 그들에게는 더 이상 지킬 자존감이 없다. 그리고 지금의 애인(혹은 고문자) 없이 산다는 건 상상할 수도 없다. 이 사람 말고는 자기를 사랑해 줄 사람이 없다고 확신하기 때문이다. 그리고 다른 사람한테는 사랑받고 싶지도 않다.

조이가 사람중독에 빠진 전형적인 경우였다. 그녀는 남편이 끊임없이 이혼을 요구해 오는 데도 그에게 미련을 못 버리고 있었다. 그녀는 아주 어려서부터 남편과 함께했기 때문에, 남편없이 혼자 살아갈 생각을 하면 앞이 막막했다. 그래서 그를 놓아 버리고 새출발하는 게 건강한 선택이라는 걸 알면서도 그러지 못하고 있었다.

나는 신문기사에 근거해 정신분석하는 일 같은 건 하고 싶지 않다. 그러나 내 생각에 O. J. 심프슨(O. J. Simpson, 흑인, 정황증거로 미루어 아내를 죽였다는 의심을 받았으나 무죄로 풀려났음 –역주)은 전처인 니콜(Nicole)에게 중독되어 있었던 것 같다. 그는 소유욕이 강했다. 결혼생활하는 내내 말과 행동으로 아내에 대한 소유욕을 과시하곤 했는데, 이것이 이혼한 다음에도 계속된 모양이었다. 그가 니콜에게 중독되어 있었다고 단언할 수는 없지만, 나는 사람중독이 소유욕과 폭력의 형태로 나타나는 것을 많이 목격했다.

결혼만이 사람중독 현상이 나타날 수 있는 유일한 관계는 아니다. 사람중독 현상은 연인관계에서도 나타날 수 있다. 레이첼과 로리가 그런 경우였다. 레이첼은 완벽한 남자를 만났다고 생각했다. 그런데 다른 여자들도 그렇게 생각했다. 그는 여성편력이 심해 한 여자에게 정착하지 못했다. 이렇게 되면, 관계는 한쪽으로 기울기 마련이다. 레이첼은 그에게 미쳐 있었다. 그의 사랑을 독차지할 수만 있다면, 마음과 영혼 모두 저당 잡혀도 좋다고 생각했다. 그러나 그는 그녀를 그렇게까지 사랑할 의사는 없었다. 그녀는 그가 달아날까봐 두려워, 그를 혼자 차지하고 싶다는 마음을 표현하지도 못했다. 그래서 그가 몇 시간이라도 만나주면 그걸로 행복해했고, 그가 없으면 온통 비참하게 보냈다. 그는 게임의 규칙을 알고 있었다. 사인만 보내면, 그녀가 언제든 달려오리라는 걸 알고 있었던 것이다.

로리의 경우, 게임의 '규칙'은 한층 더 일방적이었다. 그녀는 자기 상사에게 중독되어 있었다. 그녀 말로, 그는 쓰레기 같은 인간이었다. 그러나 성적으로는 매력이 있었다. 그는 자신이 원하는 것을 얻기 위해 그녀의 중독을 이용할 수 있다는 것을 알았고, 그래서 그녀를 학대했다. 그래도 그녀는 견딜 것이므로. 싫다는 말은 죽어도 하지 않을 것이므로.

사람중독은 중독자의 인격은 한없이 깎아내리면서, 상대방은 한없이 추켜세워 준다. 친구들이 "그 사람은 그럴 만한 가치가 없어." "너는 그보다 훨씬 나은 대접을 받을 자격이 있어."라고 말해도 듣지 않는다. 눈이 왜곡되어 있어 그 사실을 볼 수 없기 때문이다.

그런데 상처는 중독자만 받는 게 아니다. 상대방도 어느 정도는 상처를 입을 수 있다. 로리의 상사는 '승자가 모든 것을 갖는' 관계를 원했다. 그는 주고받는 관계의 기쁨을 몰랐다.

이것이 중독이 하는 일이다. 그것은 경기장을 기울어지게 해, 경기에 참가한 두 선수 모두 불이익을 당하게 한다.

사람중독은 낭만적이지 않은 관계에서도 일어날 수 있다. 종종 동성간의 우정에서도(특히 여성 사이에서) 감정적 의존이 발생하곤 한다. 삶 전체 – 감정적 상태, 자신감, 활력 등 – 를 친구의 존재 혹은 도움에 의존하는 것이다.

사람중독은 가족관계에서도 나타날 수 있다. 대표적인 것이 부모가 자식에게 중독되는 것이다. 그들은 자식을 통해 삶을 영위한다. 그래서 그들을 놓아 보내기 거절한다.

딸을 연예계에 진출시키려는 엄마나 아들을 스포츠 스타로 만들려는 아버지는 스타덤에 오르고 싶은 자신의 욕망을 자녀를 통해 성취하려는 것이다. 그들은 자신을 자식과 동일시한다. 어떤 부모는 자녀가 사랑을 하거나 직업을 선택할 때 감정적으로 지나치게 깊이 개입한다. 물론, 어느 정도의 관심과 지도는 필요하다. 그러나 합리적인 선을 넘어서는 안 된다. 그러면 자녀는 '엄마가 저러시는 건 나를 위해서가 아냐. 자기가 이루지 못한 꿈을 내게 강요하는 거라구. 내 선택권은 존중받지 못하고 있어.'라고 생각하게 된다.

부모뿐 아니라, 자녀도 사람중독에 빠질 수 있다. 아이는 손위형제나 부모를 우상화할 수 있다. 어른이 되어서도 여전히 부모 의견에 좌우되는 사람들이 있는데, 그들은 자기 힘으로는 올바른 선택을 할 수 없다고 생각한다. 그래서 완벽한 엄마나 절대로 실수하지 않는 아빠의 인도를 절실히 필요로 한다. 이 역시 사람중독의 한 형태이다.

사이버섹스의 유혹

인터넷이 보편화되면서 컴퓨터를 통해 섹스중독이나 사랑중독을 해결하는 사람들이 급속도로 늘고 있다. 수많은 사람들이 채팅 방에서 몇 시간씩 보낸다. 포르노를 찾아 웹 사이트를 서핑하는 사람도 많다.

로버트는 젊었을 때 포르노 영화와 잡지에 중독돼 있었다. 그러나 결혼하면서 그런 습관을 버렸다. 그렇지만 컴퓨터를 구입하고 인터넷을 연결시키면서 다시 포르노에 중독되고 말았다.

그는 밤 늦도록 이 사이트 저 사이트를 돌아다녔다. 그의 아내는 그가 자료 조사를 하며 밤 늦도록 일하는 줄 알았다. 혹은 인터넷에서 사귄 친구들과 채팅하는 줄 알았다. 그러나 로버트는 포르노에 빠져 들고 있었다. 그것 때문에 결혼생활이 망쳐질까봐 두려울 정도였다.

그래서 내게 상담을 요청해 왔다. "결혼하면서 포르노 사이트 돌아다니는 버릇을 간신히 고쳤습니다. 그런데 인터넷을 연결시키고 나니까 예전의 버릇이 순식간에 돌아오고 말았습니다. 이젠 포르노에서 빠져나올 길이 없어 보입니다."

컴퓨터 섹스중독은 몇 가지 중독이 혼합된 것이다. 컴퓨터는 그 자체가 강박적일 수 있다. 그것은 미지의 세계로 향하는 통로다. 마이크로소프트 사는 윈도우 프로그램 광고물을 제작하는 데 있어 가히 천재적이다. 그들은 "오늘 어디로 가고 싶습니까?"라고 유혹의 미끼를 던진다. 화성 그림을 다운로드 받든, 도쿄의 주식시세를 알아보든, 암스테르담에 있는 매춘굴을 방문하든, 그 모든 것을 손가락 하나로 할 수 있다.

컴퓨터중독은 우리 사회에서 아주 큰 문제로 대두되고 있다. 전미상담조정서비스기관(National Counseling Intervention Service)에 의하면, 다음의 증상을 보이는 사람은 컴퓨터중독자라고 한다.

- 컴퓨터 앞에 앉는 시간을 통제할 수 없는 사람
- 그로 인해 부정적인 결과를 경험하는 사람
- 삶에서 컴퓨터가 차지하는 비중이 지나치게 큰 사람
- 우울하거나 슬플 때 컴퓨터를 탈출구로 삼는 사람

컴퓨터중독이 사랑중독이나 섹스중독과 섞여서 생긴 혼합물인 경우 아주 위험하다. 이렇게 되면 다음의 두 가지 문제가 생겨난다.

채팅 방에 대한 환상을 키워 주는 사랑중독. 인터넷상에서는 자기가 원하는 모습이 될 수 있다. 자기 모습이 마음에 들지 않는 사람에게는 이 점이 아주 매력적이다. 채팅 방에서는 평범한 여성도 선정적인 들릴라가 될 수 있고 바싹 마른 약골도 아놀드 슈왈츠제네거 같은 근육질의 남성이 될 수 있다. 컴퓨터를 켜기만 하면, 힘과 환상과 모험과 자기 정체성과 사랑을 모두 가질 수 있다. 인터넷상에서 이런 경험을 하고 나면, 실제 생활로 돌아가기가 참 어렵다.

채팅 방은 그 자체로는 잘못이 없다. 인터넷은 친구를 사귀고 자기 세계를 넓히며 새로운 것을 배울 수 있는 아주 훌륭한 통로다. 그런데, 인터넷 때문에 실생활에서 자꾸 멀어진다면, 그것은 뭔가 잘못된 것이다. 당신에게는 인터넷이 점점 더 많은 시간을 빼앗아 가는 환상의 세계인가? 그렇다면, 그것은 건강하지 못한 것이다.

채팅하다 만나 사랑을 싹틔우고 결혼하는 사람들도 있기는 하다. 이메일을 주고받고 채팅 방에서 대화하다가 실제로 만나고 결국은 결혼에 골인하는 것이다(이런 일은 지난 수세기 동안, 편지로 펜팔을 주고받은 사람들 사이에서도 많이 일어났다). 어떻게 보면 이것은 우리 사회에 만연해 있는, 외모와 외적인 조건만 보는 현상을 바로잡는 순기능도 갖고 있다. 사람을 겉모습으로 판단하기 전에 생각과 감정을 먼저 앎으로써, 겉모습만 보고 끌리는 관계보다 훨씬 깊은 관계를 가지게 하기 때문이다.

그러나 인터넷의 약점을 이용해 상대방을 기만하는 사람도 있다. 그래서 거짓된 관계가 종종 생겨난다. 이런 관계에 걸려든 사람은 자기가 완벽한 파트너와 진지한 로맨스를 맺고 있다고 생각한다. 그러나 그런 파트너는 실제로는 존재하지 않는다.

인터넷상에서의 성중독은 포르노를 조장한다. 접근성이 용이하기 때문에, 컴퓨터 포르노는 자기도 모르게 중독될 수 있다. 포르노 비디오를 빌리거나 잡지를 사려고 하면, 남들 눈에 띌 위험이 있다. 그런 모습이 눈에 띄면 평판이 아주 나빠진다. 이것이 어떤 사람에게는 포르노를 멀리하고 정직하게 살아가게 하는 동기유발제가 된다. 그러나 컴퓨터는 아무도 모르게 포르노 화면들을 집 안으로 배달해 준다. 남들 눈에 띌 염려를 하지 않아도 된다.

사이버섹스중독은 포르노중독과 특성이 비슷하다. 그런데 요즘은 사이버섹스중독이 새로운 차원으로 부상하고 있다. 사이버 세계에서의 경험이 점점 더 상호작용하는 것으로 변하고 있는 것이다. 컴퓨터 사용자는 자신이 원하는 이미지를 마음대로 주문할 수 있고, 그 이미지는 주문과 동시에 공급된다. 그래서 마음만 먹으면, 자기를 주인공으로 하는 포르노 영화를 얼마든지 제작할 수 있다. 이것은 힘에 대한 강한 환상을 준다.

아이러니컬하게도, 인터넷 포르노가 '안전한 성'이라고 주장하는 사람들도 있다. 바이러스 감염에 관한 거라면 그럴지도 모르겠다. 그러나 포르노의 노예가 된 사람들에게는 인터넷 포르노가 절대로 안전하지 않다. 오히려 강력한 힘을 가진 신형 무기를 하나 더해 줄 뿐이다.

로버트는 포르노중독에서 빠져나오고 싶어했다. 그래서 나는 아내에게 솔직하게 털어놓으라고 조언해 주었다.

혼자만의 비밀로 간직하는 것은 섹스중독을 배양하는 것밖에 되지 않는다. 그것에서 해방되는 가장 좋은 방법은 누군가에게 자기 행동에 대해 해명하고 책임을 지는 것이다. 컴퓨터 앞에 앉아 있는 것은 고독한 활동이다. 때문에 아무도 모르게 중독되기 쉽다(인터넷상에서 경험하는 성적 교제들은 우리를 더 큰 고독의 늪으로 몰고 간다. 참으로 슬픈 일이 아닐 수 없다).

그러나 자기 행동에 대해 해명하고 책임지게 되면, 사이버섹스에 중독되었다 해도 다시 현실 세계와 연결될 수 있다. 이것은 모든 중독자에게 해당되는 가장 중요한 치유법이다. 더 깊은 수렁에 빠지지 않으려면, 이 방법 외에는 달리 취할 방법이 없다. 로버트는 아내에게 자신의 문제를 이야기하고 인터넷 사용을 절제할 수 있도록 도움을 받아야 했다. 그렇지 않고는 그 유혹을 뿌리칠 수가 없었다.

로버트는 내 조언을 받아들여 아내에게 사실을 털어놓았다. 그녀는 처음에는 어리둥절해 했다. 그러나 이내 현실을 인정하고 문제를 극복하기 위해 협조하기 시작했다. 그리고 성공했다. 실제 관계가 사이버섹스 세계의 가상 관계들을 물리친 것이다.

뒤죽박죽된 가방

중독증상이 한가지가 아니라 여러 가지인 사람들이 의외로 많다. 이것은 이상한 일이 아니다. 사랑중독, 성중독, 사람중독은 서로 연관되어 있기 때문이다. 때로 이 셋은 분간하기 어렵다. 사회학자들에 의하면, 가까스로 마약중독에서 치유되고 나서는 알코올이나 담배, 도박 같은 데 빠져드는 사람들이 왕왕 있다고 한다. 우리 그룹에서는 모니카가 그랬다. 그녀는 이혼하기 전에는 전남편을 상대로 사람중독에 걸렸던 것처럼 보였다. 그런데 이혼하고 나서는 이내 사랑중독에 빠져 들었다. 그녀는 누구하고든 관계를 맺고 있어야 했다. 그래서 이 남자에게서 저 남자에게로 끊임없이 옮겨 다녔고 기간도 아주 짧았다. 지금 그녀는 한 남자에게 정착했는데 또 사람중독 증상을 보이고 있었다. 그가 어떤 학대를 가해도 참고 견딘다는 게 그 증거다.

이처럼 중독이 한 중독에서 다른 중독으로 전이되는 것은 흔히 있는 일이다. 사람은 변하기 마련이므로, 필요도 변하고 관계도 변하기 때문이다. 사람들은 새로운 관계가 잘 되지 않으면, 그것 때문에 절망해서는 또다시 새로운 사랑을 찾아 나선다. 이번에는 지난 번과 다르고 좀더 만족스러운 사랑을 찾기 바라면서. 그러려면 무엇보다 올바른 사람을 발견해야 할 것이다.

이렇게 해서 중독의 사이클은 계속 돌게 된다.

03

사례연구 : 샐리

샐리는 로맨스에 중독되어 있었다. 그녀는 그 로맨스가 끝나려 할 즈음 나를 찾아왔다. 그녀의 애인은 그녀를 떨쳐 버리려 하고 있었다. 전화도 잘 안 하고 만나주지도 않았다. 그래서 주말이면 혼자 술을 마시곤 했다. 그녀의 삶은 갈기갈기 찢어지고 있었다.

대체 언제부터 문제가 시작되었을까? 어린 시절, 그녀의 어머니는 그녀가 아버지와 단둘이 있는 것을 병적으로 싫어했다. 그래서 샐리는 아빠 품에 안겨 본 적도, 아빠와 사랑이 넘치는 관계를 맺어 본 적도 없었다.

그녀는 부모에 대한 반항심에서 자기보다 훨씬 나이 많은 남자와 결혼했다. 자기보다 나이도 많고 교육 수준도 높은 사람이 자기한테 관심 가져 주자 기뻤다. 그는 그녀에게 아버지 같은 존재로 다가왔다. 그리고 그녀의 삶을 지배했으며 결혼생활하는 23년 동안, 그녀의 자존감을 교묘하게 훼손시키고 도려냈다. 그녀는 매사에 그를 의지해야 했다. 누가 무슨 질문을 해도 남편에게 물어 본 다음 답해 주어야 할 정도였다. 그녀의 남편은 필요하다고 판단되면, 손찌검도 주저 없이 가했다.

그를 떠나면 되지 않냐고 반문할 사람도 있을 것이다. 그러나 그녀는 그럴 수 없었다. 그녀에게는 이미 아이들이 있었다. 게다가 그녀는 학력도 미천했다. 혼자 힘으로는 아무것도 할 수가 없었다. 어쩌면 남편이 그녀는 무가치한 사람이라는 생각을 주입시켰는지도 모른다. 결국, 그녀는 고통을 경감시키기 위해 약을 복용하기 시작했다.

아이들이 커 가면서 돈 들어갈 데가 많아지자 그녀는 파트타임으로 일하기 시작했다. 그러다가 이내 풀타임으로 바뀠다. 동시에 학사학위를 받는 과정에도 도전했다. 이렇게 자기 세계를 넓혀가다 보니, 그녀는 어느새 자기 자신이 되어 있었다. 남편은 이것을 싫어했다. 예전에는 결혼생활이 그의 필요를 채우기 위한 도구였는데, 이제는 그녀도 자신의 요구를 관철시키기 시작하니 당연히 싫을 수밖에 없었다. 그녀의 변화 앞에서 남편은 위협을 느꼈다.

이것이 가정불화를 불러왔다. 남편은 지배력을 되찾기 위해 격렬하게 몸부림쳤다. 한번은 십대에 들어선 딸아이가 사소한 일로 그의 기분을 상하게 하자, 딸을 내쫓으며 의절하겠다고 엄포 놓았다. 화가 난 딸은 약품 상자에서 약을 있는 대로 꺼내 먹고는 중환자실로 실려갔다. 그녀와 상담한 정신과의사는 아버지가 집을 나가는 게 좋겠다고 판단 내렸다. 그는 그것을 받아들여야 했다. 그러나 그것으로 문제가 끝난 건 아니었다. 더 많은 문제가 그녀를 기다리고 있었다.

변호사

남편이 집을 나간 날, 샐리는 제리라는 변호사 친구를 찾아갔다. 그는 자기가 그녀의 이혼소송을 맡을 수는 없다며 길 건너 편에 있는 여자 변호사를 소개해 주었다. 샐리는 그 여자 변호사를 찾아가 이혼서류를 접수시킨 뒤 다시 제리의 사무실로 왔다. 그리고 그와 함께 저녁식사를 했다. 식사는 저녁 내내 계속되었다. 그날 이후 제리는 그녀의 삶에 막강한 힘을 발하기 시작했다.

그는 그녀보다 나이가 약간 더 많았다. 당연히 교육 수준도 높았다. 그는 그녀와는 다른 세계 사람이었다. 무슨 이유에선지 몰라도, 그는 세 번이나 이혼한 전력이 있었다. 그리고 지금은 자신만을 위한 삶을 살고 있었다. 그날 저녁, 그는 아주 품위 있는 식사대접을 해 주었다. 샐리는 그가 많은 여자들과 어울린다는 걸 알고 있었다. 그러면서도 그가 자기에게 정착하기를 바랐다.

그러나 지금은 그때를 돌아보며 "그와의 관계는 결혼생활의 연속이나 다름없었어요."라고 고백한다. "저는 그를 동상처럼 우러러 보았어요. 그는 변호사였고 전 평범한 여자였으니까요. 그런 사람이 뭐가 아쉬워 저 같은 여자에게 관심 갖겠어요? 그런데도 그는 제게 잘해 줬어요. 만날 때마다 절 감동시켰죠. 저를 자기 보트에 태우고 뱃놀이도 시켜 주었어요. 하지만, 친구들에게 소개시켜 주지는 않았죠. 절 부끄럽게 생각한 거예요." 그녀는 그가 자기를 어떻게 생각하는지 항상 살폈다. 옷 하나를 사도 그의 취향을 고려했고 행동도 그의 마음에 들게 했다. 그와 함께 있는 동안은 자신이 아니었다. 도대체 누가 '자기'인지 분간할 수조차 없었다.

그들의 관계는 첫날부터 육체적이었다. 육체적 관계는 샐리 속에 있던 깊은 필요를 충족시켜 주었다. 그녀는 어릴 적부터 사랑의 접촉을 갈망해 왔는데, 그것을 충족시키는 데는 육체적 관계가 안성맞춤이었다. 그러나 제리는 그녀를 이용했다. 몸이 안 좋다는 핑계로 그녀를 일찍 집에 데려다 준 뒤, 다른 여자를 만나러 가곤 했던 것이다(그녀는 이 사실을 한참 후에야 알았다). 샐리는 그와 함께 있으면 너무너무 좋았다. 그러나 그가 없으면 원망하는 마음이 들었다. 그는 아무 일 없이 종종 연락을 끊곤 했다. 그럴 때마다 그녀는 술을 마셨다. 그런 일이 잦아지면서 음주량도 늘었다.

그녀가 나를 찾아온 것은 이 무렵이었다. 그녀는 가슴 깊이 절망하고 있었다. 혼자 있는 게 괴로워 주말마다 술에 절어 지낸다고 했다. 상담을 시작한 후로도 그녀는 그 고통 안에 몇 달 더 머물러 있었다. 그녀는 다시는 그를 만나지 않겠다고 다짐했다. 성적으로 굴복하지 않겠다고도 다짐했다. 그러나 그에게서 전화만 오면, 그 결심이 무너져 버렸다. "그 사람 목소리만 들으면, 그가 한 모든 비열한 짓이 잊혀져요. 결심도 눈 녹듯 녹아버리구요." 이렇게 그녀는 다시 한 번 남자에게 지배당하게 되었다.

그러던 어느 날, 그가 그녀를 영원히 떠나 버렸다. 그 일로 충격을 받았는지, 그녀는 아무도 안 만나고 혼자 있으려고만 했다. 상태가 아주 심각했다. "전 옆에 사람이 없으면 불행해요. 제게 필요한 건 관계거든요." 그런데 그녀에게는 위로해 줄 친구도 없었다. 전에 알고 있던 사람들은 이혼하면서 대부분 연락이 끊어졌고, 제리와 사귀는 동안은 새 친구를 한 명도 사귀지 못했다. 직장 동료 가운데 친하게 지내는 사람이 몇 명 있기는 했지만, 도움을 청할 정도는 아니었다. 그녀는 계속해서 술만 마셨으며, 점점 자멸해 갔다. 나는 그녀가 걱정되었다.

세일즈맨

제리와 헤어지고 육 개월쯤 뒤, 샐리는 직장동료인 리처드에게서 데이트 신청을 받았다. 그는 상점을 방문하는 영업사원이었다. 너무 오랜 만에 데이트 신청을 받은 터라, 그녀는 좋아라 승낙했다. 고독에 몸부림치던 그녀에게 리처드는 구세주나 다름없었다. 그는 자상하고 친절했다. 그러나 유부남이었다. 샐리는 몇 달 뒤에야 이 사실을 알았다.

그래도 리처드는 그녀의 자존감을 높이 세워 주었다. "그는 제가 얼마나 자기에게 잘 맞고 좋은 사람인지 수도 없이 이야기해 주었어요. 그리고 자기 아내보다 뭐든 잘한대요! 요리도 더 잘하고 청소도 더 잘하며 세차도 훨씬 더 잘한대요. 고양이 집도 자기 아내보다 훨씬 더 깨끗하게 청소하구요. 전 그 말을 믿었어요. 그는 자기 아내가 자기 아이들 대하는 거보다가 제가 저희 아이들 대하는 거 보면 참 좋은 엄마구나 하는 생각이 든다고 했어요. 근데 그러면 뭐해요? 그는 이미 그 여자와 결혼했고 그 여자의 남편인 걸요."

샐리는 주말에는 여전히 외로웠다. 그래서 리처드가 수백 마일 떨어진 곳으로 출장 가도 먼 길을 마다 않고 찾아갔다. 그리고는 아는 사람 하나 없는 타지에서 그와 함께 외식도 하고 모텔에서 같이 밤을 보내기도 했다. 샐리는 일주일에 한두 번씩 그가 있는 곳으로 차를 몰았다. 그와의 밀회를 생각하면 흥분으로 몸이 달아올랐다. 그러나 집으로 돌아올 때는 두려움에 짓눌리곤 했다.

리처드와의 관계 역시 육체적이었다. 샐리는 리처드의 품에 안기고 싶어했고 사랑받고 싶어했다. 그의 품에 안겨 있으면 그렇게 기분 좋을 수 없었다. 그러나 그 좋은 느낌은 아침에 알람시계가 울리면 산산조각 나버렸다. 그 느낌이 현실에까지 이어지지는 않았던 것이다.

그녀는 무려 이 년 동안 이렇게 살았다. "쓰레기가 된 느낌이었어요." 그녀의 몸은 약물 복용과 음주 그리고 고속도로 질주로 만신창이가 되어 갔다. 그녀는 리처드와의 관계에는 미래가 없다는 것을 깨달았다. 그러나 그를 거절할 수 없었다.

"그와의 관계는 고통 그 자체였어요. 하지만 그의 품에 안겨 있는 몇 시간 동안의 행복은 그 고통을 보상하기에 충분했어요."

어떤 면에서 리처드는 그녀에게 아주 잘해 주었다. 적어도 전남편이나 제리처럼 그녀를 이용하지는 않았다. 그는 그녀의 가정생활에 깊은 관심을 보여 주었으며, 그녀의 삶의 한 부분이 되고자 했다. 그러나 샐리가 자신의 가정생활에 개입되는 것은 용납하지 않았다. 샐리의 아이들도 그를 좋아했다. 그래서 그와 함께 이것저것 많이 했다. 그러나 그에게 가정이 있다는 것은 몰랐다.

샐리는 리처드와 영원히 함께하는 꿈을 꾸곤 했다. 그러나 그런 일이 없을 거라는 건 그녀가 더 잘 알고 있었다. 그도 그런 약속은 해주지 않았다. 그래도 그녀는 계속해서 그런 꿈을 꾸었다. "전 지금도 그가 저를 정말로 좋아한다고 믿고 있어요. 하지만 그는 자기 아내랑 아이들과 행복한 삶을 꾸려가고 있죠. 아마 그들을 떠나려 하지 않을 거예요." 그녀는 이렇게 희망과 절망 사이를 왔다갔다 했다.

그러던 중 리처드가 아내와 함께 휴가를 떠났다. 휴가에서 돌아온 그는 너무도 쉽게 샐리의 삶에서 나가 버렸다. 그 일로 그녀는 음주량이 더욱 늘었다. 약물 복용도 잦아졌다. 도움이 필요하다는 것을 알면서 나를 찾아오지도 않았다. 직장도 출근하는 날보다 결근하는 날이 더 많았다. 그럴 때면 아이들이 회사에 전화해 엄마가 아파서 출근 못할 것 같다고 대신 말해 주곤 했다. 사실은 술에 취해 몸을 가누지 못하고 있었으면서.

도움 받기

"시간이 흐르니까 아픈 것도 술 마시는 것도 지겨워지더라구요. 그러던 어느 날, 직장 동료로부터 저녁에 재활프로그램을 운영하는 곳이 있다는 말을 들었어요. 저녁에 운영한다니까, 치료받으면서도 충분히 회사생활할 수 있겠다 싶었어요. 그런데 그 친구는 제가 약물 복용을 너무 많이 했다며 해독부터 하는 게 좋을 거라고 하더군요. 그래서 삼 일간 휴가 내 그곳에 가서 제 몸에 남아 있는 약물을 없애는 치료를 받기로 했어요." 그때 그녀는 혈중 알코올 농도가 40에 육박했다. 그래서 그곳까지 운전해 가는 동안 앞을 제대로 볼 수가 없었다. 삼 일만 있기로 하고 간 것이 무려 오 주간이나 머물러 있게 됐다. 그러다가 약물 문제가 불거지면서 병원으로 옮겨졌다. "제가 살아 있다는 게 믿기지 않아요. 해독실 사람들이 그러는데, 거의 반죽음 상태로 실려왔다고 하더군요."

그녀는 퇴원 후 알코올 중독환자 갱생회에 가입했다. 모임에 한 번도 빠지지 않고 참석했으며, 모임이 너무 좋다고 내게 자랑도 했다. 거기에 참석하면서 그녀는 점차로 좋아졌다. 그 모임 덕택에 그녀는 내게 상담받는 일 년 하고도 한 달 구 일 동안 흐트러짐 없는 정신상태를 유지할 수 있었다.

몸에 잔재하는 약물을 해독하면서 그녀는 자신이 중독적인 관계에 빠지기 쉬운 사람이라는 것을 깨달았다. 그리고 전에는 가져본 적이 없는 새로운 자존감을 갖게 되었다.

"이젠 저 자신을 좋아하게 됐어요! 낭만적인 관계는 원하지도 않구요. 친구도 많이 사귀었어요. 이젠 뭐든 제 힘으로 할 수 있을 것 같아요. 혼자 있는 게 두렵지도 않구요. 알고 봤더니 혼자 있는 것도 괜찮더라구요. 혼자 있어도 제가 가치 있는 사람이라는 느낌이 들거든요. 이젠 더 이상 로맨스를 쫓아다니지 않을 거예요. 아니, 로맨스가 찾아와도 진지하게 고민해 볼 거예요. 어쨌든, 지금으로서는 그런 걸 찾아다닐 필요를 못 느껴요. 저 자신만으로도 충분하거든요."

최근에 샐리는 몇 가지 법률적인 일로 제리를 만났다. 그런데 그를 만나도 하나도 고통스럽지 않았다. 전에 그는 그녀에게 막강한 힘을 행사했었다. 그의 목소리만 들어도 그녀는 모든 결심이 녹아버리곤 했다. 그가 자기를 마음껏 이용해도 아무 소리 하지 않았다. 그러나 이제는 그렇지 않았다. 그를 만났는데도 아무런 감정이 일어나지 않았다. 분노조차 느껴지지 않았다. 그녀는 일 이야기만 한 뒤 자리에서 일어섰다. 그를 갈망하는 표정도, 가슴이 무너져 내리는 듯한 한숨도 짓지 않았다.

무슨 변화가 일어났길래, 그녀가 자기를 지킬 수 있었을까? 그녀는 이렇게 말한다. "저 자신에 대한 확신이 많이 커졌어요. 자존감이라는 든든한 후원자를 갖게 되었거든요. 이젠 제가 아주 중요한 사람이라는 확신이 들어요." 그녀에게서 이런 말을 들으니 참 기분 좋았다.

평가

샐리는 모든 유형의 관계중독을 다 갖고 있었다. 내용도 다양했다. 그녀는 어릴 때부터 사랑에 굶주려 있었다. 멀게만 느껴졌던 아버지, 엄마의 편집증, 남편의 학대, 이 모두가 그녀를 끝없는 갈망에 불타게 했다.

그리고 이 갈망은 여러 남성들과의 성적인 관계로 표출되었다. 그녀의 남편은 자기가 원할 때만 그녀를 안아 주었다. 그녀의 성적 욕구에는 아무 관심 없었다. 그녀는 그게 불만이었다. 그런데 이혼하고 만난 남자들은 육체적 관계가 훨씬 더 정열적이었음에도 불구하고, 성적 욕구가 조금도 채워지지 않았다. 그녀는 사랑받기 원했다. 그래서 육체적 관계를 허락했다. 그러나 매번 이용당했고 깊이 절망했다. 이것은 여성 성중독자들에게서 흔히 볼 수 있는 패턴이다.

그녀는 성 이상의 것을 갈망했다. 성은 단지 좀더 깊은 관계로 가기 위한 디딤돌에 불과했다. 그녀는 자존감이 낮았다. 그래서 항상 누군가와 같이 있고 싶어했다. 제리와의 정사는 황홀감과 절망감을 동시에 안겨 주었다. 변호사라는 그의 사회적 신분은 그녀에게 자기도 대단한 사람이라는 기분 좋은 느낌을 주었다. 그러나 그 느낌은 오래 가지 않았다. 그가 자기와 결혼하지 않으리라는 걸 알면서 그 느낌도 산산조각 나 버렸다. 그 순간 그녀는 바닥으로 내동댕이쳐졌다. 제리와 사귀는 동안 그녀는 자신의 경계선을 모두 포기했다.

리처드와 사귈 때도 그랬다. 리처드는 그녀에게 진정한 사랑을 보여 주었다. 그러나 관계의 주도권은 항상 그가 쥐고 있었다. 그녀는 오래도록 마약 같은 충동에 이끌려 자신을 마구 깎아내렸다. 그래서 처음에는 '누군가 날 사랑해 주지 않으면 난 아무것도 아니야.' 라고 생각했지만, 오래지 않아 '누군가의 사랑을 얻고 그것을 지킬 수만 있다면 뭐든 할거야.' 로 생각이 바뀌게 되었다. 이것이 사랑중독자들이 경험하는 나선형 추락이다. 그들은 자기가 중요한 사람이라고 느끼고 싶어한다. 그래서 누군가와 함께 있으려고 한다.

샐리는 사람중독증상도 보이고 있었다. 그렇게 오래도록 남편에게 학대당하면서도 묵묵히 참고 견뎠다는 게 그 증거다. 그녀의 남편은 그녀의 자존감을 송두리째 앗아 가 버렸다. 그래서 그녀가 자기 생각이라고는 하나도 가질 수 없게 했다. 자기가 그녀의 신이 된 것이다. 그녀는 몇 번이나 자의식에 깊은 상처를 받은 후에야 가까스로 그에게서 자유로워졌다. 그러나 남편에게서 벗어나자마자 곧 새로 숭배할 신을 찾아냈다. 제리는 그녀와는 완전히 다른 세계 사람이었다. 그런데 그렇게 대단한 사람이 자기에게 관심을 보이자 너무 기뻤다. 그녀는 그가 장난삼아 자기에게 수작 건다는 걸 알면서도 속아 넘어가 주었다. 심지어 그와 함께 낙원에 있는 상상도 했다. 리처드와의 관계 역시 헛된 공상에 불과했다.

혼외정사란 결국 그런 것이었다. 거기에는 진정한 사랑에 요구되는 헌신이나 부단한 노력이 없다. 그런데도 샐리는 그를 구세주로 보았다. 그는 그녀에게 도움이 필요할 때마다 기꺼이 도와주었다. 그래서 그녀는 그가 신실하지 못한 남편이라는 것을 잊곤 했다. 그의 결점을 의도적으로 외면한 것이었다. 사람중독자들은 이렇게 사실을 의도적으로 외면하곤 한다.

중독자 중에는 바닥까지 떨어져야만 치유되는 사람이 있는데, 샐리가 그랬다. 그녀는 약물 의존도가 높아져 건강이 위기에 처해지자, 그제서야 자신을 관계중독으로 이끈 자존감이라는 문제를 돌아보았다.

결국, 그녀는 스스로를 어떻게 생각하는지 돌아보는 작업을 했고 자존감을 높였다. 지금 그녀는 참 보기 좋다. 목소리에서는 활력이 느껴진다. 그녀는 자기가 다시 중독에 빠질 수 있으며 앞으로도 위험한 시기를 종종 지날 거라는 걸 안다. 그러나 자기에게 필요한 게 무엇인지도 알고 있으며, 자신의 가치도 올바르게 평가하고 있다. 중독에 빠지지 않기 위해 단단히 무장하고 있는 것이다.

04

중독적인 관계의 특성

우리는 어떨 때 관계에 중독될까? 결혼생활이 고통스러운데도 묵묵히 인내하는 아내는 희생적인 사랑이 있어서 그런걸까, 아니면 관계에 중독되어서 그런걸까?

토요일 저녁 집에 혼자 있는 것보다 마음에 없는 남자 하고라도 데이트하는 게 낫겠다고 생각하는 독신여성은 관계중독자인가?

5년 사이에 열두 명이나 되는 여성과 관계를 가진 남자는 관계중독자일까, 아니면 그냥 데이트하기 좋아하는 사람일까?

친정엄마한테 매일 전화해 – 어떨 때는 하루에 두세 번씩 – 그날 있었던 일을 시시콜콜 이야기하는 여자는 모녀관계에 중독된 여성일까, 아니면 엄마랑 사이가 좋은 착한 딸일까?

이런 걸 구분하려면, 중독적인 관계의 특성을 상세히 알고 있어야 한다. 그런데 중독을 어떤 특별한 사람과 함께 있고 싶은 충동으로 정의한다면, 모든 헌신된 관계에는 중독적인 요소가 얼마간 들어 있게 된다. 마찬가지로, 사랑을 상대방을 위해 희생하고 헌신하고자 하는 갈망으로 정의한다면, 대부분의 중독적인 관계에도 진정한 사랑이 어느 정도 들어 있게 된다.

결국, 건강한 관계와 중독적인 관계는 연속선상에 있다고 할 수 있다. 이 세상 모든 로맨스와 우정은 이 두 관계 사이 어디쯤에 위치한다. 그렇다면 건강한 관계와 중독적인 관계의 차이는 무엇일까? 어느 지점을 넘으면서부터 건강한 관계가 위험한 관계로 전락하는 것일까? 따뜻한 사랑이 자살까지 생각할 정도의 고통으로 변하는 지점은 어디일까?

중독적인 관계의 특성들

건강한 관계와 그렇지 못한 관계를 구분하는 경계선은 없을지도 모른다. 그러나 이 둘 사이에는 기본적인 차이점들이 있다. 이것을 알면 자신이 맺고 있는 관계의 건강도를 좀더 잘 측정할 수 있다. 물론, 자신의 관계에 중독증상이 한두 가지 보인다고 긴장할 필요는 없다. 그러나 중독관계의 패턴 전체가 낯설지 않다면, 이 책을 계속 읽는 것이 좋을 것이다.

자유로운 선택 vs. 강요

건강한 관계에서는 함께 있고 교제하고 사랑하는 것이 자유로운 선택에 의해 결정된다. 그러나 중독적인 관계에는 자유로운 선택이 없다. 강박적인 느낌만 있다. 진정으로 원하느냐 원하지 않느냐와 상관없이 그 사람과 함께 있어야 하기 때문에 함께 있는 것이다.[1]

이것을 코카인 중독과 비교해 보자. 코카인은 중독자의 정신과 감정을 장악함으로써 자유로운 선택을 제한한다. 생물학적으로, 약물은 그 약물을 더 사용하도록 부추기는 힘이 있다. 그래서 한 번 약물을 복용하기 시작하면 복용량도 갈수록 증가하고 약물의 통제력도 그만큼 강해져, 누릴 수 있는 자유가 줄어들게 된다.

중독적인 관계도 마찬가지이다. 생물학적인 면은 약간 다르지만 원리는 같다. 관계에서 특정한 자극을 계속해서 받으면 우리 뇌는 거기에 익숙해지게 된다. 그 자극들이 마음속에 각인되기 때문이다. 그래서 관계에 들어가면 갈수록 그 자극에 더 많이 지배돼, 나중에는 거기에서 빠져나올 수 없게 된다. 그리고 이것은 선택의 자유를 극도로 제한한다. 결국, 관계가 깊어질수록 그 관계의 지배력 역시 그만큼 커지게 된다. 그런데도 관계중독자는 자기가 모든 것을 선택하고 있다고 생각할 수 있다.

상대방에게 이끌리고 관계를 지키기 위해 희생을 감수하는 것은 건강한 관계에서도 볼 수 있다. 그러나 건강한 관계는 객관성을 잃지 않는다. 이성적 판단이 감정을 제어하기 때문에 자신의 선택을 통제할 수 있다. 상대방의 행동에 책임을 물을 수 있으며, 부당한 대우나 학대에 항거할 수도 있다. 그리고 사랑을 돌려받지 못했을 때는 즉시 알 수 있다.

베키와 해리는 급속도로 가까워졌다. 그런데 관계가 깊어지면서, 해리가 베키를 당연히 여기기 시작했다. 약속시간 몇 분 전에 약속을 취소하기 일쑤였으며, 집에 놀러와도 TV만 보다 갔다. 식탁을 차려 주면 당연하다는 듯이 먹었고 때로는 그녀의 관대한 성품도 이용했다. 성관계를 갖고 싶다는 것을 노골적으로 표현하기도 했다. 밖에서 데이트한 지 한참 됐다고 불평하면, 돈을 아껴야 한다며 나중에 근사한 데 데려다 줄 테니 참아 달라고 했다. 그러나 언제 그렇게 할 건지는 약속해 주지 않았다. 그런데 그가 아무리 부당하게 대해도 베키는 그에게 끌렸다. 그래서 그가 화낼까봐 아무 요구도 할 수 없었다. 그녀는 그가 찾아올 때마다 맛있는 음식을 만들어 주고 시중도 들어 주었다. 그러나 그럴수록 내면은 더 공허해졌다. 그와 잠자리를 같이하고 난 후에는 더 그랬다. 이런 불안한 느낌이 싫어, 그녀는 자기가 그를 얼마나 사랑하는지 보여 주려고 더 열심히 노력했다. 그러면 그도 자기를 더 많이 사랑해 줄 거라 생각했다. 그러나 희망은 잠시뿐, 관계는 악화되기만 했다.

베키는 해리와의 관계에서 완전히 좌절하게 되었다. 이제는 친구들도 해리에 대해 여러 가지 의문을 제기하기 시작했다. 그래서 그녀는 그와의 관계를 정리하기로 했다. 그런데 헤어지려고 할 때마다 "지금은 시기가 좋지 않아." "조금만 더 기다려 주면 그가 변할지도 몰라." 하는 생각이 들곤 했다. 결국, 몇 달이 지나도록 그녀는 해리와의 관계를 정리하지 못했다. 오히려 감정적으로 그를 더 많이 의지하게 됐다. 해리와 함께하느라, 친구들 만나는 시간이 줄어 친구들과의 사이도 소원해졌다. 한편으로는 친구들이 해리에 대해 안 좋게 얘기하는 게 싫어 일부러 그들을 멀리하기도 했다.

일 년쯤 뒤, 해리는 다른 여자를 만나기 시작했고 그녀에게 이별을 선언했다. 베키는 황폐해진 느낌이었다. 그와는 어차피 헤어질 생각이었지만, 그래도 막상 이별하자 견디기 힘들었다. 친구들과도 대부분 연락이 끊겨 버려 더 비참했다. 감정적으로 영적으로 완전히 고립된 느낌이었다.

그렇다면, 베키는 왜 그렇게 오래도록 해리에게서 헤어나지 못했을까? 그를 사랑했기 때문일까? 그녀는 그와의 관계에 객관적이었을까, 아니면 내면에 있는 공허함에 쫓겼을까? 그녀의 내면에 있는 공허함은 그와의 관계를 추구할 건지 말 건지 선택할 수 있는 능력을 제한했다.

물론, '베키가 당한 고통은 내가 받은 고통에 비하면 아무것도 아니야.'라고 생각할 사람도 있을 것이다. 실제로, 이보다 가혹하고 잔인한 대우를 받는 사람들은 수도 없이 많다. 관계 안에 머무르고자 하는 강박적 충동 때문에 육체적, 성적, 감정적 학대를 참고 견디는 사람이 많은 것이다. 그러나 관계 속으로 들어가면 갈수록, 강압적인 충동이 발하는 힘도 그만큼 커져, 결국은 신념과 가치관과 삶의 기준을 상당부분 희생시키고 타협하게 된다. 고작 자신에게 가장 큰 고통을 주는 것을 붙잡기 위해.

상호지원 VS. 구출하려는 시도

항상 자기보다 못한 사람 하고만 데이트하는 사람이 있다. 아주 사랑스럽고 순진한 소녀가 마약중독자와 데이트하기도 하고, 훌륭한 젊은이가 폐인 같은 여자와 데이트하기도 한다. 물론, 이런 경우들을 지나치게 일반화시켜서는 안 될 것이다. 그리고 누가 누구보다 "못하다"는 생각은 그 자체가 아주 위험하다. 그러나 한쪽이 다른 쪽보다 못하면, 건강하지 못한 관계로 치달을 수 있다. 처음부터 균형이 일그러져 있기 때문이다. 이런 관계는 사랑보다 동정심 그리고 우월감과 상대방을 구해 주고자 하는 강박관념이 관계의 기본이 된다.

건강한 관계에서는 두 사람 모두 성장하고 자기 역할을 다하고 '역량을 최대한 발휘할 수 있도록' 서로 도와준다. 그러나 중독적인 관계에서는 한 사람이 다른 사람을 구해 주고 교정하고 개선시키려고 애쓴다. 그래서 관계가 한쪽으로 기울게 된다. 한 사람은 도움을 바라고 다른 한 사람은 그가 도움을 청해 오기를 기다리는 패턴이 자리잡게 되는 것이다. 관계가 한쪽으로 기운 상태에서 서로 의존하게 되는데, 이것이 바로 상호의존이다.

대학 다닐 때 내 주변에도 상호의존적인 여학생이 있었다. 그녀는 신앙심이 깊었다. 그런데 이상하게도 항상 그늘진 남학생 하고만 사귀었다. 그녀를 혼자 좋아하던 나는 이 때문에 많이 좌절했다. 내가 그녀의 도움을 필요로 하지 않는다는 이유로 나와는 데이트하려고 하지 않았기 때문이다. 그녀는 자신이 구해 줄 수 있는 남학생만 사귀었다. 한번은 내 친구와 사귀었는데, 그는 강도들과 마약 소지자들을 돕다가 감옥에 갇힌 후, 수감생활하는 동안 개심한 친구였다. 그녀는 그가 영적으로 성장할 수 있도록 도와주었다. 그러나 그들의 영적 친밀함은 이내 육체적 친밀함으로 바뀌었다.

그들의 관계가 어떻게 되었는지는 잘 모르겠다. 어쩌면 지금까지 계속되고 있는지도 모르겠다. 그녀의 도움으로 그 친구가 믿음이 많이 성장하고 두 사람 모두 서로를 배우자로 대하는 법을 배웠을지도 모르겠다. 그러나 나는 그렇게 되지 않았을 거라는 생각이 훨씬 많이 든다.

상호의존적인 관계는 도움을 절실히 필요로 하는 사람과 그 필요를 채워 주고자 하는 사람 사이에서 형성된다. 그런데 도움을 필요로 하던 사람이 더 이상 도움을 필요로 하지 않게 되면 관계의 바탕 자체가 틀어져 버린다. 선교사 역할을 하는 사람이 더 이상은 필요치 않게 되는 것이다. 적어도 지금까지와 같은 방식으로는.

레이는 이혼한 지 얼마 안 되는 여성과 관계를 맺었다. 그녀는 남편한 테 버림받았다는 생각에 많이 황폐해져 있어 별 노력 않고도 환심을 살 수 있었다. 자신감도 회복시켜 줄 수 있었다.

그녀는 남편에 대한 반발심 때문에 다른 남자와 관계 맺는 일은 하지 않으려고 했다. 그러나 감정적으로 너무 곤궁한 상태에 있었다. 레이는 그녀의 필요를 손쉽게 채워 줄 수 있다는 걸 이용해 그녀에게 접근해 갔다. 예상했던 대로, 둘 사이의 우정은 오래지 않아 로맨스로 바뀌었다. "그녀는 자기를 원하는 사람이 있다는 걸 느끼고 싶어했어요. 그게 중요 했죠." 그는 자기가 그녀를 온전한 상태로 회복시키고 있다고 생각하며 혼자 기분 좋아했다.

그러나 그녀가 온전해지면서 더 이상은 그를 필요로 하지 않게 되었다. 애초부터 그들의 로맨스는 한쪽으로 기울어져 있었기에 가능했다. 그런 데 이제는 그것이 수평이 되었고, 이것은 모든 것을 변화시켰다. 다행히, 그들은 이 사실을 깨닫고 원만하게 관계를 정리했다.

그 여자는 일 년 뒤, 자기처럼 이혼의 고통을 잘 아는 남자와 결혼했다 고 한다. 도움을 주고받을 수 있는 사람을 발견한 것이다.

그러면, 레이의 다음 파트너는 어떤 사람이었을까? 그는 고단한 삶을 살고 있는 편모와 데이트하기 시작했다.

상호의존적인 사람은 자기를 의지할 사람을 필요로 한다. 앞의 두 예 는 다소 온건한 편에 속한다. 상담가로 일하며 나는 알코올중독자나 약물남용자와 그들의 상호의존적인 배우자에 대한 이야기를 수없이 많이 들었다. 상호의존적인 사람은 의존적인 사람을 돕는 데 쉽게 연루되곤 한다.

그러나 이런 관계는 위기 위에 세워진 거나 다름없다. 구원자 역할을 하는 사람이 의존자를 구해 내 건강을 회복시켜 주면, 그때부터 관계가 흔들리기 때문이다. 의존자가 더 이상 도움을 필요로 하지 않으면, 구원자는 그를 돕는 데서 아무런 기쁨도 느끼지 못한다. 그는 의존자를 계속해서 자기 옆에 두고 싶어한다. 그래서 중독적인 사이클 속으로 빠져 들게 된다.

객관성 VS. 장밋빛 안경

건강한 관계에서는 두 사람 모두 서로의 장점과 단점을 잘 알고 있다. 그러나 중독적인 관계에서는 상대방의 단점을 부인한다. 여자라면, "그이는 너무 완벽해. 내가 꿈에 그리던 바로 그 사람이야."라고 말한다. 주변 사람 눈에는 그의 단점이 수만 가지도 넘게 보이지만, 그녀 눈에는 하나도 보이지 않는다.

"사랑은 눈을 멀게 한다."는 옛말 그대로다. 그러나 관계가 건강하게 성장하기 바란다면, 눈을 떠야 할 것이다.

그렇다고 '긍정적인 태도'를 갖지 말라는 것은 아니다. 상대방에게서 좋은 면을 찾아내려고 하는 것은 바람직한 태도다. 그러나 객관적이어야 한다. 부정적인 면을 애써 외면해서는 안 된다.

사랑에 빠지면 장밋빛 안경을 쓰기 쉽다. "당신은 너무 멋져요. 당신만 있으면, 제 모든 문제가 해결될 것 같아요. 당신은 제가 지금껏 찾아다니던 바로 그 사람이에요." 이런 감정은 여러분도 경험해 보았을 것이다. 이것은 관계 초기에 일어나는 아주 자연스런 감정이다.

스캇 펙(Scott Peck) 박사는 '낭만적인 사랑의 신화'를 다음과 같이 묘사한다. "어느 날, 하늘이 우리를 위해 예비한 바로 그 사람이 우리 앞에 나타났다. 그 사람과의 만남은 너무도 완벽하다. 서로의 모든 필요를 영원히 채워 줄 수 있을 것 같다."[2]

그래서 그 사람에게서 어떤 문제가 보여도 기꺼이 외면한다. 사랑에 빠진 것이다. 입으로는 쉴 새 없이 "제 눈에는 당신밖에 안 보여요."라고 말한다. 물론, 이것은 자연스러운 감정이다. 얼마 동안은 이런 감정이 건강하기도 하고 기분도 좋을 것이다. 사실, 눈을 멀게 하는 이런 감정이 없다면, 남성과 여성은 절대로 하나 될 수 없을 것이다.

펙은 낭만적인 사랑의 신화가 "끔찍한 거짓말"인 동시에 "필요한 거짓말"이기도 하다고 말한다. 그 이유는 "첫눈에 반할 수 있어야지만, 인류가 결혼이라는 덫에 걸려 번식을 계속할 수 있기 때문이다."[3]

그런데 첫눈에 반하는 이 감정이 성숙한 사랑으로 자라지 않으면 문제가 생겨난다. '사랑에 빠지는 것'이 자연스러운 만큼 그런 감정이 사라지는 것 역시 자연스럽기 때문이다. 건강한 관계는 객관적이고도 책임감 있는 사랑으로 자라, 인생의 모든 풍파를 거뜬히 이겨낸다. 그런데 사랑이 성숙하면, 서로의 단점이 보이기 시작한다. 세상에 단점 없는 사람은 없기 때문이다.

학자들은 첫눈에 반하는 것을 세 살배기 아이의 발달단계에 비유한다. 우리는 이 또래의 아이들을 "미운 세 살"이라고 한다. 그런데 이 또래의 아이들이 미운 짓을 많이 하는 이유는 자기가 전능하다고 생각하기 때문이다. 세 살이 되면 아이는 걷기도 잘하고 말도 잘한다. 그리고 엄마 아빠도 자기가 요구하는 거는 뭐든 다 들어준다.

이 한 해 동안 아이는 인생에는 지켜야 할 경계선이 있다는 것을 배운다. 엄마 아빠는 자신의 보호자지만, 자유의지를 가졌기 때문에 항상 예측 가능하게 행동하지는 않는다. 아이에게는 이것이 다소 낙심스럽다. 하고 싶은 대로 다 할 수는 없기 때문이다. 이 시기는 절제를 배워야 하는 시기로, 아이의 성장에 절대적으로 필요하다. 그런데 예닐곱 살이 되어서도 미운 세 살처럼 행동하는 아이들이 있다. 이런 아이들은 망쳐진 아이들이다. 그들은 아직 엄마 아빠에게서 떨어져 나오지 못했다. 자기 행동에 경계선이 있다는 것도 배우지 못했다. 그들의 성장이 정지되는 것은 불을 보듯 뻔하다.

세 살배기 아이들처럼, 사랑의 포로가 된 사람도 뭐든 할 수 있다고 느낀다. 그들은 현실에 발을 딛고 있지 않다. 공중을 날면서 세상이 자기 발 아래로 스쳐 지나가게 한다. 수백 만의 사람이 지나가도 그들 눈에는 한 사람밖에 들어오지 않는다. 그들은 사랑하는 사람과 함께 세상을 등지고 서 있다. 그 사람이 있는 한, 다른 것은 아무것도 중요하지 않다.

그러나 성장하기 위해서는 눈을 열어 세상의 나머지 부분도 보아야 한다. 상대방으로부터 일정한 거리를 확보해야 한다. 그 사람의 한계를 이해하고 관계의 경계선도 이해해야 한다. 이런 성장이 일어나지 않으면, 관계는 답보 상태에 머물게 된다. 몇 년 동안이라도 그 유치한 상태에 머물 수 있는 것이다.

한번은 첫눈에 반하는 단계에서 조금도 성장하지 못하고 있는 커플과 상담한 적이 있었다. 그들은 사귄 지 일 년이나 되었는데도, '사랑에' 푹 빠져 있었다. 그들은 상담하는 내내 손을 잡고 있었다. 윙크를 하거나 사랑의 눈길을 보내거나 귀를 살짝 깨물거나 볼에다 가볍게 키스하는 등 신체적 접촉도 멈추지 않았다.

나는 그들이 일 년씩이나 교제했으면서도 아직까지 그 단계에 머물러 있다는 게 놀라웠다. 서로의 장단점에 대해 얘기해 달라고 했더니, 아니나 다를까 좋은 점만 늘어놓았다. "전 그녀 없인 살 수 없어요." "그이가 어디 멀리 가면, 속이 텅 빈 듯해요. 그이랑 같이 있어야지만, 온전해지는 것 같아요."

듣기에는 좋다. 그 자리에 아내가 없어 다행이다 싶을 정도다. 아내가 이 얘기를 들었으면, "왜 당신은 그런 말 해주지 않죠? 왜 저를 그렇게 사랑해 주지 않냐구요?"라며 다그쳤을 것이다.

그러나 이것은 사랑의 본질이 아니다. 사랑은 "전 당신 없인 살 수 없어요. 당신은 제가 꿈꾸어 온 전부예요."가 아니라, "전 당신의 좋은 점과 나쁜 점을 다 알아요. 그럼에도 불구하고 당신께 제 모든 걸 맡기려고 해요. 전 언제까지나 당신에게 진실할 거예요. 그리고 당신과 서로 섬기고 존경하는 사이가 되고 싶어요."이다.

첫눈에 반하는 열정이 사라지면, 많은 연인들이 두려움에 떤다. "이제 사랑이 식어 가나봐." 그러나 진정한 사랑은 그때부터 성장한다. 건강하지 못한 관계에서는 두 사람 모두 장밋빛 안경을 쓰려고 한다. "그가 얼마나 나쁜 사람인지는 보지 말자. 그러다 지금까지 좋았던 느낌이 다 무너지면 어떡해?" 그러나 건강한 관계에서는 성숙한 사랑을 꽃 피우기 위해 정직해지는 위험을 감수한다. 나누는 것도, 보는 것도 정직해지려고 한다.

성숙한 사랑은 서로의 행동에 대해 해명을 요구할 수 있다. 중요한 약속이 있었는데 상대방이 나오지 않았다면, 당신은 어떻게 하겠는가? 그럴 만한 사정이 있었을 거라고 이해할 것인가? 상대방이 터무니없는 변명을 늘어놓아도 따지지도 못하고 듣기만 할 것인가? 그렇다면, 당신은 장밋빛 안경을 쓰고 있는 것이다.

건강한 사랑은 그런 일이 일어났을 때 용서해 주되 단호하게 맞선다. "그 약속은 제게 아주 중요했어요. 그런데 당신이 나오지 않아 마음 상했어요. 하지만 전 제가 받은 상처보다 우리 관계가 더 걱정되요. 당신이 우리 관계에 관심 갖고 있지 않다는 느낌이 들거든요. 오늘 약속을 지키지 못한 게 정말 그 일 때문이라면, 용서해 드릴게요. 하지만 앞으로는 이런 일이 없었으면 해요. 이건 우리 누구에게도 유익하지 않아요."

한 발 뒤로 물러서서 객관적으로 보는 훈련을 하라. 그러면, 자신과 상대방 그리고 관계에 대해 현명한 결정을 내릴 수 있을 것이다.

배타적인 관심 VS. 다른 친구들과의 균형

"육 년 만에 처음으로 리키한테서 연락이 왔어. 우리 독신자 모임에서 활발하게 활동하며 우리가 위기를 겪을 때마다 많이 도와주던 그 리키 말이야. 그때는 남자 여자 할 것 없이 친구가 아주 많았지. 그녀가 토니와 미래를 약속했을 때는 우리도 내 일처럼 기뻐해 주었고, 토니는 그녀의 필요에 민감하고 아주 잘해 주는 것 같았어. 꽃다발 선물도 많이 보내 주고 그녀가 가고 싶어하는 곳은 어디든 데려다 주었지. 그래서 좋은 사람 만났다며 몹시 기뻐해 주었는데…"

"그런데 토니를 만나면서부터 모임에 잘 나오지 않았어. 무슨 활동 있으면 자기는 좀 빼 달라고 사정하기도 하고. 걱정되어 전화 걸면 싹싹하게는 대해 줘도 웬지 거리감이 느껴졌어. 한번은 리사랑 같이 쇼핑 갔는데, 이 드레스를 사면 토니가 뭐라고 할까, 이 블라우스와 스타킹에 대해서는 뭐라고 할까 하며 안절부절 못하더라는 거야. 대화도 온통 토니에 대한 것뿐이었대. 토니 외에 다른 삶은 없는 것처럼 보이더래."

"그게 벌써 육 년 전 일이야. 그리고 토니와 결혼하고는 완전히 연락이 끊겨 버렸지."

그 리키가 최근에 리사를 찾아왔다고 한다. 리키는 커피를 마시며 그동안의 삶을 털어놓았다. 그녀는 토니의 관심과 애정에 감동해 그와 결혼했다. 그때는 토니가 자기를 사랑하고 원하며 소중히 여긴다고 생각했다. 그런데 토니는 질투심이 많았다. 그래서 그녀는 아무도 안 만나고 하루 종일 집에 틀어박혀 있어야 했다. 당연히 독신자 모임 회원들과도 관계를 끊어야 했다. 거기서 사귄 친구들에 대한 의심이 어찌나 심했던지, 그 모임에 나가는 것을 병적으로 싫어했기 때문이었다. 그러나 그것은 예고편에 지나지 않았다. 그의 질투심은 결혼하고 나서 본격적으로 가시화됐다. 다른 사람 만나는 것은 물론이거니와, 누구 하고 인사만 나누어도 심하게 괴롭혔다. 우체부 하고 몇 마디 나누는 것조차 두려워 피할 지경이었다.

아이를 낳고 체중이 불자 토니는 그녀를 원치 않았다. 그때부터는 아이에게만 관심을 쏟고 리키는 아이 돌보는 보모 취급했다. 게다가 이제는 바람까지 피기 시작했다. 그는 회사 일로 출장 갈 때마다 외도를 했다. 그리고 그 사실을 숨기려고 하지도 않았다. 그러면서 리키는 언제 누구와 무슨 일로 만났는지 꼼꼼히 점검하곤 했다.

그녀는 나쁜 결혼에 갇혀 버렸다. 그런데 도움 청할 사람이 하나도 없었다. 친구들에게 얘기하면 도와줄 것도 같았는데, 연락을 끊은 지 너무 오래 돼 그런 일로 전화하기가 꺼려졌다. 그리고 새 친구를 사귀기에는 자신이 너무 무가치하게 느껴졌다. 그리고 그녀는 돌봐야 할 아기가 있어 마음 놓고 친구를 만날 수도 없었다. 그러던 어느 날, 토니가 만취한 상태로 들어와서는 총을 들이대더니 죽여 버리겠다고 했다. "나를 속이기만 했다가는…." 그 순간, 그녀는 그에게서 빠져나와야 한다는 걸 깨달았다.

리사는 그녀를 격려해 주고 몇 가지 실질적인 조언도 해주었다. 그러나 연락이 끊어진 지 너무 오래 돼, 예전의 우정을 회복하기가 쉽지 않았다. 결국, 리키는 토니와 이혼했다. 그러나 교회나 독신자 모임으로는 돌아오지 않았다.

질투심 많은 애인 때문에 친구들과 연락이 끊어지고 오직 그와의 관계에만 집중하다가 결국은 그에게 이용당하는 이런 패턴은 아주 흔하다.

관계가 배타적이 되는 것이 한쪽만의 잘못도 아니고 그 원인이 질투심 때문만도 아니다. 어떤 때는 서로에 대한 열정이 너무 커, 잠시도 떨어지지 않으려 하다 보니 친구들과의 사이가 소원해지기도 한다. 화요일 저녁마다 농구시합에 나오던 녀석이 여자친구가 생기면서 얼굴 보기 힘들어지고, 연극동호회에서 활동하던 여자 멤버는 새로 사귄 남자친구와 붙어 다니느라 툭 하면 연습에 빠진다. 그러다가 급기야는 중도하차 해 버린다.

이것은 첫눈에 반하는 것과 마찬가지로 자연스러운 현상이다. 그러나 이 상태가 너무 오래 지속되는 것은 좋지 않다. 관계가 배타적으로 되는 것은 자기들이 서로의 모든 필요를 채워 줄 수 있다고 생각하기 때문이다. 그러나 그것은 불가능하다! 화요일 저녁마다 농구시합에 나오던 그 남자는 농구를 계속하고 싶어한다. 그런데 그의 여자친구는 점프슛 실력이 형편없다. 연극동호회에서 활동하던 그 여자도 연극을 계속하고 싶어한다. 그런데 그의 남자친구는 테네시 윌리엄즈에 대해 하나도 아는 게 없다. 그러나 완전해지기 위해서는 각자가 좋아하는 일을 계속해야 한다. 친구들과의 우정도 지속해야 한다. 두 사람이 가까워지면, 서로에게 적응하느라 얼마간 힘든 시간을 거치게 된다. 함께할 시간을 내기 위해 스케줄에 변동이 생기기도 한다. 그러나 그것이 싫어 상대방을 혼자 독차지하려고 해서는 안 된다. 그것은 온전하지 못하며 건강하지도 않다.

건강한 관계에서는 두 사람 모두 자기가 상대방의 삶에서 우선순위를 갖고는 있지만, 배타적인 권리를 주장해서는 안 된다는 것을 안다. 자기가 충족시켜 줄 수 있는 필요도 많지만, 관계 밖에서 충족되는 필요도 많다는 것을 안다. 그리고 서로의 친구들을 거리낌없이 공유할 수 있다. 이것은 반드시 그래야 한다. 물론, 친구들과의 우정 때문에 둘의 관계가 위협받아서는 안 되지만 말이다.

나는 건강한 관계와 그렇지 못한 관계 둘 다 경험해 보았다. 부끄럽지만, 나는 한 번 이혼한 적이 있다. 이혼하고 나서 한참 힘들 때 나의 필요를 상당 부분 충족시켜 주는 여자를 만났다. 그때 나는 지푸라기라도 잡고 싶은 심정이었다. 그래서 그녀에게 달라붙어 받고 또 받았다. 그녀도 나에게 주고 또 주며 행복해 했다(그것은 한 사람이 다른 사람을 구해 주는 전형적으로 상호의존적인 관계였다. 이런 관계는 처음 얼마간은 치료 효과를 발하지만, 그것이 오래 지속되지는 않는다).

우리는 하루도 거르지 않고 만났다. 그녀는 종종 나를 초대해 맛있는 식사를 대접해 주었다. 간혹, 내가 일이 많아 밤 늦게 퇴근할 때는 아무리 늦어도 집에 오자마자 그녀에게 전화부터 했다. 그러면 그녀는 "몇 분이라도 좋으니 절 보러 오면 안 될까요? 하루 종일 못 봤더니 보고 싶네요. 당신 하고 같이 있고 싶어요."라고 말하곤 했다. 나도 그랬다.

그래서 우리는 늘 붙어다녔다. 자연히 다른 사람들과는 사이가 멀어졌다. 나는 그녀와 함께 있는 게 더 좋아 낚시동호회에도 나가지 않았다(그녀는 낚시 같은 데 관심도 없었다). 그밖에 다른 활동과 우정도 관심 밖으로 밀려나기 시작했다. 그녀와 '사랑에 빠졌기' 때문이었다.

그러나 이 관계는 오래 가지 못했다. 내가 정서적으로 건강을 회복하면서 그녀를 더 이상 필요로 하지 않았기 때문이었다. 나는 우리 관계가 필요에 바탕하고 있다는 것을 깨달았다. 그래서 그녀와 헤어지기로 했다. 결국, 우리는 엄청난 고통을 받은 뒤 관계를 정리했다.

그로부터 몇 년 뒤, 나는 새로운 사람을 만났다. 이번에는 그 여자에게만 빠지지 않고, 친구도 많이 사귀고 교회활동에도 적극적으로 참여했다. 이혼자들의 회복을 도와주는 "새로운 출발"이라는 프로그램에서도 활동했다. 나는 그녀에게 관심이 아주 많았다. 그러나 그녀도 나만큼이나 분주해, 우리는 이삼 주에 한 번 얼굴을 볼까 말까 했다.

관계가 깊어지면서 둘이 같이 있는 시간이 많아졌다. 그러나 어느 누구도 친구들과의 관계를 끝내라는 요구는 하지 않았다. 친구들과의 우정이나 각자 하고 있는 활동이 상대방의 일부분이며, 서로가 서로에게 줄 수 있는 배려의 일부분이라는 것을 인정했기 때문이었다. 우리는 상대방이 친구들을 만날 수 있도록 시간적인 배려를 전폭적으로 해주었다.

그 후, 그 여인은 내 아내가 되었다. 지금도 우리는 각자의 친구와 우정을 갖고 있으며, 서로의 필요를 상당 부분 충족시켜 준다. 그러나 우리가 채워 줄 수 없는 사회적, 여가적 필요는 굳이 우리가 채워 주려고 하지 않는다.

신뢰 VS. 질투

"당신 어디 있었어요?"

"누구 하고 같이 있었죠?"

"그 여자 쳐다볼 때의 그 의미심장한 눈길 내가 못 본 줄 알아요? 혹시, 내가 모르는 무슨 일 있는 거 아니에요?"

질투심은 추한 괴물이다. 관계를 괴롭히며 파괴시킨다. 그것은 불안정함과 욕망에서 나오며, 말도 안 되게 비이성적이다. 무모한 비난들을 쏟아내며 고통과 두려움을 야기한다. 질투심이 사람을 얼마나 갉아먹는지는 경험해 본 사람은 다 안다. 한 번 질투심에 사로잡히면 거기에서 빠져나오기가 얼마나 어려운지 모른다. 질투심 강한 파트너가 쳐 놓은 덫을 비껴가는 것 역시 말할 수 없이 어렵다.

질투심 강한 사람은 자기보다 아름답고 재미있고 세련되고 돈 많은 사람이 나타나면, 파트너가 그 사람에게 가 버릴까봐 전전긍긍한다. 두려운 나머지 파트너의 삶을 장악하려는 비이성적인 시도도 한다. 그러나 이것은 오히려 파트너를 멀리멀리 쫓아 버리기만 할 뿐이다. 파트너가 그에게 중독되어 있다면 모를까.

질투심 이면에는 관계중독이 숨어 있다. '난 아무 가치 없어. 혼자 있으면 비참해. 그런데 이 사람 하고 같이 있으면, 소중한 사람이 된 듯하고 행복해. 그래서 난 이 사람이 필요해. 근데 내가 아무 가치 없다고 이 사람이 나보다 좀더 나은 사람에게 가 버리면 어떡하지? 그럼, 난 또 비참해지겠지. 그러니까 이 사람이 나 말고는 아무도 발견하지 못하게 해야해.' 이런 생각은 모두를 불행하게 한다. 이런 파괴적인 질투심을 부린 사람은 자기가 무가치한 존재라는 확신에 사로잡혀, 누릴 수도 있었을 행복을 모두 파괴해 버린다. 결국, 비참해질 거라는 예감을 자기 스스로가 현실화하는 것이다.

앤도 브라이언에 대한 질투심이 상당했다. 그녀는 하루도 빠짐없이 브라이언에게 전화해 오늘 하루가 어땠냐고 묻곤 했다(이것은 잘못이 아니다. 오히려 전화해서 안부 묻는 것은 친절한 행동이다). "그래, 오늘은 뭐하고 지냈어요?" 그녀는 이렇게 묻곤 했다.

이렇게 물으면 모호하게 대답할 수밖에 없다. "별로 특별한 일 없었어. 회사 가서 일하고 집에 와서 쉬고. 맨날 똑같지 뭐."(이 대답엔 트집 잡을 만한 게 없다. 그래서 앤은 뭔가 캐내려고 계속 질문한다.)

"오늘도 회사 사람들 하고 얘기 많이 했어요?"

"그냥 그렇지 뭐. 참, 오늘은 회의가 있었어. 그래서 회의 끝나고 동료들 하고 점심식사 같이 했어."(동료들이라고? 뭔가 숨기는 게 있는 것 같은데?)

"아, 그랬었군요. 주로 누구랑 얘기했어요?"

"회사에서? 아니면 식당에서? 특별히 얘기 많이 한 사람은 없어. 회사에서는 주로 조랑 피트랑 얘기 하고, 윌리엄 씨가 프로젝트 건 때문에 왔길래 그 사람 하고도 얘기 좀 하고…."(아직까지는 아무 일 없다.)

"그럼, 점심식사는 누구누구랑 같이했어요?"

"당신도 다 아는 사람들 하고 했어. 배리 하고 칼 그리고 아트, 샐리,

뭐 그 정도."(샐리라구? 그럼 그렇지!)

"샐리라구요? 샐리 하고도 얘기했어요?"

"응, 약간."

"무슨 얘기했어요?"

브라이언은 무슨 얘기했는지 잘 생각이 안 나 곧바로 대답하지 못한다. 이것을 앤은 브라이언이 둘러댈 말을 찾느라 일부러 뜸 들이는 거라고 생각한다. "잘 생각 안 나, 앤. 아마 일 얘기했을 거야."

"일 얘기라구요? 그래, 당신은 뭐라고 했죠?"

이제 브라이언은 슬슬 짜증나기 시작한다. "잘 모르겠어. 앤. 별로 중요하지 않은 이야기였을 거야. 솔직히 무슨 얘기했는지 잘 생각나지도 않아. 아무튼 중요하지 않은 이야기였을 거야."(이제야 덜미를 잡았군)

"근데 왜 그렇게 짜증을 내요? 전 당신이 어떻게 생활하는지 궁금해서 물었을 뿐이에요. 제가 당신한테 관심 갖는 게 싫다면…."(여기서는 뭔가 심각한 얘기를 할 것 같은 분위기를 풍겨야 해. 그래야 브라이언이 수세에 몰리거든.)

"아냐, 앤. 당신이 관심 가져 줘서 기뻐. 나도 당신한테 관심 많이 갖고 있어."

"그럼 한가지만 더 물어 볼게요. 샐리랑 점심 자주 같이해요?"

"글쎄, 잘 모르겠네. 그런 것 같기도 하고 안 그런 것 같기도 하고. 그리고 점심식사 같이한다고 특별한 사이인 건 아니잖아. 그녀는 회사동료일 뿐이야. 같이 일하는 동료라구."(이제 브라이언은 완전히 궁지에 몰렸다.)

"하지만 그녀와 이야기를 나눈 것은 사실이잖아요. 샐리 하고 이야기하는 거 좋아해요?"

"아니! 별로."

"그럼 샐리가 자기 하고 이야기하도록 강요하는 거군요."

"아냐, 그렇지 않아! 난 회사 가면 이 사람 저 사람 하고 다 얘기해. 다만, 샐리는 내 맞은편에 앉아 있어서 이야기할 기회가 좀더 많은 것뿐이야."(이런! 이렇게 중요한 사실을 이제야 말하다니!)

"당신은 그게 우연이라고 생각해요?"

"뭐가?"

"샐리가 당신 맞은편에 앉게 된 거요. 브라이언, 여자는 직감이 있는데요, 제 직감에 의하면 샐리가 당신을 쫓아다니는 게 분명해요. 그러니 이제부터는 샐리와 대화 나누는 거 자제하도록 하세요."

"하지만 앤…."

"샐리랑 얘기하지 않을 거라고 약속해 줘요."

"어떻게 그래? 그녀는 직장동료인데. 난 그녀와 함께 일해야 한다구."

"당신은 저랑 샐리 가운데 누가 더 중요해요?"

"그야 물론, 당신이지. 하지만…."

"그래요? 제가 보기에는 그런 것 같지도 않군요. 지금 당신 모습이 어떤지 알아요? 그녀를 두둔하느라 정신 없는 것 같아요. 혹시, 지난 주 목요일 날 일하느라 데이트에 늦었을 때도 그녀와 함께 있었던 것 아니에요?"

"그날은 우리 팀 모두 늦게까지 일했어. 몇 번이나 말해야 돼?"

"그래요. 그 말은 그때도 들었어요."

그러더니 앤은 갑자기 옛날에 있었던 안 좋은 이야기들을 다 꺼낸다. 그녀는 기분 좋게 끝날 수도 있었을 대화를 종교재판처럼 만들어 버렸다.

샐리가 브라이언을 빼앗아 갈 수도 있다고 생각했기 때문이었다. 그녀는 직장동료와 점심식사 같이하는 게 은밀하고 낭만적인 밀회라도 되는 양 부산을 떨었다.

내가 각색한 부분도 있지만, 앤과 브라이언의 대화는 늘 이런 식이었다. 그들은 별 것 아닌 일로도 크게 다투곤 했다. 그리고는 화해하고 또다시 앤의 질투심 때문에 싸웠다.

이것은 건강한 관계가 아니다. 그들은 신뢰하는 법을 배워야 했다. 특히 앤이 브라이언을 신뢰하는 것을 배워야 했다. 그녀는 자기가 그에게 잘 어울리는 여자라는 것을 믿어야 했다. 그녀가 브라이언의 삶을 장악하려고 한 것도 자신을 제대로 평가하지 못한 데서 비롯되었기 때문이다.

어쩌면, 앤이 의심한 대로 브라이언이 샐리 하고 데이트했는지도 모른다. 그런데 앤은 브라이언이 샐리 하고 데이트했을 수도 있다고만 생각하면 패닉 상태에 빠지곤 했다. 이것이 문제였다. 그녀는 브라이언 없이는 살 수 없었다. 그럴 수 있었다면 그런 공포에 사로잡히지도 않았을 거고, 브라이언을 사랑하는 마음도 자연스럽게 표현할 수 있었을 것이다. 브라이언이 다른 여자를 선택할 수도 있다는 가능성에 절망적으로 반응하지도 않았을 것이다. 브라이언과 상관없이, 그녀의 삶은 계속될 것이기 때문이었다.

그런데 관계중독자는 파트너가 질투심을 부려도 모른 척한다. 리키가 그랬다. 그녀는 토니에게서 위험한 소유욕의 징후를 발견했어야 했다. 그러나 그러지 못했다. 그녀는 자존감이 낮았다. 그래서 토니가 자기를 좋게 보아 줄 때마다 기뻐했고 그것을 점점 더 많이 갈망하게 되었다. 그러나 이것은 그녀를 전리품 같은 존재로 전락시켜 버렸고, 그녀에게서 인간성을 앗아 가 버렸다.

기독교의 핵심 명령 가운데 하나는 "네 이웃을 네 몸과 같이 사랑하라."이다. 이것은 관계의 상호적 본질과 관련하여 중요한 통찰력을 제공해 준다. 질투심을 없애는 가장 좋은 방법은 상대방을 신뢰하는 것이다. 그리고 그가 때로 실망을 안겨 주고 상처 주고 바람 펴도 그것과 상관없이, 혼자서도 잘 살 수 있다는 것을 믿는 것이다. 그러면 토니처럼 신뢰할만한 가치가 없는 사람과의 관계는 피할 수 있다. 또한 누구를 사귀든, 신뢰가 바탕이 된 열린 의사소통을 할 수 있다.

회복 VS. 계속되는 역기능

대개 역기능 가정에서 자란 사람들이 중독적인 관계에 잘 빠진다. 무언가 당연히 작동해야 하는 방식으로 작동하지 않을 때 우리는 그것을 역기능이라고 한다. 이것을 자동차 타이어로 설명해 보겠다. 단순히 타이어 하나가 펑크 났다면, 멈추어 서서 새 타이어로 교체하면 된다. 그런데 얼라인먼트에 문제가 생겼다면, 그때는 사정이 달라진다. 차를 운전해 가는데 심각한 영향이 초래되는 것이다. 차가 자꾸 한쪽으로 치우쳐, 바퀴들이 한쪽만 급속히 닳게 된다. 그래서 결국은 더 많은 타이어들이 펑크가 나게 된다. 이것이 역기능으로 간주될 수 있는 상황이다. 어디 한 군데만 잘못된 게 아니라 시스템 전체가 고장 난 것, 이게 바로 역기능이다.

가정도 마찬가지다. 살아가면서 겪는 위기들은 충분히 해결될 수 있고 시간이 지나면 원래대로 회복되기도 한다. 그러나 역기능은 오래 간다. 가정이란 사랑하고 양육하고 훈계하고 교육하는 곳이다. 이것이 가정의 시스템이다. 그런데 부모가 이혼해 아이들이 한 달에 한 번밖에 아빠를 볼 수 없다면, 그것은 가정의 시스템을 엉망진창으로 만들어 버린다. 그리고 부모가 허구한 날 싸우고 대화도 잘 안 나눈다면, 아이들은 그 모습을 보며 건강하지 못한 행동을 학습하게 된다. 이런 가정은 가정 본연의 기능을 수행하고 있지 않다. 부모가 알코올 중독자라서 아이들이 중독의 사이클을 함께 헤쳐가야 한다면, 이 역시 가정의 시스템이 망가졌다고 할 수 있다. 이 외에 배우자 학대, 아동 학대, 성적 학대 등도 아이들의 삶에 장기적인 문제를 일으킨다.

이런 가정에서 자란 사람은 자기 속에 있는 역기능적인 요소를 극복하기 위해 부단한 노력을 기울여야 한다. 그렇지 않으면, 누구와 어떤 관계를 맺든 같은 잘못을 되풀이할 수 있다. 엉망진창인 가정에서 자란 아이들은 엉망진창인 어른이 되고 엉망진창인 부모가 되어 똑같은 사이클을 되풀이하는 것이다.

캐런과 지니가 여기에 해당한다. 캐런의 아버지는 알코올 중독자였다. 그녀는 아버지에게 사랑받기 위해 평생을 노력했다. 지금도 그녀는 다른 남자들을 통해 그 사랑을 얻으려고 한다. 그녀는 상대방이 자기를 사랑해 주겠다고 하면, 덤벼들 듯이 달려든다. 그러나 남자들은 그녀의 과도한 열정에 겁 먹고 오히려 도망가 버린다.

지니의 경우는 훨씬 더 심각했다. 그녀는 아버지로부터 성적 학대를 당했다. 그래서 섹스를 사랑과 동일시하게 되었다. 아버지가 그녀에게 관심 가져 준 것은 그녀를 성적으로 이용할 때뿐이었다. 캐런처럼 그녀도 지금까지 아버지의 사랑을 찾아 헤맨다. 그러나 그것을 성관계를 통해서만 찾으려고 하기 때문에 끊임없이 좌절한다.

아무리 역기능적인 가정에서 자랐어도 얼마든지 치유되고 회복될 수 있다. 그러나 그러기 위해서는 피나는 노력을 해야 하고 많은 도움을 받아야 한다. 캐런과 지니처럼 자신의 과거를 파내고 새롭게 시작하기 위해 상담을 청하는 사람들이 많다. 그러나 그것은 하루 아침에 치유되지 않는다.

그런데 역기능 가정에서 자란 사람들은 중독적인 관계에 잘 빠지면서도, 자신의 역기능적인 배경에 대해 다루려고 하지 않는다. 그리고 마음 깊은 곳에 있는 필요를 계속해서 부인한다. 그것이 자신의 모든 선택에 영향을 끼치고 있는데도 말이다. 건강한 관계는 자신에게 있는 역기능적인 요소를 해결하기 위해 부지런히 노력하는 사람들만이 가질 수 있다.

건강한 의존 VS. 지나친 의존

감정적으로 의존적인 사람도 누군가와 함께 있고 싶다는 강한 내적 욕구 때문에 중독적인 관계에 빠지기 쉽다.

인간은 누구나 다른 사람을 필요로 한다. 이것은 정상적이다. 그러나 지나치게 의존적인 사람은 항상 다른 사람을 필요로 한다. 항상 어떤 특별한 사람과 특별한 관계를 누리고 싶어하며, 혼자 있으면 외로워하고 공허해 한다. 그리고 누군가와 - 혹은 아무 하고라도 - 함께 있고 싶다는 절망에 가까운 열망을 느낀다. 그러나 이것은 그들을 잘못된 관계로 이끈다. 그 절망이 관계에 무거운 짐을 지우기 때문이다. 이런 사람들은 요구하는 것이 너무 많다.

우리 그룹의 일곱 명 모두가 이랬다. 그들은 지나치게 의존적이었다. 캐런은 "그는 제 안에 있어요. 제겐 그가 필요해요."라고 말했고, 레이첼은 "전 그 사람이 저를 원한 것보다 훨씬 더 많이 그를 원했어요."라고 했다. 로리도 "잠시도 그와 떨어져 있기 싫었어요."라고 했다. 이런 말은 지나치게 의존적인 사람만 할 수 있다.

건강한 독립을 수용하는 법을 배울 수 있다면, 이들은 훨씬 더 풍요로운 삶을 살 수 있을 것이다. "전 혼자서도 잘 지내요. 제가 필요하면 당신이 오세요. 이번 주 토요일에는 영화보러 갈 건데, 같이 가고 싶으면 그래도 돼요." 이런 태도를 보인다면, 그들의 관계에 혁명적인 변화가 일어날 것이다.

성장하는 관계 VS. 사랑과 미움이 반복되는 사이클

"그는 성적 매력이 넘쳐요. 그런데 어쩌면 그렇게 쓰레기 같을 수 있는지…." 로리는 이렇게 말했다. 이렇게 좋은 말과 나쁜 말을 번갈아 하는 것이 관계중독자의 특징이다. 그들에게는 사랑과 미움이 공존한다. 상대방을 미워하지만, 그에게서 달아날 수 없다. 그가 필요하기 때문이다.

내 대학 친구 가운데도 이 사이클을 주기적으로 넘나드는 친구가 있었다. 그녀는 남자친구에게 화 나면 며칠 동안 그의 험담만 하고 다녔다. "내가 왜 걔랑 사귀는지 모르겠어. 걘 나한테 전혀 어울리지 않아. 동정심도 없고 민감하지도 않아! 다시 걔를 못 본다 해도 하나도 아쉽지 않아!"

그러다가 다시 그를 만나면 세상에서 가장 행복한 여자가 되었다. 그는 멋있고 완벽하며 자기 이상형이라는 말을 지겹도록 늘어놓았다. 그리고는 며칠 안 가 또 싸우고… 그러면 그는 다시 악몽 같은 존재가 되었다.

어떤 사람들은 이런 변덕스러움에도 불구하고 사랑을 잘도 키워간다. 그러나 그들은 다음의 질문을 꼭 해 보아야 한다. "우리 관계는 어디로 가고 있는가? 우리가 자주 의견이 엇갈리는 것은 사실이지만, 그래도 함께 성장하고 있는가? 옛날에 겪었던 문제를 되풀이하고 있지는 않는가? 우리는 충돌을 어떻게 다루는가? 양보하고 이해하는 건강한 행동을 통해 그것들을 해결하는가, 아니면 아무도 양보하지 않고 막다른 골목으로 치닫는가? 만일 우리가 화해한다면, 문제를 해결하는 데 필요한 타협안을 만들어서인가, 아니면 서로를 너무도 원한 나머지 같은 문제가 또 터질 줄 알면서도 그것을 외면해서인가?"

모든 관계에는 불화가 있기 마련이다. 그러나 건강한 관계에서는 그것을 대화로 해결한다. 그것을 상대방과 자신에 대해 더 많이 알고 서로 발전해 가는 계기로 삼는다. 이것이 성장이다. 이러한 과정을 통해 두 사람은 이해와 헌신이라는 보다 높은 경지에 도달한다. 낭만적인 관계는 추구할 만한 가치가 없다는 결론을 내리기도 하지만 결국, 갈등과 충돌을 성장의 발판으로 삼는 것이다.

그러나 중독적인 관계에서는 갈등이 생겨도 해결하지를 못한다. 그들에게는 사소한 의견차이도 걸려 넘어지는 장애물이 된다. 종종 이것은 장밋빛 안경과 함께 간다. 그래서 문제가 있다는 것을 인정하지 못한다. 그들은 문제가 생기면 카펫 밑으로 밀어 넣어 버린다. 그러다가 그것이 쌓여 카펫이 크게 올라오면 거기 걸려 넘어진다. 충돌은 반드시 해결해야 한다. 문제를 인정하지 않는 것은 어차피 부딪힐 일을 뒤로 미루는 것밖에 되지 않는다. 결국, 갈등은 폭발하기 마련이다. 그런데 그렇게 될 때까지 내버려 두면 싸움도 크게 일어나고 사랑과 증오의 사이클도 계속 반복된다.

종종 그런 커플들은 화해하고 다시 하나가 되기도 한다. 그러나 아무것도 해결하지 않았기 때문에 싸우고 화해하는 것을 반복한다. 그들은 화가 나면, 몇 일씩 혹은 몇 주일씩 서로 미워한다. 그러면서 문제는 카펫 밑에 넣어 놓고 꺼내 보지도 않는다. 이렇게, 갈등을 해결하지 않기 때문에 그들은 항상 똑같은 문제로 싸움을 반복한다.

건강한 관계는 산을 오르는 것과 같다. 극복해야 할 난관도 많고, 몇 걸음 뒤로 물러나 다른 길을 모색해야 할 때도 있다. 산을 오르는 게 항상 쉽지는 않지만, 그래도 계속해서 올라가야 한다.

그러나 건강하지 못한 관계는 소용돌이와 같다. 사랑과 미움의 사이클이 현기증 날 정도로 휘감아 치기 때문에 한 발자국도 나아갈 수 없다. 결국, 관계는 흙탕물 속으로 가라앉게 된다.

강하게 VS. 약하게

마약 중독자는 마약 기운이 주는 행복감이 지배하는 동안은 무적함대 같다. 뭐든 할 수 있고 어떤 도전도 물리칠 수 있으며, 이 세상 전부라도 정복할 수 있을 것 같다. 관계중독자도 마찬가지이다. 흠모하는 사람과 함께 있으면 모든 것이 대단해 보인다. 행복의 최절정도 경험한다. 성관계를 맺을 때는 온 세상을 다 얻은 것 같은 느낌도 든다.

그러나 다음 날 아침에 눈을 뜨면 그 느낌은 안개처럼 사라져 버린다. 성중독자는 낯선 침대에서 아침을 맞으며 자기가 싸구려 같다고 느낀다. 사랑중독자는 상대방이 모욕을 주고 구타를 가해도 묵묵히 참고 견딘다. 사람중독자는 상대방의 단점이 보여도 외면해 버린다. 지금 관계가 건강한가 그렇지 못한가를 구분하는 방법은 간단하다. 관계가 자신을 더 강하게 해주는지를 살펴보기만 하면 된다. 건강한 관계는 두 사람 모두 강하게 해준다. 다음 날 아침 눈을 떴을 때 자신에 대해 훨씬 더 좋게 느끼게 하며, 새로운 것에 도전하고 새로운 목표를 정복할 수 있게 해준다. 반대로, 중독적인 관계는 그나마 있던 힘마저 빼앗아 가 버린다. 순간적인 쾌락이 삶을 무기력하게 만드는 것이다.

우리 그룹의 여성들은 다음과 같은 말을 많이 했다.

- "그 사람과 끝내야 한다는 건 알아요. 하지만 잘 안 돼요."
- "저도 이게 옳다고는 생각지 않아요. 하지만, 그 사람과 도저히 끝낼 수가 없어요."
- "그와 헤어져야겠다고 다짐하지만, 며칠도 못 가 무너지고 말아요."
- "하루 종일 집에 처박혀 걸레질만 했어요."
- "제가 원래 이런 사람인 걸 어떡해요?"
- "무려 육 개월 동안이나 그와 헤어지려고 했어요. 하지만…."

이들은 현재 관계를 정리하는 게 무엇보다 시급하다. 그러나 그럴 힘이 없다. 그 관계가 힘을 빼앗았기 때문이다. 이들은 다른 영역에서는 비교적 강하고 성공적이다. 사업에서 성공가도를 달리는 여성도 있고 집안일을 잘 꾸려가는 여성도 있다. 그런데 중독적인 관계에 빠지면서 어린아이가 되어 버렸다. 그들은 자신을 형편없게 생각한다. 뭔가 잘못 할까봐 두려워한다. 그들에게는 삶을 통제할 힘이 없다.

그런데 스스로 일어설 수 있을 만큼 강한 사람들 ─ 아주 가까운 관계조차 깨뜨릴 수 있을 정도로 ─ 은 스스로 일어서려고 몸부림칠 필요가 전혀 없는 경우가 많다. 그런 사람들은 애당초 중독적인 관계에 빠지지 않기 때문이다. 건강한 관계는 중요한 결정을 내리고 자신감을 갖고 허심탄회하게 의사소통하는 데 필요한 용기를 준다. 이런 관계는 끝까지 놓지 말아야 한다.

사이클

중독적인 관계는 다음의 열두 단계를 밟는다. 그래서 이 관계에서 저 관계로 전전하는 사람들은 매번 다음의 패턴을 되풀이한다. 세부적인 것은 사람마다 다르겠지만, 전체적인 패턴은 비슷하다.

1. **공허함**. 도움이 절실히 필요하다. 이것은 최근에 연인과 헤어졌거나 이혼해 깊이 절망했기 때문일 수 있다. 혹은 부모의 잘못된 양육으로 자존감이 결여된 때문일 수도 있다.
2. **연결**. 그러다가 자신의 필요를 채워 줄 수 있을 것 같은 사람을 만난다. 그 사람의 관심이 말할 수 없이 기쁘다. 어떤 때는 자기가 쫓아다니던 사람이 돌아서서 관심을 보이기도 한다.
3. **홀딱 빠짐**. 홀딱 빠지는 것은 많은 관계의 정상적인 출발점이다. 그러나 관계중독자는 이것이 지나쳐 그 사람을 우상화하기 시작한다. 틈만 나면 그 사람에 대해 생각하며, 단점은 무시하고 좋은 점만 떠올린다.
4. **피드백**. 어느 시점에 이르면, 친구들에게 그 사람과의 관계에 대해 자문을 구한다. 그런데 안 좋은 의견이 대부분이다. 그러나 그런 말들은 무시해 버린다.

5. **변명.** 그 사람과의 관계에 대해 자신과 친구들에게 변명을 늘어놓기 시작한다. 그들이 생각하는 것처럼 그렇게 나쁘지 않다느니 하면서. 그러나 실은 자신도 이 관계에 대해 의구심을 갖고 있다. 그래도 너무 오랜 만에 연애하는 거라 그 의심을 외면한다.

6. **돌아섬.** 친구들이 자기 관계를 좋게 보지 않자, 혼자서만 관계에 헌신한다. 친구들과의 사이에는 차츰 거리감이 생기기 시작한다. "그 사람이 마음에 들지 않는다구? 좋아. 그럼 나도 널 좋아하지 않겠어." 이젠 변명 늘어놓는 것도 지겹다. 때로는 교회에 가고 성적 도덕성을 지키고, 무엇을 참고 견뎌야 하는지에 대한 확신도 흔들린다.

7. **너무 멀리감.** 관계가 오래 계속되다 보면 관계를 정리해야겠다는 생각이 들게 하는 일이 일어나기 마련이다. 상대방의 신실하지 못한 면을 볼 수도 있고 그에게 학대당할 수도 있다. 혹은 자기가 얼마나 많이 추락했는지 보게 될 수도 있다. 그래서 이제부터는 관계에 대한 불만이 조금씩 싹트기 시작한다.

8. **공포.** 그러나 관계를 끝내는 생각만 하면 두려움이 밀려 온다. 너무 무서워 때로는 그 사람에게 더 집착하기도 한다. 지금까지 이 관계에 쏟아 부은 게 너무 많아 도저히 관계를 놓아 버릴 수 있을 것 같지 않다. 이렇게 결단을 못 내리고 7번과 8번 사이에서 왔다갔다 하는 것은 몇 달에서 몇 년까지도 계속될 수 있다.

9. **결별.** 관계를 끝내려는 용기를 못 내고 8번 단계에서 계속 머물 수도 있지만, 두려움을 극복하고 헤어지기로 결심할 수도 있다. 어떤 때는 상대방이 먼저 결별을 선언하기도 하는데, 이럴 때는 아주 큰 고

통이 따른다.

10. **우울증에 시달림.** 중독적인 관계가 깨지면, 감정적으로 육체적으로 우울증 증상을 겪게 된다. 당신의 몸은 그와의 관계가 주는 감흥에 익숙해져 있었다. 그러나 이제는 새로운 환경에 적응해야 한다. 아마도 당신은 관계를 끝내기로 결심하며 엄청난 긴장을 경험했을 것이다. 그리고 관계가 깨진 후에는 큰 충격을 경험했을 것이다. 지금 당신은 너무 비참하다. 어떻게 해야 할까?

11. **그 사람에게로 돌아감.** 불행하게도, 많은 사람들이 우울증을 극복하는 가장 확실한 방법은 예전의 관계로 돌아가는 것이라고 생각한다. 그들은 지금 너무 비참하다. 그런데 그 사람에게 돌아가면 기분이 한결 나아질 것 같다. 결국, 그들은 6단계로 돌아가고 만다.

12. **새로운 게임.** 6단계로 돌아가지 않는 사람들은 우울증을 극복하기 위해 혼자서 힘겨운 싸움을 벌여야 한다. 그러나 아무리 노력해도 공허함과 외로움과 상실감은 사라지지 않는다. 현명하다면, 5단계와 6단계에서 멀리했던 친구들과의 관계를 회복하겠지만, 너무도 많은 사람들이 1단계로 돌아가곤 한다. 공허함을 이기지 못해, 새로운 관계에서 충만감을 찾으려고 하는 것이다. 그래서 이 사이클 전체를 다시 한 번 되풀이하게 된다.

관계중독 인식하기

지금까지 관계중독의 일반적인 특징에 대해 살펴보았다. 그런데 자기 속에 그런 특징이 있다는 걸 어떻게 알 수 있을까?

최근에 나는 한 여성으로부터 다음과 같은 편지를 받았다. 때로는 자기 약점보다 다른 사람의 약점을 찾아내는 게 훨씬 쉽다. 이 편지를 읽으며 그녀에게 관계중독의 특징이 있는지 살펴보라. 그리고 내 이야기 같다고 여겨지는 부분은 얼마나 되는지도 생각해 보라.

박사님께 편지 쓰려 하니 눈물이 앞을 가립니다. 외람되지만, 저를 위해 기도해 주시겠습니까? 저는 오랜 기간 별거하다 약 삼 년 반 전에 이혼했습니다. 그리고 어떤 남자를 만났는데, 그 사람이라면 사랑해도 되겠다 싶었습니다. 지금은 그 사람과 오 개월 넘게 아름다운 관계를 가져오고 있습니다. 저희는 많은 시간을 함께했으며, 급속도로 가까워졌습니다.

급기야, 두 달 전에는 그가 제게 결혼신청을 했습니다. 결혼은 저희 둘 다 원하는 것이었습니다. 그런데, 얼마 전에 그가 갑자기 저와 결혼할 수 없으며 저와는 아무 관계도 맺고 싶지 않다는 청천벽력 같은 말을 했습니다. 저를 사랑하고 저와 결혼하고 싶지만, 당장은 혼자 있고 싶다는 것이었습니다. 이 말을 할 때 그는 무척 차갑게 느껴졌습니다. 아주 멀리 있는 사람 같기도 했습니다. 심지어 적대적이라는 느낌도 들었습니다. 전에는 한 번도 그런 적이 없었는데 말입니다.

그는 자기가 성미가 급하다고 했습니다. 그러나 저는 그가 성미 급하게 구는 걸 한두 번밖에 보지 못했습니다. 제 생각에 그는 힘든 시기를 지나고 있는 것 같았습니다. 그는 저를 만나고 하나님과 더 가까워졌다며 고맙다고 했습니다. 저를 만나기 전에는 포르노 영화도 보고 창녀와 같이 자기도 했다고 했습니다. 참, 한번은 성관계를 허락하지 않으면, 강간하겠다고도 했습니다. 그런데도 그를 사랑한다니, 박사님은 제가 이해되지 않겠지요! 그러나 저는 교육받을 만큼 받았고 바보도 아닙니다! 저는 그를 믿었고 그의 과거를 있는 그대로 받아들였습니다. 과거는 과거니까요! 그는 신사였으며 제게 아주 잘해 줬습니다. 저희는 함께 기도도 했습니다. 특히, 식사 때는 빠지지 않고 감사기도를 했습니다. 저는 그를 믿고 의지했습니다.

그런데 저희 교회 목사님과 그 사람 교회 목사님 그리고 주변 사람들은 모두 그가 성격 장애가 있고 성적으로 비정상적인 것 같다고 합니다. 왜 그럴까요? 그들은 제게 하루라도 빨리 그 사람에게서 빠져나오라고 말합니다. 하지만, 전 그분들이 그를 저만큼 잘 안다고는 생각지 않습니다.

저는 지금 감정적으로 황폐해져 있습니다. 그를 믿었는데, 이제와 혼자 있고 싶다고 하니, 머리를 한 대 얻어맞은 느낌입니다. 어디서부터 잘못되었을까요? 저는 지금 이혼했을 때만큼이나 큰 비탄에 잠겨 있습니다. 아니, 그때보다 훨씬 안 좋은 것 같습니다. 그 사람 없이 어떻게 살아가야 할지 모르겠습니다.

그 사람에게 무조건적인 사랑을 베푼 사람은 제가 처음이었습니다. 이건 그도 인정합니다. 어쩌면 그는 이 사실이 부담스러웠는지도 모르겠습니다.

부디 저를 위해 기도해 주십시오. 제 자존감은 상처 받았습니다. 그에게 이용당한 느낌입니다. 하지만 여전히 그가 선량한 사람이라고 믿고 있습니다. 그가 필요한 도움을 받을 수 있게 해 달라고 기도해 주십시오. 길거리로 나가 어리석은 짓(강간 같은)을 하기 전에요.

제게 도움이 될 만한 거는 뭐든 환영합니다. 주저 말고 보내 주십시오.

전 사랑이 아주 많습니다. 부디 제가 제 사랑을 받아 주고 저의 필요와 소망을 나눌 수 있는 사람을 발견하게 해 달라고 기도해 주십시오.

내 목적은 판단하는 것이 아니라, 돕는 것이다. 이 책을 읽고 몇 명의 독자만이라도 필요한 도움을 받아야겠다고 결심한다면, 나는 그것으로도 만족한다. 분명, 이 책을 읽으며 자기에게 필요한 도움이 무엇인지 파악할 독자들이 있을 것이다.

이 여성은 옳은 일을 많이 했다. 무엇보다 기도를 했다. 중독의 고리를 끊는 데는 하나님의 도움이 절대적이다. 그리고 그녀는 교회 목사님과 치료사와 나에게 상담을 요청했다(나에게는 편지를 통해). 그녀는 자존감이 상처 받았다고 했다. 그러나 내가 볼 때, 그녀에게는 아직도 강한 자의식이 남아 있었다. "그 사람이라면 제가 사랑해도 되겠다 싶었습니다." "그 사람에게 무조건적인 사랑을 베푼 사람은 제가 처음이었습니다."와 같은 표현들이 그 증거다. 그녀는 심하게 상처 받았고 혼란스러워했지만, 자기연민이나 자기 증오에는 빠지지 않았다.

그러나 그녀는 상호의존에 빠질 위험이 있었다. 그녀는 그 남자를 구해주려고 했다. 그를 감당할 수 있는 사람은 자기밖에 없다고 느꼈다. 그가 자기를 필요로 한다는 걸 좋아했다(그녀가 이렇게 좌절하는 것도 자기는 사랑이 많은데, 그 사랑을 나누어 줄 사람이 없기 때문이다). 그녀는 그 남자보다 감정적으로 안정되어 있었다. 그러나 시선을 온통 그에게 고정시키고 있었다. 그녀에게는 그가 존재 이유였다. 그녀는 그가 건강과 사랑을 회복할 수 있게 해주었다. 그리고 그를 하나님께로 인도했다.

그녀가 모순된 말을 얼마나 많이 하는지 눈치 챘는가? 그녀는 장밋빛 안경을 쓰고 있다. 그래서 "그는 멋진 사람이었어요. 저를 강간하겠다고 했어요. 그는 신사예요. 전 그 사람을 믿어요. 하지만, 그가⋯ 할까봐 두려워요⋯."처럼 앞뒤가 안 맞는 말들만 한다.

그런데 왜 그가 갑자기 관계를 끝내 버렸을까? 이유는 알 수 없다. 어쩌면 성중독이 주체 못할 정도로 타올라서일 수도 있고, 아직은 건강을 회복하고 싶지 않아서일 수도 있다. 자기를 구해 주려는 그녀의 열정이 숨 막혔는지도 모른다. 우리는 그저 행간을 읽으며, 그가 자신의 중독이나 기질, 욕망에 대해 그녀에게 완전히 정직하지는 않았다고 추측할 수 있을 뿐이다.

관계중독은 강력한 힘을 갖고 있다. 그리고 위험하다. 그것은 우리의 중심을 사로잡아 생각지도 못했던 일을 하게 한다. 마약중독자는 마약을 구하기 위해 자기 딸이라도 팔 수 있다. 도박꾼은 도박판을 벌이기 위해 절친한 친구의 돈을 훔칠 수도 있다. 사랑중독자는 그 사람과 "한 번이라도" 더 데이트하기 위해 원칙도, 우정도, 자기 존중도 버릴 수 있다.

사냥꾼은 사냥 전에 잡고자 하는 짐승에 대해 파악하는 작업부터 한다. 생김새, 습성, 주요 서식지 등을 알아내는 것이다. 이제 우리는 이 과정을 다 마쳤다. 중독적인 관계가 어떤 모습을 하고 있는지 다 알게 되었다.

이제는 위험의 수위를 측정하는 작업을 해야 한다. 내가 어떤 위험에 빠져 있는지, 혹 중독적인 관계에 빠져 있거나, 거기에 빠져 들고 있지는 않은지 살펴보아야 한다. 따라서 다음 장에서는 중독의 정도에 대해 테스트하며 각자 어떤 상태에 있는지 점검하는 시간을 갖도록 하겠다.

05

자기 테스트하기

지금까지 관계중독의 다양한 형태와 아홉 가지 특성에 대해 살펴보았다. 이제는 자신을 테스트하는 시간을 갖도록 하자. 당신은 특정한 사람이나 관계에 중독되어 있지는 않은가? 다음 질문들은 여기에 대한 답을 발견하는 데 많은 도움이 될 것이다. 이 테스트가 비록 과학적인 것은 아니어도, 자신의 일반적인 성향을 파악하는 데는 부족함이 없을 것이다.

각각의 질문에 1(강한 반대)에서 7(강한 찬성)까지 답할 수 있다. 도저히 답을 못하겠다 싶으면, 4에다 동그라미하라. 가능한 한 정직하게 답하되, 질문의 의도가 무엇인지 파악하려고는 하지 마라. 어떻게 답하면 좋을까 궁리하지도 마라. 어떤 질문들은 반대도 찬성도 아닌 중간으로밖에 답할 수 없는 것들도 있겠지만, 전체적으로는 자신의 성향을 파악하는 데 유용한 통찰력을 얻을 수 있을 것이다.

답은 책에 직접 해도 좋고 다른 종이에 해도 좋다. 다른 종이에 하면 딴 사람에게 책을 빌려 줄 수도 있을 것이고, 일 년이나 이 년 뒤에 다시 한 번 테스트해 볼 수도 있을 것이다(득점표는 복사해서 보관해 두는 것이 좋다. 이것은 당신의 반응을 분석하는 데 아주 중요한 자료가 될 것이다).

테스트

관계중독 테스트

1. 강한 반대　　**2.** 어느 정도 반대　　**3.** 반대에 가까운　　**4.** 중간/모르겠음
5. 찬성에 가까운　　**6.** 어느 정도 찬성　　**7.** 강한 찬성

1. 나를 사랑하는 사람이 있다는 걸 확인하지 못하면 불행하다.

　　　1　　2　　3　　4　　5　　6　　7

2. 호감 가는 사람이 있으면 쫓아다니고 싶다.

　　　1　　2　　3　　4　　5　　6　　7

3. 누군가 나를 절실히 필요로 하면 그에게 끌린다.

　　　1　　2　　3　　4　　5　　6　　7

4. 내 속에는 현재의 감정적 고통을 다룰 재원이 없다.

1 2 3 4 5 6 7

5. 나는 안정된 사랑관계 속에 있지 않으면 공허하고 불안하다.

1 2 3 4 5 6 7

6. 성적으로 너무 문란한 것 같아 죄책감이 든다.

1 2 3 4 5 6 7

7. 마음 끌리는 사람이 있냐고 물으면, 그렇다고 대답할 수 있다.

1 2 3 4 5 6 7

8. 우리 부모님도 중독적인 성향을 갖고 계셨다.

1 2 3 4 5 6 7

9. 나는 나를 알아주고 완전하게 사랑해 줄 이상적인 배우자를 꿈꾼다.

1 2 3 4 5 6 7

10. 나는 어떤 이성을 만나든, 정복대상으로 본다.

1 2 3 4 5 6 7

11. 나는 사랑하는 사람의 단점은 외면한다.

1 2 3 4 5 6 7

12. 내 유년시절 가운데는 아직도 해결되지 않은 아픔이 있다.

1 2 3 4 5 6 7

13. 뭐가 잘못됐는지는 몰라도, 아무튼 나는 사랑하기가 어렵다.

1 2 3 4 5 6 7

14. 나는 종종 성적으로 무력하다는 느낌을 받는다.

1 2 3 4 5 6 7

15. 나는 사랑하는 사람의 결점을 바꿀 수 있다.

         1   2   3   4   5   6   7

16. 나는 다른 사람들이 나에게 무언가 요구하면, 쉽게 응한다.

         1   2   3   4   5   6   7

17. 때로 부당한 대우를 받기도 하지만, 사랑만 받을 수 있다면 얼마든지 참을 수 있다.

         1   2   3   4   5   6   7

18. 나는 나를 기쁘게 해줄 이상적인 연인을 꿈꾸곤 한다.

         1   2   3   4   5   6   7

19. 지금 내가 사랑하는 사람은 나의 결점들을 보완해 준다.

         1   2   3   4   5   6   7

20. 나의 낭만적인 관계는 사랑과 증오 사이에서 왔다갔다 한다.

         1   2   3   4   5   6   7

21. 낭만적인 관계에 빠지면 다른 사람들과의 우정은 돌아보지도 않는다.

         1   2   3   4   5   6   7

22. 나는 성관계를 맺고 있으면, 더할 수 없이 사랑받고 있는 듯하다.

         1   2   3   4   5   6   7

23. 내 파트너가 다른 사람에게 관심을 보이면 질투심이 끓어오른다.

         1   2   3   4   5   6   7

24. 최근에 감정적으로 상처 받은 게 있는데, 그것 때문에 너무 고통스러웠다.

         1   2   3   4   5   6   7

25. 사랑에만 빠지면, 활력이 넘치고 힘이 나는 것 같다.

   　　　　1　　2　　3　　4　　5　　6　　7

26. TV나 영화 속 주인공과 성관계를 나누는 장면을 상상하곤 한다.

   　　　　1　　2　　3　　4　　5　　6　　7

27. 사랑하는 사람과 일주일 이상 떨어져 있으면 몸이 아프다.

   　　　　1　　2　　3　　4　　5　　6　　7

28. 누구하고든 관계만 맺으면, 그것이 내 삶을 지배하는 경향이 있다.

   　　　　1　　2　　3　　4　　5　　6　　7

점수 매기기

1		2		3		4	
5		6		7		8	
9		10		11		12	
13		14		15		16	
17		18		19		20	
21		22		23		24	
24		26		27		28	
(L)		(S)		(P)		(G)	

점수 산출법

위 도표에서 숫자는 질문번호를 의미한다. 이 질문번호 옆에다 당신이 각 문항마다 답한 숫자를 적어 넣으라. 그런 뒤 세로로 총합을 구하라. 그리고 그 총합을 괄호가 쳐져 있는 문자 옆에다 적어 넣으라. L은 사랑중독을, S는 성중독을, P는 사람중독을, G는 일반적인 중독요소들을 상징한다.

이제는 이 점수들이 무얼 의미하는지 살펴보자.

사랑중독(L)

사랑중독이란 관계 안에 거하고자 하는 충동으로, 사랑받고자 하는 욕구가 인식할 수 있을 정도로 높다. 대개 자존감이 낮은 사람이 사랑중독에 잘 빠지는데, 사랑중독자는 다른 사람과 함께 있음으로써, 자기가 중요한 사람이라고 느끼고 싶어한다. 그러나 실제로 그들이 갈망하는 것은 사랑이 아니라, 사랑 안에 있다는 느낌이다.

• **45-49** 낭만적인 관계가 절대적으로 필요하다고 느끼는 상태. 이 느낌 때문에 많은 사람이 잘못된 관계에 뛰어들어 곤란을 당하곤 한다. 여기에 해당하는 사람들은 이 책을 읽는 것으로 그치지 말고 전문 상담가에게 상담받는 것까지 해야 한다.

• **39-44** 사랑중독자는 아니지만 사랑중독자가 될 수 있는 성향이 강함. 낭만적인 관계에 대한 기대는 높은 반면, 자기 스스로 성취할 수 있는 일에 대한 평가는 낮다. 이런 사람들은 이 두 가지를 좀더 현실적으로 이해하고 현재 맺고 있는 관계도 조금 주의해야 한다.

• **32-38** 사랑중독 쪽으로 약간 기울어져 있음. 위험하지는 않지만 주의를 요한다. 고통스러운 이별을 했거나 가정에 위기가 닥쳐 갑자기 큰

충격을 받았을 때는 더욱더 조심해야 한다. 무엇보다 자존감을 높여야 한다. 그래야 힘든 일을 만났을 때 헤쳐나갈 수 있다.

• 25-31 아무 문제 없음. 그러나 예기치 못한 위기가 닥치면, 태도상에 갑작스런 변화가 일어날 수도 있으므로 주의해야 한다. 다른 영역에서 점수가 높게 나왔다면, 사람중독에도 쉽게 빠질 수 있으므로 더욱더 조심해야 한다.

• 25이하. 위험 기준에서 평균 이하이므로 안심해도 좋다. 지금 당장은 아무 문제 없다.

성중독(S)

대부분의 책들은 성중독을 포르노 및 난교와 관련지어 이야기하지만, 나는 관계 내에서의 성중독에 초점을 맞추고자 한다. 성중독은 관계에 어떤 영향을 미칠까? 아래의 평가는 행동이 아니라 감정에 초점을 맞춘 것이므로, 성중독이 실제로 표현되어 나온 행동보다 그쪽으로 기울어지는 성향을 측정해 준다.

• 45-49 문제가 많음. 섹스를 사랑과 혼동한다. 자신이 부적절한 사람이라는 느낌을 떨쳐 내기 위해 다른 사람을 성적으로 이용한다. 여기에 해당하는 사람들은 이 책을 읽는 것으로 그치지 말고, 전문 상담가에게 상담받거나 도움을 주고받을 수 있는 모임에 가입해 치료 받아야 한다.

• 39-44 성중독으로 치우치는 성향이 강함. 섹스를 좋아하면서도 싫어한다. 성충동이 강하기 때문에, 그것을 떨쳐 내려면 힘겨운 노력을 해

야 한다. 이런 사람들은 섹스와 사랑이 다르다는 것을 이해해야 한다. 그리고 이성에 대한 건강한 이해를 갖도록 노력해야 한다. 현재 맺고 있는 관계를 주의하고 유혹이 오면 피하라.

- 32-38 성중독 쪽으로 약간 기울어져 있음. TV나 영화, 음악이 전하는 메시지 그리고 주변 사람들이 하는 말을 가려서 들어야 한다. 지금 우리 사회는 전체가 성중독쪽으로 기울어져 있다. 거기에 휘둘리지 않도록 주의하라.
- 25-31 아무 문제 없음. 그러나 예기치 못한 위기가 닥치면, 태도상에 갑작스런 변화가 일어날 수도 있으므로 주의해야 한다. 다른 영역에서 점수가 높게 나왔다면, 성중독에도 쉽게 빠질 수 있으므로 더욱더 조심해야 한다.
- 25이하. 위험 수준에서 평균 이하이므로 안심해도 좋다. 지금 당장은 아무 문제 없다.

사람중독(P)

이 중독은 한 사람만 바라보는 것이므로, 지금 특별하게 생각하는 사람이 없다면 질문에 답하기 어려웠을 것이다. 그러나 과거의 관계들을 생각하며 답했다면, 지금은 중독적인 관계에 빠져 있지 않아도 높은 점수가 나왔을 수 있다. 아무튼, 점수가 높다는 것은 언제고 사람중독에 빠질 수 있음을 의미한다.

- 43-49 사람중독에 빠져 있음. 혹은 아무한테 중독되어 있지 않아도

사람중독에 빠질 수 있는 위험이 큼. 정체성 확립과 삶의 목적을 위해 지금 관계 맺고 있는 사람에게 의지하려는 성향이 강하다. 그러나 그 사람과 상관없이 자신의 정체성을 확립해야 한다. 그러려면 전문 상담가의 도움이 필요할 것이다.

• **36 - 42** 사람중독에 빠질 수 있는 성향이 강함. 지금 관계 맺고 있는 사람을 '예배하는' 경향이 있다. 혹은 그 반대로, 그 사람은 당신 없인 살 수 없을 거라고 생각한다(사람중독은 양방향적이어서, 당신도 그 사람을 필요로 하고 그 사람도 당신을 필요로 한다. 또한 서로 상대방이 자기를 필요로 하기 바란다. 따라서 당신 혼자서만 관계에 중독되어 있다면, 점수가 그리 높게 나오지 않을 것이다. 그래도 문제는 여전하겠지만). 어떻게든 관계에서 빠져나오도록 하라. 그리고 될 수 있으면 두 사람 모두 독립적인 인격체로 존재하도록 하라.

• **28 - 35** 사람중독 쪽으로 약간 기울어져 있음(질문 가운데 돌보기 좋아하는 성향을 측정한 것이 몇 개 있는데, 이것 때문에 점수분류가 다른 중독보다 2-4점 정도 낮게 매겨졌다. 이를테면, 다른 중독에서는 이 부분의 점수가 32-38로 분류되었지만, 여기에서는 28-35로 분류되었다. 28점 정도면 평균점이지만, 그래도 사람중독 쪽으로 기울 수 있으므로 주의해야 한다). 현재 맺고 있는 관계들을 조심하라. 그리고 자신과 상대방의 단점 모두에 눈을 크게 뜨라. 가끔씩은 상대방이(당신도) 독립적인 결정을 할 수 있도록 하라.

• **23 - 28** 아직까지는 아무 문제 없을 수도 있다. 그러나 점점 더 의존적이 될 수 있으므로 주의해야 한다. 두 사람 모두 강해지고 함께 성장할 수 있는 상호의존을 확립하도록 하라.

• 23이하. 위험 수준에서 평균 이하이므로 안심해도 좋다. 지금 당장은 아무 문제 없다.

일반적인 중독요소들(G)

7장에서도 살펴보겠지만, 관계중독은 대부분 성장기 때의 경험과 과거 관계에서의 경험에 그 원인이 있다. 여러분이 한 답은 여러분에게 이 같은 원인이 존재하는지 측정해 준다. 점수는 높게 나왔지만, 중독과 관련해서는 실제로 별 문제가 없는 경우도 있다. 그러나 그런 경우는 극히 드물다. 여기서 나온 점수는 여러분이 관계중독에 얼마나 영향 받기 쉬운지 보여 준다.

• 43-49 관계중독자가 되려 함(관계중독이 아직 일어나지 않았다면). 중독적인 상황에 빠져 들게 하는 배경적, 태도적 요소가 무척 많다. 전문가의 상담을 받으면 그 중 몇 가지는 해결할 수 있을 것이다.

• 39-44 관계중독에 빠질 수 있는 성향이 강함. 유년시절이나 과거 관계 가운데 어른이 된 지금까지도 고통을 주는 문제들이 있다. 이것은 반드시 해결해야 한다. 특히, 최근에 감정적으로 깊이 상처 받았다면 치유할 시간을 갖도록 해야 한다. 따라서 당장은 낭만적인 관계에 연루되지 않는 것이 좋다.

• 32-38 관계중독 쪽으로 약간 기울어져 있음. 관계중독 쪽으로 기울어지게 하는 몇 가지 요소가 있는데, 이것만 잘 다루면 별 문제 없다. 아직 해결하지 못한 개인적인 문제는 관계 속으로 가져오지 않도록 주의하라.

- **25-31** 관계중독에 빠지게 하는 심각한 배경이나 태도적인 요소는 없지만, 100퍼센트 안전하지는 않다. 일시적인 압력에는 얼마든지 굴복할 수 있다.
- **25이하.** 위험 수준에서 평균 이하이므로 안심해도 좋다. 지금 당장은 아무 문제 없다.

사람마다 처한 상황이 다르므로, 테스트 결과는 각자의 상황을 이해하기 위한 도구로 사용하는 것이 좋다. 여기에 얽매일 필요는 전혀 없다. 이 말은 테스트를 하다가 중간에 그만둬도 되고 테스트를 아예 하지 않아도 된다는 소리다. 어느 영역에 도움이 필요한지는 아마 자신이 벌써 알고 있을 것이다. 이 테스트는 그것을 분명히 해주는 역할밖에 하지 못한다. 혹시 모든 영역에서 점수가 높게 나와도 전혀 놀랄 필요 없다. 중독적 인성을 가진 사람은 여러 영역에서 중독증상을 보이기 때문이다. 그러므로, 테스트 결과를 보고 근심 걱정으로 몸져 눕지 말고, 그것을 고치기 위한 방법을 모색하도록 하라.

06

사례연구 : 스콧

스콧은 다른 사람 돌보기를 좋아한다. 다른 사람을 도우며 충만감을 느낀다. 이것은 좋은 것이다. 그러나 이런 사람은 상호의존이라는 함정에 빠질 수 있다. 그의 이야기는 누군가를 도와줘 건강을 회복하게 해주고 나면 할 일이 없어져 버리는 상호의존에 대한 고전적인 이야기이다.

나를 찾아왔을 때 스콧은 줄리라는 여자와 관계 맺고 있었다. 그는 이 관계에 대한 의문이 한두 가지가 아니었다. 그 관계는 놀라우면서도 끔찍했다. 그를 강하게 하는 동시에 약하게 했다. 기쁘게도 하고 절망스럽게도 했다. 그는 이 관계를 어떻게 해야 할지 몰라 혼란스러워했다.

그는 교회 수양회에 갔다가 우연히 줄리를 만났다. 그때 줄리는 그를 다른 사람으로 알고 있었다. 스콧은 점심식사 때 우연히 줄리 옆에 앉게 되었다. 대화가 잘 통해 오랜 시간 대화를 나누었다. 스콧은 헌신된 리더였고 붙임성이 좋았다. 줄리는 어린 아들이 있었는데, 남편과는 얼마 전부터 별거하고 있었다. 스콧이 따뜻하게 잘 대해 주자, 그녀는 남편에게 받은 감정적 학대에 대해 이야기하기 시작했다. 그녀는 도움을 절실히 필요로 했다.

이 필요가 자석처럼 스콧을 끌어당겼다. 영혼 깊이 힘들어하는 그녀를 보고 있노라면, 자기도 모르게 빨려드는 것 같았다. '어떻게 도와주면 좋을까? 어떻게 하면 줄리를 고통에서 구해 낼 수 있을까?' 온통 이 생각뿐이었다.

이혼은 스콧에게도 낯설지 않았다. 그의 부모님도 그가 어릴 때 이혼했기 때문이었다. 그는 불화의 고통을 잘 알고 있었다. 그것은 인간을 파괴한다. 그러나 강하게도 한다. 아이들은 이혼의 희생양이다. 그러나 그들은 어린 나이에도 문제의 일부분이 될 건지 해결의 일부분이 될 건지 결정할 수 있다. 스콧은 해결의 일부분이 되기로 했다. 그래서 그때부터 다른 사람 돌보는 것을 좋아하게 됐다.

꽃 피는 관계

스콧과 줄리 사이에 우정이 싹트기 시작했다. 어머니 날, 스콧은 줄리가 자기한테 관심 갖는 사람이 아무도 없다고 상심할까봐 익명으로 꽃을 보냈다. "당신을 이해하는 사람으로부터"라는 쪽지와 함께. 그러나 그녀는 누가 꽃을 보냈는지 눈치 챘다. 그녀에게 가장 필요한 것은 바로 그런 관심이었다.

다음 날, 그녀는 그를 저녁식사에 초대했다. 친정이 부유했던 그녀는 편안하고 안정된 생활을 하고 있었다. 얼마 안 되는 사례비로 선교 관련 일을 하는 스콧에게는 그녀의 크고 안락한 집이 대단해 보였다.

식사 초대는 잦아졌고 우정은 더욱 깊어졌다. 줄리는 어릴 때 부모님에게 관심 속에 자라지 못했으며 많은 남자들에게 배신당했다는 등 아무에게도 하지 않은 이야기들을 털어놓았다. 그럴 때마다 스콧은 고개를 끄덕이며 이야기를 들었고 그녀를 이해해 주었다. 그는 그녀가 자기를 낭만적인 관계로 끌어들이고 있다는 것을 알았다. 그래서 '이건 옳지 않아. 그녀는 아직 유부녀고 이건 불륜이야. 빨리 빠져나와야 해'라고 끊임없이 되뇌었다.

처음에는 가벼운 포옹만 나누던 것이 이내 작별 키스로 바뀌었고 순식간에 깊은 육체적 관계로 발전했다. 그녀는 육체적, 감정적 필요로 그를 압도했다. 그녀는 좋아하는 사람에게 사랑받고 싶어했으며, 성적 친밀함을 나누고 싶어했다. 그래서 그는 자신의 도덕적 신념을 지키기 위해 필사적으로 노력해야 했다.

줄리의 결혼은 회복되기 어려워 보였다. 그러나 스콧은 결혼은 깨어져서는 안 된다고 믿고 있었다. 그래서 그녀의 이혼에 작은 원인도 제공하고 싶지 않았다. 그는 그녀가 법률적으로 유부녀라는 사실이 몹시 신경쓰였다. 이 상태로는 도저히 낭만적인 관계를 맺을 수 없을 것 같았다. 그래서 줄리가 이혼하지 않았다는 사실을 떠올리며 계속해서 경계선을 그었다. 그러나 그럴수록 줄리는 그를 더욱더 끌어당겼다. 그녀는 그가 육체적인 데 관심 가져 주기 바랐다. 이것이 둘 사이에 큰 문제가 되었다. 그러나 그녀는 어떤 논쟁이든 이기는 법을 알고 있었다. 그래서 스콧은 줄리에게 밀려 계속 자신의 원칙을 양보하게 되었다. "함께하는 시간이 많아질수록, 그녀는 육체적 친밀함을 더 많이 원했고 저는 계속해서 타협했어요. 마치 눈덩이가 불어나는 것 같았어요." 그때를 돌아보며 그가 이렇게 말했다.

자기가 도덕적으로 확고하지 못하다는 것을 알고 스콧은 리더 자리를 내 놓았다. 다른 사람이 눈치 채기 전에 그 자리에서 내려와야 할 것 같았다. 줄리와의 관계를 알면 모두 말릴 것 같아 그녀에 대해서는 한마디도 말하지 않았다. 그녀와 보내는 시간이 많아질수록, 친구들과는 그만큼 거리가 멀어졌다.

줄리는 상처 받기 쉬운 여자였다. 스콧은 줄리의 그런 점에 끌렸다. 그런데 그녀에게는 강한 면도 있었다. 가족이 남편과 재결합하라는 압력을 아무리 가해도 꿈쩍도 하지 않았던 것이다. 친정이 힘 있고 재력 있는 가문임을 감안할 때 이것은 결코 쉬운 일이 아니었다.

그 약함과 강함의 묘한 조화가 스콧의 마음을 끌었다. 그녀는 불행한 결혼생활 때문에 잠깐 상처 입었을 뿐, 원래는 정렬적인 여자였던 것이다. 이것이 스콧으로 하여금 그녀를 떠나지 못하게 했다. 그녀를 잘 돌봐주어 원래 모습을 회복시켜 주어야 할 것 같았다.

그들은 세상을 등지고 있었다. 사이비종교 지도자들은 추종자들의 헌신을 끌어내기 위해 세상은 그들을 이해할 수 없다고 각인시킨다. 이것은 관계에도 그대로 적용돼, 자기들을 이해해 주는 사람이 아무도 없다고 느끼면, 두 사람은 빠르게 결속되게 된다. 상대방 말고는 의지할 사람이 없기 때문이다. 스콧은 돌아갈 수 있는 길을 모두 없애 버렸다. 친구들과도 소원해졌으며 모든 시간을 줄리 하고만 보냈다. 이제 그에게는 그녀가 세상의 전부가 되어 버렸다.

줄리의 이혼절차는 오래 끌었다. 따라서 그녀와 스콧의 관계도 지루하게 오래 계속되었다. 스콧은 이 관계가 잘못이라는 걸 알았다. 거기에서 빠져나오고 싶었다. 그러나 거기에서 나오려고 할 때마다 줄리는 이성을 잃곤 했다. "그녀는 사지가 절단된 환자 같았어요. 전 그녀가 자살이라도 할까봐 두려웠어요." 이렇게 해서 그는 그녀를 계속 보살펴 주게 되었다.

두 번째 생각

스콧은 콜로라도에 친한 친구가 있었다. 그는 매사에 그의 의견을 존중했다. 그래서 이번에도 그에게 조언을 청하기로 했다.

"네가 이 관계를 계속하는 이유는 뭐니?" 그가 물었다.

"잘 모르겠어. 나도 어쩔 수 없어."

"아냐, 분명 무슨 다른 이유가 있을 거야." 그 친구가 말했다.

아마 낭만주의자들은 이 두 사람이 함께할 운명이기 때문에 여기까지 오게 된 거라고 말할 것이다. 그리고 이 말 하나면 모든 논리가 무시될 수도 있을 것이다. 그러나 이런 생각은 많은 사람을 고통으로 내몬다. 내 생각에, 스콧이 줄리에게서(그리고 줄리가 스콧에게서) 빠져나올 수 없게 한 '무슨 다른 이유'는 바로 중독이었던 것 같다. 줄리는 결혼에 실패했다. 그래서 마음이 공허해졌다. 그녀는 이 공허함을 스콧이 채워 주기 바랐다. 그리고 스콧은 줄리가 자기를 필요로 하기 바랐다. 그는 여기에서 삶의 목적을 끌어냈다.

그들의 관계는 줄리가 이만 관계를 정리하자고 말할 때까지 일 년 반 동안 계속됐다. 스콧은 육체적 관계에 경계선을 두고 있었는데, 이것이 그녀에게는 '큰 상처'가 되었다. 그녀는 좀더 많은 것을 원했다.

그러다가 결국은 그의 효용가치가 다하고 말았다. 그러나 그는 이미 관계에 중독되어 있었다. 그녀 없이 지내야 한다는 게 말할 수 없이 마음 아팠다. 자기가 줄 수 있는 것은 한정되어 있는데, 그녀는 그보다 훨씬 많은 것을 원한다는 게 그를 비참하게 했다. 패배자가 된 느낌이었다.

줄리는 이웃에 사는 부유한 남자와 데이트하기 시작했다. 스콧은 그를 "미스터, 백만 장자"라고 불렀다. 그렇게 부르는 그의 어투에는 분노가 가득했다. 줄리는 스콧에게 상처 주고 싶으면, 은근히 그 사람과 비교하는 말을 했다. 스콧은 그 사람처럼 줄리를 근사한 데 데려가 줄 수 없었다. 그러나 그 사람은 줄리가 부르면 언제든 달려갔고, 그녀를 잘 돌봐 주었다. 그녀 말에 귀 기울여 주었고 그녀를 위해 자신의 행복도 희생했다. 그에 비하면 스콧은 빈털터리였다.

줄리가 그 사람과 사귄 건 자기가 근사한 식당에서 포도주 마시고 비싼 음식 먹을 정도의 여성은 된다고 확신하고 싶어서였는지 모른다. 혹은 스콧이 자기를 당연시할까봐 두려워서였는지도 모른다. 아니면, 정말로 새로운 관계를 시도해 보고 싶었는지도 모른다. 그러나 그녀는 몇 주 만에 다시 스콧에게로 돌아왔다. 그리고는 모든 것이 예전으로 돌아갔다. 오히려 스콧은 몇 가지를 더 타협하게 됐다.

각자의 일

그로부터 일 년이 지났다. 스콧은 정체된 느낌이었다. 줄리의 필요를 채워 주느라 자신의 성장은 등한시했다는 생각이 들었다. 자신을 되찾아야 할 것 같았다. 그래서 이번에는 그가 줄리와의 관계를 끝내려고 했다.

"줄리, 이 관계는 우리 둘 다에게 도움이 되지 않아. 그리고 우린 행복하지도 않아. 난 내 일로 돌아가야 해. 그러니까 차분히 생각하고 해결할 시간을 좀 줬으면 좋겠어. 모든 게 정리되면 그때 다시 돌아올게. 그러면 전보다 훨씬 행복해질 수 있을 거야."

그녀는 이 제안을 받아들이지 못했다. 몇 주 동안 울기만 했다. 자기 일도 하나 못하고 어린 아들도 돌보지 못했다. 스콧이 전화를 받지 않자, 그녀는 스콧 어머니에게 전화해 제발 그의 마음을 돌려 달라고 간청했다.

간신히 스콧과 연락이 닿자, 그녀는 "전 당신 없인 못 살아요. 당신이 뭘 하고 싶어하는지는 모르겠지만, 제가 도와드릴게요. 우린 타협할 수 있을 거예요. 어쩌면 예전으로 돌아갈 수도 있을 거예요. 시간이 필요하면 얼마든지 드릴게요. 제발 절 당신 삶에서 몰아내지만 말아 줘요."라고 애원했다.

그 말에 스콧은 무너지고 말았다. 그리고 슬그머니 예전으로 돌아갔다. 매일 저녁 그녀 집에서 식사했으며, 주말은 아예 거기서 보냈다. 휴가도 같이 갔다. 그녀와 함께 있느라 자기 일은 하나도 못했다. 완전히 관계중독자가 된 것이었다.

그 와중에도 그는 다시 한 번 콜로라도로 친구를 찾아갔다. 무의식 속에서는 줄리와 결별하는 데 필요한 힘을 찾고 있었는지도 모른다. 그런데 친구가 생각지도 못한 제안을 했다. "차라리 그녀와 결혼해 버리지 그래?"

스콧은 깜짝 놀랐다. 줄리는 이혼할 것이 분명하므로, 그녀와 결혼할 수 있을지도 모르겠다는 생각은 그도 안 해 본 것은 아니었다. 그런데 왜 그 친구가 이런 제안을 하는 것일까?

"마음 같아서는 그녀와 끝내라고 말하고 싶지만, 네가 그럴 수 있을 것 같지 않아. 네 말을 종합해 보면, 이 관계는 정리하는 게 당연해. 너무 건강하지 못하거든. 근데 넌 정리하지도 못하고, 정리하고 싶어하지도 않아. 그렇다면, 차라리 결혼하는 게 낫지 않을까? 지금처럼 어중간한 상태로 있는 것보다는 그게 훨씬 나은 것 같은데…."

콜로라도에서 돌아오고 나서 얼마 후, 그녀의 이혼이 매듭지어졌다. 이혼하고 나서 줄리는 많이 아팠다. 이것이 그들을 더 가깝게 해주었다. 그러나 가까워진 만큼 다툼도 많이 했다. 그녀는 그에 대해 비판적이었다. 약간 멀어진 것 같기도 했다. 그러나 그는 전보다 그녀를 더 많이 원하고 있었다.

크리스마스 때 그는 프로포즈를 했다. 그러나 거절당했다. 일주일 후, 줄리는 이야기 좀 하자고 했다.

"스콧, 전 당신과 친구로 지내고 싶어요. 단순한 친구로요. 저한테 너무 화내지 말았으면 좋겠어요."

화 낸다구? 왜 내가 화내야 하지? 차라리 "황폐화되지 말았으면 좋겠어요."라고 말하지 그래!

결국, 그는 단순한 친구로 지내자는 데 동의했다. 그러나 그 후로도 그녀는 여전히 그를 저녁식사에 초대했고, 아들 문제로 도움을 청했다. 차가 고장 나거나 집 주변에 손 볼 일 있을 때도 그에게 도움을 청했다. 스콧 생일에는 먼저 육체적 관계를 요구해 오기도 했다.

그렇다고 그녀가 관계를 회복하거나 예전으로 돌아가고 싶어했을까? 천만의 말씀이다. 그들은 분명 헤어진 상태였다. 예전으로 돌아가고 싶다는 건 순간적인 충동에 불과했다. "어림없는 소리 말아요. 당신을 향한 제 사랑은 이미 죽었어요. 제가 사는 세상은 당신이 사는 세상과 달라요. 당신과는 그냥 재미로 사귀었을 뿐이라구요." 그녀는 단호했다. 두 사람은 관계를 재정의하는 데 많은 어려움을 겪었다.

황폐화

스콧이 나를 방문한 것은 이 즈음이었다. 그녀의 갑작스런 변화로 그는 혼란스러워하고 있었다. 내 눈에 그는 술집에서 바텐더로 일하며 알코올 중독을 극복하려는 사람 같아 보였다. 술을 입에 대지만 않을 뿐, 코로 냄새 맡고 손으로 나르고 하면서 알코올 중독을 극복하려는 사람 같아 보였던 것이다. 줄리는 그가 힘들어 할 거라는 생각 같은 건 하지도 않는 듯했다. 물론, 그가 괴로워하면 그녀도 미안해했다. 그러나 그녀가 해줄 수 있는 건 하나도 없었다. 오히려 지난 날의 로맨스만 생각나게 할 뿐이었다.

그녀는 변했다. 더 이상은 스콧의 도움을 필요로 하지 않았다. 그녀는 스콧이 채워 줄 수 없는 다른 필요를 충족시키고 싶어했다. 스콧과의 우정은 계속하되, 로맨틱한 관계에서는 자유로워지고 싶어했다. 상황이 이러니, 그가 어떻게 행복할 수 있겠는가?

줄리는 강해졌다. 자신의 필요로 그를 압도하던 그녀가 이제는 관계에 경계선을 긋기 시작했다. 스콧은 그 선을 뒤로 물릴 수도 없앨 수도 없었다.

"이제는 현실을 받아들이려 해요." 그녀와의 관계가 끝나고 몇 달이 지난 지금 그는 이렇게 말한다. "제 가슴을 열어 보면, 아마 심장이 수천 갈래로 갈라져 있을 거에요. 하루에도 몇 번씩 심장마비에 걸리는 것 같아요. 잠도 잘 못 자고 식사도 제대로 못해요. 아침 먹고 출근하는 날보다 거르는 날이 훨씬 많아요. 완전히 피폐해진 느낌이에요."

스콧이 처음 나를 찾아왔을 때 나는 가장 좋은 치료법은 줄리를 만나지 않는 것이라고 조언해 주었다. 줄리를 만나는 건 고통을 연장시키는 것밖에 되지 않았다. 그를 또 다시 중독에 빠지게 할 수도 있었다. 다행히, 그는 내 권고를 받아들여 당분간 그녀를 만나지 않기로 했다. 이것이 큰 효과가 있었다. 그런데 담배나 술을 갑자기 끊으면 금단현상이 나타나듯, 그도 처음에는 몸이 많이 아팠다. 그러나 극복할 것이다. 시간이 좀더 많이 걸리기는 하겠지만, 감정적, 영적으로도 분명히 회복될 것이다.

"패배자가 된 느낌이에요. 그녀와 결혼하지도 않았는데 이혼당한 것 같아요." 그때 그는 이렇게 말했다. 스콧은 전에는 사람들 사이에 인기가 많았다. 그에게는 인기를 몰고 다니게 하는 자질이 있었다. 그 자질은 지금도 여전했다. 그러나 그의 자존감은 완전히 박살 나 버렸다. 그는 온통 줄리와 함께하느라, 자기를 도와줄 수 있는 사람들과 관계를 끊고 살았다. 그 관계들을 회복하려면 아마 힘겨운 노력을 해야 할 것이다. 지난 삼년 반 동안, 그는 줄리의 필요를 충족시켜 주는 데서 자신의 가치를 끌어냈다. 그는 자기가 줄리에게 중요한 존재라고 느꼈다. 그러나 그녀는 이제 그를 필요로 하지 않았다. 그의 효용가치가 다한 것이었다. 이제는 그가 어디에 쓸모 있을까?

줄리가 그를 필요로 하지 않게 되면서, 그는 직업에 대한 불만도 커졌고 평생 품어온 야심에 대해서도 회의를 갖게 되었다. 영적 재정비 작업도 제대로 할 수 없었다.

"우린 절친한 친구였어요. 의사소통이 잘 됐죠. 그녀와 헤어지고 나니까 그 점이 가장 힘들더군요. 전 사랑하는 사람만 잃은 게 아니라, 친한 친구도 잃었어요. 지금 여러 가지 힘든 게 많지만, 친한 친구가 없어졌다는 게 가장 힘들어요."

이별은 받아들이기 어려웠다. 그러나 그에게는 그것이 최선이었다. 그는 다른 생존전략을 발견할 필요가 있었다. 자기를 도와줄 친구도 발견해야 했고, 다른 활동에 몰두함으로써 자존감도 재확립해야 했다.

"실은 저도 그 관계에서 빠져나오고 싶었어요. 매일 저녁 그녀 집을 나서며 '지금 내가 뭘 하고 있는 거지? 빨리 여기서 나와야 해.'라고 중얼거린 게 일 년도 넘는 것 같아요. 그런데도 제가 이렇게 좌절하고 있다는 게 믿기지 않아요. 가끔은 '내가 왜 이런 일로 힘들어하지? 이게 왜 내게 상처가 되지? 왜 내가 여기에 이렇게 신경을 많이 쓰지? 그녀에게 왜 이렇게 중독되어 있지?' 라는 생각이 들기도 해요."

평가

이것은 관계중독의 전형적인 예다. 그의 관계에서는 앞 장에서 다루었던 관계중독의 특성들을 상당수 찾아볼 수 있다.

강박적 충동. 스콧은 빠져나오기로 결정했으면서도 그러지 못했다. 그를 그 관계 안에 붙들어 놓는 '다른 무언가'가 있었던 것이다.

구해 주려는 시도. 스콧은 다른 사람 구해 주는 걸 좋아했다. 이것은 그의 본성 깊이 뿌리 박혀 있었다. 어쩌면 그는 아주 어려서부터 이 역할을 학습했는지도 모른다. 부모의 이혼을 지켜 본 그는 도움을 필요로 하는 부모를 보살펴 주고 싶어했다. 줄리와의 관계도 "당신을 이해하는 사람으로부터"라는 쪽지 하나로 시작했다. 스콧이 잘못한 거라곤 그게 전부였다. 그에게는 도움이 필요한 사람을 이해하고 보살펴 주고자 하는 성품이 있었다. 그는 이것을 존재 이유로 삼았다. 그래서 줄리가 보살핌을 필요로 하자 그녀를 보살펴 주었다.

장밋빛 안경. 스콧은 지금도 줄리가 자기를 위해 해준 좋은 일만 이야기한다. 그녀가 자신의 자존감을 끌어올려 주었다고 한다. 그러나 내가 보기에, 그녀는 그의 자존감을 완전히 짓밟아 버렸다(내가 그녀를 공격하려고 이런 말하는 것은 아니다. 그녀도 이혼하고 나서 감정적 건강을 회복하기 위해 죽을 노력을 다했다. 다만, 나는 스콧이 현실에 눈을 뜨고 있었다면, 결과가 좀더 좋았지 않았을까 하고 생각할 뿐이다).

배타성. 스콧은 친구들을 멀리했다. 줄리와의 관계를 반대한다고 멀리한 친구도 있고, 시간이 없어 자연히 멀어진 친구도 있었다.

질투심. 스콧은 자기가 돈을 많이 못 번다는 사실에 민감했다. 그래서 줄리를 근사한 데 데리고 가는 남자들을 볼 때마다 질투심에 불타곤 했다.

계속되는 역기능. 스콧은 어려서 부모의 이혼을 경험했다. 줄리 역시 다소 역기능적인 가정에서 자랐다. 두 사람 모두 영혼 깊이 상처 받았으며, 역기능적인 패턴을 되풀이했다.

지나친 의존. 줄리가 이혼의 충격에서 회복되기 위해 거친 과정은 비교적 정상적이었던 것으로 보인다. 그녀는 처음에는 스콧을 많이 의지했다. 그러나 몇 년 후에는 힘과 자신감을 회복했다. 물론, 그 사이에 몇 번 처음으로 돌아가기도 했다. 나는 이혼한 사람들과 상담할 때마다, 이렇게 남에게 의지하는 것은 좋지 않다고 조언한다. 최소 이 년 가량은 사랑에 빠지지 말라고도 조언한다. 너무 일찍 새로운 사람을 만나면 그 사람을 너무 많이 의지하게 되기 때문이다.

줄리와 달리 스콧은 식사와 동반자, 자존감 같은 실질적인 이유로 줄리에게 의지했다. 그러나 실질적인 이유로 남에게 의지하는 것도 나쁘기는 마찬가지다. 라이프스타일 전체가 바뀌므로 헤어질 때 충격이 크기 때문이다. 물론, 이것이 감정적 의존보다 덜 위험하기는 하다. 스콧은 자신을 필요를 충족시켜 주는 사람으로 정의했다. 특히 줄리의 필요를 충족시켜 주는 사람으로 정의했다. 그래서 줄리가 건강을 회복하면서 더 이상 자기를 필요로 하지 않자 삶의 목적을 잃어버렸다.

사랑과 증오의 사이클. 그의 관계는 기복이 심했다. 이것은 중독적인 관계의 전형적인 특징이다. 줄리가 이혼의 후유증에서 벗어나기 위해 울퉁불퉁한 길을 가는 동안 스콧도 계속해서 그녀를 따라갔다. 그는 그녀가 원할 때 항상 곁에 있어 주었다. 그러나 그녀가 원치 않으면 거절당했다. 그는 자식이 성장해 가도록 도와주며 끊임없이 거절감을 맛보는 부모 같았다. 십대가 독립적인 삶을 꾸려가는 것을 배우는 것은 중요하다. 그러나 그것은 서투르면서도 고통스럽게 진행된다. 줄리도 그런 십대 같았다. 그녀는 어느 순간에는 그를 절실히 필요로 했다가도 다음 순간에는 전혀 그를 원치 않았다. 이것은 어쩔 수 없는 과정이었지만, 그로서는 너무 견디기 힘들었다.

약해짐. 처음에는 스콧이 강하고 줄리가 약했다. 그러나 시간이 지나면서 역할이 바뀌었다. 줄리가 자신감을 회복하면서(부분적으로는 스콧 덕택에) 강해진 것이다. 스콧을 언제 어떻게 필요로 할지도 그녀가 결정하게 되었다. 그러나 스콧은 고통의 터널을 지나게 되었다. 그녀는 스콧의 고통에 동정심을 느꼈지만 그 속에 빠져 들지는 않았다(이것은 그녀가 정말 잘한 것이다. 그렇지 않았으면, 중독의 사이클은 계속되었을 것이다).

스콧은 이 관계로 많이 약해졌다. 그러면 줄리는 어떻게 되었을까? 강해졌을까? 그럴 수도 있을 것이다. 그러나 나는 그녀가 스콧과 로맨틱한 관계에 빠지지 않았다면, 훨씬 더 빨리 치료되었을 거라고 생각한다. 스콧이 적당한 거리를 두고 친구이자 목사로서 그녀를 도와주었다면, 훨씬 더 나은 영향력을 미칠 수 있었을 것이다.

얼마간은 힘들겠지만, 결국은 스콧도 치유될 것이다. 그들은 마약중독자가 한꺼번에 마약을 끊듯이, 일체 만나지 말아야 한다. 그런데 지금까지는 그렇게 하는 게 힘들었다. 그러나 줄리와의 낭만적 관계를 끝내지 않으면, 그는 치유될 수 없을 것이다.

그는 자신이 어떤 사람인지 다시 정의할 필요가 있다. 또한 더 이상은 자기 가치를 다른 사람의 필요를 충족시켜 주는 데서 끌어내서는 안 된다. 동시에 자존감을 높여야 한다. 다른 사람을 도와주는 것도 좋은 일이지만, 자기 도움을 필요로 하는 사람이 하나 없어도 자신은 가치 있는 사람이라는 것을 배워야 하는 것이다.

07

중독의 뿌리

'내가 왜 이러지?' 아침 식사를 마치고 커피잔을 들여다 보며 스스로에게 이렇게 묻는다. 지난 밤 이성을 마비시켰던 그 정열은 사라져 버렸다. 눈부신 아침햇살이 삶을 새롭게 돌아보게 한다.

지금까지 당신의 관계는 모두 이랬다. 관계에 지나치게 말려들어 자기 생각을 점점 덜하게 되고, 그러다가 나중에는 자신을 잃어버리게 됐다. 그러나 당신은 이 관계를 원한다. 그 사람과 같이 있지 못하면 죽을 것 같다. 당신은 자신의 전부를 여기에 걸었다. 그런데 그 사람과의 연결끈이 끊어지려 한다. 혹은 끊어지지는 않아도, 당신의 모든 것이 그 속에서 썩어가고 있다. 당신은 완전히 나쁜 관계에 걸려들고 말았다. 아마 당신은 건강한 관계가 꽃다발을 들고 현관문을 두드려도 알아보지 못할 것이다.

맑은 정신으로 새날을 맞으려고 커피를 한 모금 홀짝인다. 그러나 오늘도 어제와 다르지 않을 것이다. 아니, 오히려 어제보다 더 추락할 것이다.

"내가 왜 이러지?"

당신은 자신의 중독적인 성향이 어디에서 왔는지 알지 못한다. 그걸 알 수만 있다면, 몇 가지 기본적인 행동과 태도들을 고칠 수 있을 것이다. 어쩌면 이 끔찍한 감옥을 박차고 나갈 수도 있을 것이다.

방에 앉아 TV를 보고 있는데, 천장에서 물이 샌다고 해 보자. 그곳을 테이프로 붙이고 다시 TV를 본다면, 그것은 근본적인 해결책이 되지 못한다. 사태를 일시적으로 약화시키는 것밖에 되지 않는다. 얼마 안 있으면, 다른 곳에서도 물이 샐 것이다. 테이프를 붙여도 물이 새자, 이번에는 이층으로 올라가 본다. 그랬더니, 바닥 한 중간에 물이 흥건하게 고여 있다. 이번에도 물만 퍼내고 다시 TV 보러 간다면, 그것 역시 표면적인 증상을 해결한 데 지나지 않을 것이다. 문제를 근본적으로 해결하려면, 어째서 물이 고이게 되었는지를 밝혀내야 한다. 다락이나 지붕 위로 올라가 물이 어디서부터 스며들기 시작했는지 찾아내야 하는 것이다. 그래야만, 천장에서 물이 새는 문제를 영구적으로 해결할 수 있다.

중독도 마찬가지다. 술을 끊거나 다이어트를 하는 것은 문제의 한가지 증상을 다루는 것에 지나지 않는다. 관계를 정리하거나 먼 데로 이사 가는 것이 사람중독자에게 좋은 해결책이기는 해도 그것이 전부는 아니다. 중독적인 성향이 다른 쪽으로 튀어나올 수도 있기 때문이다. 중독증상이 있다면, 그 뿌리를 다루고 영구적인 해결책을 찾아야 한다.

『사랑에 중독되다(*Addicted to Love*)』라는 책에서 스티븐 알털번(Stephen Arterburn)은 중독적인 성향을 산에서 흘러내리는 물줄기에 비유한다. 이미 물이 흘러내리고 있는데 줄기를 막으면, 물은 다른 곳으로 흐르기 마련이다. 중독증상도 마찬가지여서, 이미 중독증상이 있는 사람은 하나의 중독을 그만두면 곧바로 다른 중독이 시작되게 된다. 여러 종류의 중독이 상호연관되어 있기 때문이다.

이런 일이 일어나지 않게 하려면, 물의 근원지인 산꼭대기의 호수로 올라가 파이프로 관을 만들거나 아예 새로운 물줄기를 만들어 물이 처음부터 올바른 곳으로 흐르게 해야 한다. 그래서 그 물이 유용한 목적에 쓰일 수 있게 해야 한다. 이미 흘러내리고 있는 물을 여기 막고 저기 막고 하는 것은 승산 없는 전투를 하는 것과 같다. 하지만, 물의 근원지로 올라가 근본적인 처방을 취하면, 파괴의 정도를 훨씬 경감시킬 수 있다. 그리고 그 물을 좋은 일에 쓸 수도 있다.

중독적인 성향이 있다면, 근원을 대면해야 한다. 그래야지만 파괴적인 패턴을 극복하고 새로운 길을 만들 수 있다.

많은 경험과 연구결과, 사람들이 중독적인 관계에 빠지는 것은 다음의 세 가지 때문인 것으로 밝혀졌다.

1. 유전적 성향
2. 가정의 근본과 관계된 문제들
3. 감정적으로 상처 받기 쉬움

그러면 이것들을 차례로 살펴보자.

유전적 성향

이 문제에 대해서는 과학자마다 의견이 다르다. 몇몇 과학자들은 중독으로 기울어지게 하는 유전인자가 존재한다고 주장한다. 유전인자는 우리의 인성 및 선호하는 관계유형을 결정한다. 우리 그룹의 일곱 명은 모두 관계중독자였다. 그런데 그 가운데 여섯이 부모가 알코올중독자였다. 이것이 과연 우연일까?

우리 그룹을 인도하며 나는 그동안 상담한 중독자들의 유전적 배경을 조사해 보았다. 그랬더니 약 팔백 명 가량이 가족 가운데 중독자가 있는 것으로 나타났다. 그 형태도 약물중독, 성중독, 일중독, 도박중독 등 다양했다.

내 조사가 과학적 연구와는 거리가 멀지만, 미의약협회(AMA; American Medical Association)에서 인용한 공식적 연구결과와 크게 다르지도 않다. 다음의 기사를 읽어보라.

생물학적 접근법이 장족의 발전을 했다…. 알코올중독을 비롯하여 다른 중독에서도 중요한 역할을 하는 유전인자를 규명해 낸 것이다. 조사결과에 의하면, 연구대상이 된 알코올중독자 가운데 약 77퍼센트가 이 유전인자를 갖고 있다고 한다. 텍사스 주립대학과 UCLA 연구진이 밝혀낸 바에 의하면, 이 유전인자는 쾌락의 지각에 관계하는 뇌화학물질인 도파민 수용체와 연결되어 있다고 한다. 과학자들은 이 발견으로 중독자가 될 수 있는 사람을 조기에 발견할 수 있게 되었다고 한다. 따라서 앞으로는 중독의 방지나

치료 모두 좀더 효과적으로 할 수 있을 것이다.[1]

여기에서 언급된 "생물학적 접근법"은 '본성'과 '양육' 사이에서 계속되고 있는 논쟁의 한 축을 이룬다. 이 다툼은 현대의 몇 가지 이슈의 근간이기도 하다. 나는 생물학적 연구에 많은 관심이 있다. 그러나 중독이라는 문제에 생물학적 접근법만을 취하는 것은 문제가 있다고 생각한다.

그렇게 되면, 생물학을 변명의 구실로 삼게 되기 때문이다. "나도 나 자신을 어쩔 수 없어! 원래 이렇게 생긴 걸 어떡해?"라는 식으로 말이다. 사람들은 자기 문제에 대해 숙명론적인 접근법을 취하기 좋아한다. "난 이걸 극복할 수 없을 거야. 내 유전인자 속에 뿌리박혀 있는 걸 무슨 수로 극복해."라고.

그러나 최근에 발표된 연구결과들은 이 가정이 타당하지 않음을 보여준다. 유전인자 때문에 특정한 행동을 선호할 수는 있지만, 무엇을 할 것인가를 선택하는 주체는 당연히 우리 자신이어야 한다는 것이다. 따라서 중독에서 치유되려면 자신의 생각과 행동에 책임지는 훈련을 해야 한다. 건강하지 못한 관계는 건강하지 못한 것이다. 이런 관계는 자신의 생물학적 상태와 한바탕 전쟁을 치르더라도 반드시 빠져나와야 한다.

생물학적 데이터가 있어도 견고한 인과관계를 확립하기는 쉽지 않다. 알코올중독자를 예로 들어 보자. 그들이 자녀를 잘 돌보지 못한다는 것은 쉽게 추론할 수 있다. 그런데 그런 부모 밑에서 자란 딸이 건강하지 못한 관계를 추구했다면, 그 원인은 중독적인 유전자풀에서 찾아야 할까, 아니면 부모의 무관심에서 찾아야 할까? 가장 좋은 대답은 '둘 다 어느 정도'일 것이다. 이 두 요소가 그녀를 중독적인 관계–공허한 삶의 고통을 무디게 해줄 – 를 추구하는 쪽으로 얼마나 많이 몰아갈지는 우리도 알 수 없다.

의학적 증거

생물학적 증거가 중독의 결정적인 요인은 아니다. 그러나 중독을 유전적 원인과 결부시키는 연구단체가 최근 들어 계속 증가하고 있다. 생물학적 연구는 대부분 알코올중독자와 마약중독자들에 대해 이루어진다. 그런데 연구결과를 보면, 중독자들의 감정과 스트레스와 우울증을 다루는 방식에 공통적인 문제가 있음을 알 수 있다.

우리 몸은 엔돌핀이라는 효소를 생성한다. 이것은 기분을 좋게 해주는 마약 같은 물질이다. 엔돌핀은 날씨가 화창하거나, 먹음직스러운 음식이 눈 앞에 있을 때, 혹은 사랑하는 사람을 만났을 때 뇌 속에서 분비된다. 그런데 중독자들은 이런 경험을 해도 엔돌핀이 분비되지 않는다. 설령, 분비된다 해도 극소량에 그친다. 그런데 엔돌핀이 제대로 분비되지 않으면, 알코올 대사작용 및 식욕 통제 능력에 지장이 초래된다. 행복을 느끼고 우울증을 극복하는 방식 및 심리적 욕구 조절에도 지장이 초래된다.[2] 이것은 아주 중요한 의미를 갖고 있다. 어떤 사람은 술을 끊으려고 해도 못 끊는 반면, 다른 사람은 너무 쉽게 끊는 이유가 설명되기 때문이다. 또 어떤 사람은 하루 만에 담배를 끊는 반면 다른 사람은 평생토록 담배를 끊지 못해 고통 당하는 이유도 설명된다. 또한 어떤 사람은 중독적인 관계에서만 존재 이유를 찾는 반면, 다른 사람은 배우자와 건강한 균형을 유지할 수 있는 이유도 설명된다.

이 같은 현상은 의지력만으로는 설명되지 않는다. 의지력이 강한 사람도 중독성 물질에 사로잡히면 아이처럼 무력해지기 때문이다. 또한 이것은 어리석은 사람이 한 어리석은 선택으로 볼 수 있는 문제만도 아니다. 아주 현명한 사람도 마음의 문제와 관련해서는 같은 실수를 몇 번이고 되풀이할 수 있기 때문이다. 분명, 어떤 사람에게는 불리하게 작용하는 요인이 있는 게 틀림없다. 그것이 본성이든, 양육이든, 혹은 둘 다든.

그러면 어떤 사람은 알코올중독자, 어떤 사람은 상습적인 도박꾼, 어떤 사람은 사랑중독자가 되게 하는 결정인자는 무엇일까?

우리의 약물 선택

아직까지는 어떤 유전적 성향이 어떤 중독으로 기울어지게 하는지 밝혀진 바가 없다. 우리 기술이 아직은 그 정도로 정교하지 않다. 그러나 언젠가는 이것도 밝혀질 것이다. 그런데 모든 중독자가 내적 동기도 같고, 의미에 대한 추구도 같고, 고통을 차단하고자 하는 필요도 똑같이 느끼고 있고, 유전적 불규칙성까지 동일하다 해도, 각자가 선택하는 약물은 다를 수 있다.

남자들은 마약과 알코올에 잘 중독되는 반면, 여자들은 관계에 잘 중독된다. 남자들은 성중독 문제로 고통 받는 반면, 여자들은 감정적 의존 때문에 힘들어한다. 이유가 뭘까? 그것은 성별 및 인성의 차이가 약물 선택 결정에 큰 영향을 끼치기 때문이다.

이 점과 관련하여, 나는 유전적 성향과 환경적 요소 사이에 강한 상호작용이 있는 것은 아닐까를 의심한다. 즉, 중독적 인성유형은 타고나는 것이라 해도 그것이 발현되는 영역을 결정짓는 것은 양육환경과 경험이 아닐까 하고 생각해 보는 것이다.

우리의 인성유형

나는 중독적인 관계 쪽으로 잘 기울어지는 인성유형이 있다고 본다. 그러나 그렇지 않은 사람도 얼마든지 중독적인 관계에 빠질 수 있다. 이 세상에서 중독적인 관계에 대한 면역성이 있는 사람은 한 사람도 없다. 그러나 강한 사람보다는 의존적인 사람이 중독적인 관계에 훨씬 더 잘 빠진다. 그런 사람들은 관계를 주도하지 못하고 따라간다. 다른 사람을 섬기고 돌보고 양육하는 것을 좋아한다.

그렇다면, 이런 유형의 인성이 나쁜 것일까? 절대로 그렇지 않다. 결국은 이런 인성도 하나님께서 만드신 것이다. 그것은 실수가 아니다. 그러나 이런 사람들은 관계를 맺을 때 좀더 신중해야 한다. 반면, 타고난 리더형으로 남을 책임지기 좋아하는 사람들은 다른 사람을 지배하고 자기 마음대로 하려고 하지 않는지 스스로를 자주 돌아보아야 한다. 그렇지 않으면, 권력에 중독될 수 있다.

세상에는 이 두 유형의 사람이 모두 필요하다. 그렇지 않으면 간호사, 상담가, 충직한 종업원들을 어디에서 구하겠는가? 또 영업사원, 마케팅 전문가, 기업체 사장 같은 사람들은 어디에서 구하겠는가? 우리 그룹의 일곱 명도 이 두 유형에 골고루 속했다.

- 캐런은 지역병원에서 간호사로 근무한다.
- 레이첼은 공립학교 2학년 담임 선생님이다.
- 조이는 목사님 비서다.
- 로리는 여섯 명의 영업사원을 둔 오피스매니저이다.
- 데이비드는 사회사업가가 되기 위해 공부하고 있다.

- 지니는 일련의 사무직을 거쳐 지금은 재정고문 비서로 일하고 있다.
- 카렌은 이혼하기 전에는 선교사였으며, 지금은 사무직 일을 하고 있다.

그러나 이렇게 돌보기 좋아하고 의존적인 사람 외에도 자의식이 강하거나, 반대로 자아가 결여되어 있는 사람 그리고 관습적이며 순응적인 사람도 중독적인 관계에 잘 빠진다.

자의식. 자의식이 강한 사람은 비판에 민감하다. 그리고 그렇게 결론 내릴 만한 근거가 없는데도 다른 사람들이 자기를 좋아하지 않는다고 느낀다. 그들은 대중 앞에 나서거나 집중적인 관심을 받으면 불안해 한다. 자신에 대해 생각하는 시간이 많으며, 끊임없이 지난 일을 곱씹는다. '그때 이렇게 말할 걸.' '그걸 이렇게 할 걸.' 하는 식으로.

그들은 자기에게 몰입하는 데서 빠져나오기 위해 자기 삶을 쏟아 부을 사람을 찾는다. 그리고 그 속에서 어느 정도의 용납을 발견한다. 설령, 용납을 발견하지 못한다 해도 자기의심에서는 해방된다.

자아결여. 이런 사람은 자아상이 낮아 늘 죄책감과 수치에 시달린다. 그리고 자기가 가치 없는 사람이라고 느껴, 가족이나 친구들로부터 "한심한 사람"으로 취급 당하는 사람들 하고만 관계를 맺는다. 자신을 입증해 보이고 상대방 기준에 부합하려고 애쓰는 데 많은 시간을 보내며, 관계가 깨지면 모든 것을 자기 탓으로 돌린다.

극단적인 경우, 이들은 자기를 벌주기도 한다. 자신이 무가치하며 벌받아 마땅하다고 생각해, 자기를 자멸적인 상황으로 밀어 넣는다.

관습적인 / 순응적인. 다른 중독자들과 달리, 관계중독자는 순응적이며, 대중적 기준을 잘 따른다. 마약중독자는 위험을 무릅쓰기 좋아하고 관습에 항거하며 반항적이지만, 관계중독자는 그렇지 않다.[3] 그들은 불안정하다. 그래서 사람들로부터 인정받으려고 노력한다. 그들은 혼자 있는 것을 두려워하지만, 여러 사람 가운데서 눈에 띄는 것도 부끄러워한다. 항상 무리에 속해 있어야 하며 다른 사람에게 붙어 있어야 한다.

이상에서 열거한 인성유형 가운데 하나에 해당한다고 해서, 다 중독적인 관계에 빠지는 것은 아니다. 그러나 그런 관계에 빠지기 쉽다. 마찬가지로, 이런 것들과 상관없다고 해서 관계중독에서 안전한 것도 아니다. 다만, 관계중독에 빠질 가능성이 적을 뿐이다. 관계중독으로 이끄는 시너지는 아주 복잡하여, 유전적 요소와 인성은 전체 퍼즐에서 몇 개의 조각에 지나지 않는다. 나머지 부분에 대해서는 '양육' 부분을 살펴보아야 한다.

가정의 근원과 관계된 문제들

지금까지는 유전적 성향이 중독의 원인이 된다는 이론에 대해 살펴보았다. 이번에는 중독을 일으키는 두 번째 요소인 가정배경과 경험에 대해 살펴보도록 하겠다. 이것은 유전 만큼이나 강한 힘을 갖고 있다. 어떤 환경에서 자라면, 성인이 되었을 때 건강하지 못한 관계를 추구하게 될까? 일반적으로, 중독적인 관계에 빠지는 사람들은 건강한 관계를 보지 못했거나 사랑이 박탈된 가정에서 자란 경우가 대부분이다.

사랑박탈

많은 아이들이 여러 가지 이유로 사랑과 주의를 받지 못한다. 사랑박탈의 희생자는 대개 다음과 같은 사람들이다.

1. 어렸을 때 부모 중 한쪽 혹은 양쪽 모두와 적절한 유대관계를 형성하지 못한 아이들. 그 이유로는 부모의 장기 입원, 부모 아닌 다른 사람의 양육 그리고 일관성 없는 보살핌 등이 있을 것이다.

2. 어렸을 때는 유대관계를 형성했지만, 유년기를 거치면서 부모 중 한쪽 혹은 양쪽 모두와 접촉이 끊어진 아이들. 그 이유로는 부모의 죽음, 별거 및 자녀를 돌볼 수 있는 능력의 부재 등이 있을 것이다. 자녀를 돌볼 능력이 없는 경우에는, 알코올중독자나 마약중독자, 정신병 환자, 극도로 역기능적인 사람 또는 만성적으로 가정을 비우는 사람 등이 있을 것이다.

3. 한쪽 부모 혹은 양쪽 부모 모두로부터 보살핌을 받지 못한 아이들이나 십대. 부모가 자식에 대한 사랑이 없거나 자주 집을 비우는 경우 혹은 아이들을 유기하고 학대하는 경우가 여기에 해당한다.

4. 자기 삶에서 아주 중요한 사람들로부터 사랑받지 못한 십대들이나 청소년들 그리고 어른들.

우리 그룹의 일곱 명도 알코올중독과 역기능이 성장배경의 한 축을 이루고 있었다. 그들은 부모로부터 유기되어 심한 박탈감에 시달렸다. 그 가운데 몇 명은 아빠가 집에 잘 들어오지도 않았고 잘 돌봐 주지도 않았다. 그들은 아빠를 기쁘게 하려고 끊임없이 노력했다. 그러나 인정받지 못했다. 나머지는 엄마가 냉랭하고 거리감이 느껴졌으며 자기를 돌보는 데 별 관심이 없었다. 어느 경우든 결과는 같았다. 십대나 성인이 되었을 때 필사적으로 사랑을 쫓아다니게 된 것이다.

데이비드도 부모님이 열 살 때부터 별거하기 시작해 결국은 이혼하셨다. 그러나 그는 아버지가 집을 나가기 훨씬 전부터 박탈감에 시달렸다. 아무리 기억을 더듬어 보아도, 그의 기억 속에는 입원과 퇴원을 반복하던 어머니밖에 떠오르지 않는다고 한다. 나중에 십대가 되어서야 그는 엄마가 그렇게 들락날락한 병원이 정신병원이었다는 걸 알게 되었다. 그러나 그 전에는 '엄마가 또 아파서 입원하셨구나.' 라고만 생각했다. 엄마가 없을 때마다 아버지는 유모나 친척들에게 그를 맡겼다. 그런데 엄마가 집에 와도, 그는 엄마의 보살핌을 받을 수가 없었다. 늘 우울증에 시달렸기 때문에 그를 돌볼 수 없었던 것이다.

데이비드는 안전하게 보호되고 사랑받고 있다고 느낀 적이 한 번도 없었다. 엄마와는 감정적으로 거리감을 느꼈고, 아빠는 그에게 무관심했다. 그래서인지 어른이 되어서는 어디를 가든 사랑을 쫓아다녔다. 그러나 어느 여자도 그를 흡족하게 해주지 못했다. 그는 여자들이 자기를 무조건적으로 사랑해 주고 버리지 않을 거라는 확신을 가질 수 없었다. 그래서 자기가 먼저 여자들을 쫓아다녀 놓고도 항상 먼저 그들을 거절하곤 했다. 그들에게 버림받을까봐 두려워서였다.

지니의 중독 패턴은 다른 사람들과 좀 다르다. 그러나 중독의 뿌리는 비슷하다. 그녀는 아빠를 '다가갈 수 없는' 사람으로 묘사했다. 부모님이 몇 번이나 별거하시는 바람에 그녀는 아빠를 거의 보지 못하고 자랐다. 별거하지 않을 때도 그녀의 아빠는 그녀에게 조금도 관심을 보여 주지 않았다. 그녀는 아빠 뒤를 졸졸 따라다니며 주의를 끌려고 했다. 그러나 소용없었다. 그래서 질문을 엄청나게 퍼부었다. 그래도 소용없었다. 그래서 학교에서 상 받은 걸 보여 주며 관심을 끌려고 했다. 그러나 역시 소용없었다. 지니가 어떻게 해도 그는 관심을 보여 주지 않았다. 십대가 되면서 그녀는 다시는 아빠 때문에 흔들리지 않을 거라고 맹세했다. 그러나 아빠의 인정을 받고자 하는 갈망은 좀체 사라지지 않았다. 삼십 대가 된 지금도 그녀는 아빠의 사랑을 바란다. 다만, 이제는 아빠가 아니라 다른 남자들의 시선을 사로잡아서, 아빠에게 받지 못한 관심을 보상받으려고 한다. 고등학교 시절, 그녀는 자기에게 남자를 흔들 수 있는 매력이 있다는 것을 발견했다. 또래는 물론이거니와 학교 선생님이나 옆집 아저씨처럼 나이 많은 남자들도 그녀의 매력 앞에서 흔들리곤 했던 것이다.

그래서 지니는 어떻게 하면 선정적인 옷차림을 하고 도발적인 행동을 할 수 있을까 궁리했다. 그리고 성적 충동이 일어나는 대로 행동했다. 그녀 앞에는 남성의 이목이라는 새로운 세계가 펼쳐져 있었다. 남자들은 그녀에게 관심을 보였다. 그녀를 쫓아다니며 그녀 주변에 무리 지어 모였다. 그녀는 자신감을 되찾았다. 그러나 그리 오래 가지 않았다. 특별한 관계를 맺을 때마다 매번 거절감을 맛보았기 때문이다. 남자들이 그녀를 거절하는 방식은 똑같았다. 대부분 전화를 하지 않거나 데이트 시간에 나타나지 않거나 했다. 그러나 거절당할수록 그녀는 용납을 발견하고 말겠다고 다짐했다. 그래서 자신의 가장 큰 자산인 성적 매력을 이용했다. 사실, 그녀는 섹스를 좋아하지 않았다. 그녀가 원한 건 관심과 애정, 따뜻한 말이었다.

지니는 클럽이나 술집에 가 아무 남자 하고나 술 마신 뒤, 그 남자 집에 가 같이 자기 시작했다. 친구들과 외출할 때면, 남자들의 시선을 더 많이 끌려고 무의식적으로 경쟁을 벌였다. 대부분은 그녀가 가장 많은 시선을 사로잡았다. 그러나 친구들은 그런 그녀를 피곤해 하며 멀리했다. 이렇게 해서 그녀는 중독적인 사랑이라는 공허한 삶 속으로 더 깊이 빠져 들어갔다.

지니와 데이비드는 많이 다르다. 그러나 유년기 때 부모의 사랑을 받지 못했다는 점에서는 같다. 부모의 사랑을 못 받았다는 이 아픈 기억은 평생토록 그들을 따라다닐 것이다. 그들이 그 공허함을 채울 방법을 발견할 때까지.

자신이 갈망하는 사랑 발견하기

어렸을 때 사랑받지 못하면, 어른이 되어서 사랑을 추구하게 된다. 아이들은 아버지의 부재, 엄마의 무관심과 냉담함, 부모의 학대, 감정적 유기 등 여러 가지 이유로 어렸을 때 사랑받지 못할 수 있다. 그런데 이 중한 가지에라도 해당하면, 사랑으로 결속된 관계를 맺을 수 있는 바탕이 결여된다. 무조건적인 사랑에 대한 역할 모델을 보지 못하기 때문이다. 물론, 이런 환경에서 자랐다고 해서 다 건강하지 못한 관계를 맺는 것은 아니다. 그러나 전반적으로는 그런 경향이 있다.

유년기 때 충족되지 못한 필요 때문에, 공허한 삶의 고통을 잊기 위해 마약이나 알코올, 섹스, 도박을 탐닉하는 사람들이 얼마나 많은지 모른다. 그러나 이것은 일시적인 해결책에 불과하다. 이런 것들은 우리를 충족시켜 주지 못한다, 그래서 그 다음에는 사회적으로 좀더 용납될 만한 것을 시도하게 된다. 일이나 음식, 종교 혹은 관계 같은 데로 관심을 돌리게 되는 것이다. 그러나 사람이나 약물, 관계는 공허한 삶을 채워 주지 못한다. 무조건적 사랑이라는 안전장치가 없는 그들의 삶을 채워 줄 수 있는 것은 아무것도 없는 것이다.

가정의 근원과 과거의 상처를 추적하는 것은 지루한 작업이 될 수도 있다. 그러나 무엇이 잘못됐고 어떻게 하면 고칠 수 있는지 찾아내기 위해서는 반드시 이 작업을 해야 한다. 자기연민에 대한 핑계거리나 비난할 사람을 찾기 위해 이 작업을 하는 것은 절대로 아니다. 유년시절에 각인된 인상은 평생토록 강한 영향을 미칠 수 있다. 이걸 극복하려면, 유년시절의 경험 가운데 뭐가 잘못됐는지 알아내야 한다. 그것이 우리 삶에 어떤 영향을 미치는지 이해하고 거기에서 배울 수 있는 것은 배워야 한다. 그리고 자신과 아이들을 위해 미래를 변화시키기로 결심해야 한다.

감정적으로 상처 받기 쉬움

사람들이 중독적인 관계에 빠지는 세 번째 이유는 감정적으로 상처 받기 쉽기 때문이다. 무언가를 잃어버렸거나 삶에 특별한 필요가 있을 때 사람들은 감정적으로 민감해진다. 그래서 행복한 가정에서 부모의 사랑을 듬뿍받으며 자랐음에도 불구하고, 한동안 중독적인 관계에 빠지기도 한다.

내 경우가 그랬다.

나는 사랑 많은 가정에서 자랐다. 중독은 어디에서도 보지 못했다. 중·고등학교 때 강아지를 끔찍이 사랑했는데, 그것만 빼면 내가 가진 관계는 모두 건강했다. 내게는 분명 중독적인 성향이 없었다. 4년간의 결혼생활도 그랬다. 그러나 이혼하고 나서는 감정적으로 심한 허탈감에 시달렸다. 무려 3년이 넘도록 공허감과 상실감에 허덕였다. 내 존재의 일부분을 잃은 느낌이었다. 가슴속에 커다란 구멍이 뚫린 것 같아, 그걸 채우고 싶다는 생각뿐이었다.

어떤 사람은 실연했을 때는 빨리 다른 사람을 만나 다시 사랑에 빠지는 게 제일이라고 한다. TV에서도 그렇게 말하고 주변에서도 그렇게 말한다. 우리 자신도 자주 그렇게 조언한다.

"지금 네게 필요한 건 이별의 아픔을 잊게 해줄 뜨거운 로맨스야." 그러나 이것은 중독적인 관계로 이끈다. 나의 필요와 나의 공허함, 사랑받고 싶은 나의 갈망에 초점을 맞추어 관계를 맺게 하기 때문이다.

이혼 후 한 여성이 내게 다가왔다. 그녀는 나의 필요를 상당 부분 채워 주었다. 표면적인 필요들은 모두 채워 준 것 같았다. 그녀는 정말 함께 있고 싶은 사람이었다. 나를 잘 돌봐 주었으며 먹을 것도 많이 만들어 주었다. 그녀의 요리솜씨는 정말 환상적이었다.

그러나 그녀와의 로맨스는 깨질 수밖에 없었다. 전적으로 나의 필요에 초점을 둔 관계였기 때문이었다. 우리 관계는 내 쪽으로 기울어져 있었다. 내가 힘들어하는 동안 그녀는 나를 잘 돌봐 주었다. 그때는 그녀가 필요했다. 그러나 내가 감정적으로 힘을 되찾으면서 그녀가 필요 없게 되고 말았다. 그때 나는 그녀와의 의존적인 관계를 어떻게 해야 할지 몰라 회복을 얼마 동안 지연시켰다. 나를 잘 돌봐 주는 사람이 있는데, 서둘러 건강을 회복할 필요가 뭐가 있겠는가? 그러나 얼마 후, 나는 그녀에게 내 마음을 털어놓았고, 우리는 피차 큰 고통 가운데 헤어졌다.

그때 내게 필요한 것은 상처가 치유되도록 시간을 갖는 것이었다. 이것은 감정적으로 상처 입은 모든 사람에게 해당된다. 팔이 부러지면 기브스를 하듯, 가슴도 상처 입으면 움직이지 않게 고정시켜 두어야 한다. 완전히 치유되기 전까지는 사용하지 말아야 하는 것이다. 부러진 팔을 자꾸 움직이면 상처만 커지듯, 상처 입은 가슴도 아물기 전에 다시 사랑하면 상처가 더 깊어진다. 부러진 팔이든 상처 입은 가슴이든 다 낫기 전에 사용하면, 치유된다 해도 기형적으로 구부러진 모습이 될 수 있다.

이혼은 파멸적인 감정적 상처를 불러온다.

장래가 불투명한 직장에서 일하며 만족스럽지 않은 삶을 사는 젊은이가 있었다. 그는 자기가 너무 초라하게 느껴졌다. 그런데 어쩌다가 애가 둘 딸린 이혼녀를 알게 됐다. 그녀는 이혼한 지 얼마 안 돼, 애처로울 정도로 안정을 갈구했다. 그들이 낭만적인 사랑에 빠지는 데는 그리 오랜 시간이 걸리지 않았다. 그리고 그 사랑은 끊어졌다 이어졌다를 반복하며 이 년 동안 그들을 중독의 손아귀로 움켜잡았다.

그는 그녀에게 안정감을 주었다. 사랑해 주는 사람이 있다는 걸 아는 건 그녀에게 큰 힘이 되었다. 반대로, 그녀는 그가 중요한 사람이라고 느끼게 해주었다. 그러나 그들이 서로에게 줄 수 있는 건 그것밖에 없었다. 여러 면에서 그들의 관계는 건강하지 못했다. 그들은 원칙을 타협했으며 친구들과의 우정을 기꺼이 버렸다. 그리고 자주 다투었다.

좋은 관계는 안정감과 중요함 둘 다 제공한다. 그런데 건강한 관계를 맺기보다 안정감이나 중요함을 더 추구하면 종종 잘못된 관계를 맺게 된다. 그래서 결국은 안정감과 중요함 모두 놓쳐 버리고 만다. 때문에 우리는 균형을 유지해야 한다. 앞의 두 연인처럼, 한쪽의 안정이 상대방의 중요함이 되는 관계를 흔히 볼 수 있다. 그 젊은이는 어려운 시기를 지나는 그녀에게 닻이 되어 주었다. 이것은 그에게 중요한 사람이라는 느낌을 주었다. 그리고 그녀는 그가 자기 때문에 중요한 사람이라고 느끼는 것을 보며 안정감을 느꼈다. 그러나 그녀가 안정뿐 아니라 중요함도 느끼고 싶어하자, 그의 중요함은 위협받게 됐다. 또한 그가 중요함에 더해 안정감도 원했을 때, 그녀는 그걸 줄 수가 없었다. 관계의 균형이 깨져 있었기 때문이었다.

건강한 관계는 안정감과 중요함 외에도 다른 많은 것을 제공할 수 있어야 한다. 가족 가운데 중독자가 없고 건강한 환경에서 자랐어도, 갑작스런 충격을 경험하면 충분히 나쁜 결정을 내릴 수 있다. 그러므로 큰 상처를 받았을 때는 시간을 벌면서 천천히 치유하도록 하라. 그리고 새로운 로맨스에 들어가도 균형을 잃지 않도록 하라.

08

사례연구: 모니카

모니카는 남자와의 관계가 너무 힘들다며 나를 찾아왔다. 그녀는 그것이 건강하지 못하다는 것을 알고 있었으나 깨뜨릴 힘이 없었다.

나는 상담할 때마다 그들이 나를 찾아온 이유보다 훨씬 깊은 문제-건강하지 못한 패턴이 계속 되풀이되는-가 그들의 삶 속에 있다는 것을 발견하곤 한다. 그것은 목이 아파 병원에 갔는데 그보다 큰 병이 있는 것으로 판명돼, 3주간이나 병원 신세를 지는 것과 같다. 한마디로 '표면에 드러난 문제'는 빙산의 일각인 것이다. 그 밑에는 훨씬 크고 엄청난 필요들이 깔려 있는데, 모니카가 그랬다.

"저는 관계만 맺었다 하면, 모두 엉망진창이 돼 버려요. 정상적인 관계는 한 번도 맺지 못했어요." 이 말을 듣고 나는 그녀의 삶을 좀더 자세히 알아보았다.

그녀는 1남 3녀 중 셋째였다. 그녀의 언니와 오빠는 다방면에서 두각을 나타냈다. 운동도, 공부도 잘했으며 반장 자리를 한 번도 놓치지 않았다. 반면, 모니카는 너무나 평범했다. 그녀는 모든 부분에서 언니 오빠와 비교당했다. 그리고 그녀의 여동생은 막내라 항상 그녀보다 많은 관심을 받았다. 그녀는 음악을 좋아했다. 노래도 곧잘 불렀다. 그러나 부모님은 음악은 취미로는 좋지만, 생계유지로는 부적합하다며 좀더 실제적인 데 관심가지라고 했다. 모니카는 음악적인 재능을 좀더 개발하고 싶었지만, 자기 주장을 관철하는 대신 부모님의 요구에 순응했다. 자기에게 뭐가 가장 좋은지는 두 분이 더 잘 아실 거라고 생각했기 때문이었다. "그때 전 자존감이라곤 하나도 없었어요." 그녀는 이렇게 말했다.

첫 번째 남자: 크리스

모니카는 기독교 대학에 진학했다. 그리고 난생 처음 독립을 만끽하며 젊음을 꽃 피웠다. 수줍음은 많이 탔지만, 그래도 다양한 남학생들과 데이트했다. 그때는 한 사람과 두 번 이상 데이트하면, 연인 사이로 간주되었다. 그래서 남학생들은 그녀에게 두 번 이상 데이트 신청을 하지 않았다. 그러나 크리스는 달랐다.

그는 폭풍과도 같았다. 그녀를 근사한 데 데리고 가 저녁식사도 사 주

고 선물공세도 퍼부었다. 그는 부유하지 않았지만 그녀를 여왕처럼 떠받
들어 주었다. 그런데 그들은 처음부터 다툼이 잦았다. 그는 성질이 안 좋
았다. 가끔씩 손찌검도 했다. 그러나 그녀는 '자기가 잘못했으니까' 하며
없던 걸로 했다. 그는 그녀에게 많은 것을 쏟아 부었다. 그래서 그녀와 사
랑에 빠져야 했다. 그녀 입장에서는, 크리스만큼 좋은 남자는 만난 적이
없었으며 앞으로도 그럴 것 같았다. 그녀는 자아상이 낮아 오래도록 힘들
어했다. 그런데 크리스가 관심을 주니까 그 상처가 회복되는 것 같았다.
이런 행복은 태어나서 처음이었다. 그녀는 그것이 사랑이라고 생각했다.
그래서 그 느낌을 좀더 오래 붙잡고 싶었다.

크리스는 권위적이었다. 그러나 모니카의 종교적 관점에서 볼 때 그것
은 하나님의 계획이었다. 그녀의 부모님도 아버지가 권위적이었기 때문
에 그녀는 남자가 권위적인 것은 당연하다고 생각했다. 그녀는 크리스와
결혼하면, 아버지의 권위에서는 나올 수 있겠지만 이내 그의 권위 아래로
들어가게 되리라는 걸 알았다. 안 그래도, 크리스는 벌써부터 통제력을
행사하고 있었다. 부모님은 크리스가 몇 가지 거짓말한 게 있다며 다시
생각해 보라고 했다. 친구들은 그가 성미가 좋지 않다며 걱정했다. 그러
나 모니카는 그 관계에 걸려들어 꼼짝할 수가 없었다. 결국, 그녀는 크리
스와 결혼했다.

불가능한 사명

"그는 제게 학교를 그만두고 자기를 내조하라고 했어요. 전 선교사가

되고 싶어했는데, 그는 저 혼자 선교사가 되기보다 둘이 같이 선교사가 되는 게 좋겠다고 말했어요. 그러려면 전 학위가 없어도 되지만 그는 있어야 했기 때문에 제게 학교를 그만두고 자기를 내조하라고 한 거에요. 전 그 말을 철석같이 믿었어요."

그들은 – 아니, 그는 – 프랑스의 파리 근교에서 선교하기로 결정했다. 선교위원회는 그들에게 교회 개척 프로젝트를 맡겼다. 그들은 출국하기 전에 여러 교회를 돌아다니며 후원을 요청했다. 그것은 모니카의 꿈이었다. 그녀의 오빠와 언니는 결혼도 잘했고 직업도 좋았다. 그런데 이제는 그녀가 그들 위에 올라서려 하고 있었다. 그리스도인이 가질 수 있는 직업 가운데 가장 좋은 직업인 선교사가 되어 해외로 파송받으려 하고 있었던 것이다. 그녀는 너무 좋아 이게 현실일까 하는 두려움을 느끼곤 했다. 그런데 그 두려움은 머지않아 현실로 닥치고 말았다.

크리스는 프랑스에 도착하자마자 가면을 벗었다. 그는 본국에서는 모범적인 그리스도인이었다. 성경구절도 잘 인용했으며, 누가 도움을 청하면 경건한 대답도 해주었다. 그러나 프랑스에서는 그렇지 않았다. 하나님 섬기는 데는 아무 관심도 없었고, 그 사실을 모니카가 알아도 개의치 않았다. 군대에 징병되어 가기도 싫고, 다른 세상도 보고 싶어 선교사가 되었다는 말도 서슴지 않고 했다. 모니카는 기가 막혔다.

다음 삼 년 동안, 크리스는 파리의 밤 생활을 즐기며 포르노에 중독되어 갔다. 그러면서 본국의 후원 교회에는 열심히 선교하고 있지만 별 성과가 없다고 편지를 보냈다. 모니카는 아는 이 하나 없는 타국에서 크리스의 위장술 아래 갇힌 느낌이었다. 게다가 이제는 임신까지 해 경제적으로도 무능해져 버렸다. 결국, 그녀는 크리스의 잘못을 덮어줄 수밖에 없었다.

크리스는 상심한 모니카를 선물로 달래려고 했다. 그들은 좋은 집에 살며 좋은 차를 몰았다. 그러나 그는 사기꾼이었다. "그 사실을 알고 나니 아무 감정도 남지 않더군요. 크리스는 제게 선물을 많이 해줬지만, 전 그에게 아무 감정도 일어나지 않았어요."

그녀는 크리스가 정직하지 못하다는 사실 때문에 괴로웠다. 그의 기만에 분노가 끓어올랐다. 크리스와 공범이 되어 후원자들을 속였다는 생각에 죄책감도 느껴졌다. 그러던 어느 날, 우연히 크리스의 서류가방을 열어본 그녀는 온갖 종류의 포르노 사진이 들어 있는 것을 보고 깜짝 놀랐다. 그녀는 그 사진들을 꺼내 냉장고에다 붙이고는, 그가 외출에서 돌아오자 "저게 당신이 원하는 건가요? 그렇다면, 숨어서 보지 말고 떳떳하게 보세요."라고 울부짖었다.

그 일이 있고 난 얼마 후, 그녀는 크리스가 바람 핀다는 걸 알았다. 그녀는 물증을 들이밀었다. 그러나 그는 부인했다. 그래서 그녀는 따져 묻기를 그만두었다. 그러나 그가 바람 핀다는 증거는 더 많이 드러났고 긴장은 더욱 커졌다. 결국, 그녀는 그와 함께 자기를 거부했다. 그때부터 그는 지하에 머물면서 자기 마음대로 집을 들락날락했다.

3년간의 파송 기간이 끝났다. 모니카는 이런 식으로는 더 이상 선교생활을 할 수 없다고 주장했다. 당연히 선교사직을 사임해야 한다고 생각했다. 그러나 크리스는 이 위험한 게임을 계속하고 싶어했다. 그녀는 완강하게 거절했고, 두 사람은 미국으로 돌아오게 됐다. 그러나 크리스는 자기에게 문제가 있다는 것을 시인하지 않았다. "후원 교회들을 방문했을 때, 그는 제가 향수병이 깊어서 돌아왔다고 하더군요."

그러나 크리스의 도덕적 약점은 이내 탄로났고, 많은 비난이 쏟아졌다.

그녀는 그 비난을 같이 받아야 했다. 그녀는 영적으로 엄청난 위업에 도전했다가 보기 좋게 실패한 꼴이었다. 다시 한 번, 그녀는 교회 사람들과 가족 눈에 '부족한' 사람으로 비쳤다.

그녀의 결혼에는 더 많은 먹구름이 드리워지기 시작했다. 그녀는 결혼 서약에 대한 헌신 때문에 어떻게든 크리스와 살아 보려고 했다. 그러나 잘 되지 않았다. 그러다가 한번은 그가 딸에게 음란한 짓을 한 것 같은 증거를 포착했다. 두려움이 밀려왔다. 이번에도 그가 발뺌할 것 같아, 그녀는 이러지도 저러지도 못했다. 고민 끝에, 그녀는 크리스와 별거하기로 했다. 그러나 크리스는 별거는 하겠지만, 딸을 보고 싶으면 언제든 보러 가겠다고 했다. 그녀는 목사님께 크리스가 딸을 강간한 것 같다고 말씀 드렸다. 그러나 목사님은 흥분하기만 할 뿐, 아무 도움도 주지 않았다. 결국, 그녀는 사회복지단체에 도움을 청했다. 다행히, 그들의 중재로 크리스는 딸을 보러 올 수 없게 되었다. 크리스는 화가 머리 끝까지 났다. 원래 성질이 괴팍했던 그는 폭력을 행사하며 모니카를 겁주었다. 그래서 모니카는 멀리 이사갔다.

그러나 이혼은 하지 않았다. 그녀도, 그녀 가족도 이혼만은 안 된다고 믿고 있었다. 크리스와 결혼한 게 엄청난 실수였음이 밝혀졌지만, 그렇다고 이혼할 수는 없었다. 그래서 그녀는 몇 년 동안 별거하는 어정쩡한 상태에 있게 되었다.

그녀는 부모님께 돌아가고 싶었다. 그러나 부모님께서는 혼자 힘으로 일어서야 한다고 하셨다. 하는 수 없이 그녀는 생계를 위해 좋아하지도 않는 일을 하면서 혼자 어린 딸을 키웠다. 아내로도, 딸로도, 선교사로도, 그리스도인으로도 완전히 패배한 느낌이었다.

오랜 시간이 흐른 후, 크리스는 이혼을 요구해 왔다. 새 장가를 들고 싶다며.

두 번째 남자: 스티브

그 무렵, 같은 교회 다니던 스티브가 그녀에게 관심을 보이기 시작했다. 모니카는 십오 년 간 남편에게 억눌림당했고, 그보다 오랜 기간을 가족에게 무시당하며 살아왔다. 그런 그녀에게 그는 특별한 사람이라는 느낌을 주었다. 그녀는 다시 한 번 자아상을 세워 줄 사람을 발견하게 되었다.

스티브는 그녀의 필요를 채워 주었다. 그녀는 감정적으로 많이 약해져 있었다. 거의 십 년 가까이 별거생활을 해 이혼이 무덤덤할 법도 한데, 막상 이혼하고 나니 그렇지 않았다. 그것은 결정적인 실패였다. 그녀는 별거하는 내내 크리스가 하나님께 돌아오기를 기도했다. 그러나 그런 일은 일어나지 않았다. 분노와 좌절, 자기 혐오가 그녀 속에서 들끓었다.

스티브는 모니카에게 잔잔하게 영향력을 미쳤다. 좋은 친구가 되어 주었으며 자신감을 불어넣어 주었다. 그러나 그녀는 그와의 관계가 낭만적으로 변하자 불안했다. 진도가 너무 빠른 것 같았다. 이혼 후 그녀는 남녀 관계에 대해 무얼 믿어야 할지 알 수가 없었다. 그러나 스티브는 집요했다. 그리고 그녀는 애정을 갈망했다.

스티브는 부유하지 않았기 때문에, 그녀를 근사한 데 데리고 가 줄 수는 없었다. 그러나 애정만큼은 넘치도록 부어 주었다. 그녀가 바라는 것도 그런 것이었다. 스티브는 교회에서 리더로, 주일학교 교사로, 집사로

섬기고 있었다. 그 정도라면 관계 맺어도 될 것 같았다. 그래서 그녀는 마음 문을 열었다.

그런데 스티브가 육체적 접촉을 요구하기 시작했다. 가끔은 도덕적으로 용납될 만한 수준 이상의 접촉도 시도했다. 그는 그녀와 결혼하고 싶다고 했다. 그러나 그녀가 보기에, 그는 자신의 넓은 집으로 옮겨오는 데더 관심 있는 것 같았다. 이용당한 느낌이었다. 달콤한 환상에 젖어 있던자신이 바보 같게 느껴졌다. "그는 사기꾼이었어요. 육체적, 물질적 필요때문에 제게 접근했을 뿐, 저나 제 딸에게는 아무 관심도 없었다구요." 다시 한 번 절망감이 덮쳤다. 주일학교 교사에다 집사인 사람을 믿을 수 없다면, 누구를 믿을 수 있겠는가?

모니카는 관계를 끝내고 싶다고 말할 용기가 나지 않았다. 몇 번 시도해 보았지만, 그는 매번 조용한 말로 그녀를 유혹했다. "이러다가는 마냥끌려 다닐 것 같았어요. 그래서 멀리 이사 가 버렸어요." 결국, 그녀는 부모님께서 계시는 곳으로 오게 됐다. 낭만은 뒤로 한 채.

세 번째 남자: 테드

서른 다섯에 이혼녀의 몸으로 돌아온 그녀를 부모님은 어린아이로 여기고 이것저것 간섭하기 시작했다. "어머니 아버지는 저를 어린아이 취급했어요." 그녀는 못마땅했지만 받아들일 수밖에 없었다. 그래서 다시한 번 그들이 그녀의 삶에 결정권을 행사하게 되었다.

게다가 그녀는 남자들도 그렇게 하게 했다.

테드는 고등학교 동창이었다. 그의 부모님과 그녀의 부모님은 오랜 친구였다. 고향으로 돌아온 그녀는 자연스럽게 그와 마주쳤다. 그녀는 그에게 별 매력을 못 느꼈다. 그러나 그는 그녀에게 넋이 나간 것 같았다. "그는 계속해서 절 만나러 왔어요. 제가 오지 말라고 해도 하루도 빠짐없이 왔어요."

하는 수 없이 그녀는 데이트 신청을 받아들였다. 그런데 처음 데이트하는 날, 그녀가 뭐라고 말하고 있는데 테드가 다가오더니 불쑥 키스를 했다. 오랜 연인 사이라면 그것이 낭만적인 행동이었겠지만, 처음 데이트하는 날 그렇게 하는 것은 분명 무례한 행동이었다. 아직 마음을 정하지도 않았는데 어떻게 키스할 수 있단 말인가! 그는 그녀 말에는 관심도 없고 낭만적 욕구를 충족시킬 기회만 엿보고 있었던 게 틀림없었다. 모니카는 기분이 상했지만 내색하지 않았다. 그랬다가는 공연히 소란만 일으킬 것 같았다.

그들의 관계는 그런 식으로 진전되어 갔다. 테드는 모니카를 분위기 좋은 데 데리고 가 근사한 저녁식사를 대접했다. 그녀는 차츰차츰 그와의 관계 속으로 빠져 들었다. 그가 보내는 관심이 싫지 않았다. 그러나 그가 자기와 맞지 않는다는 걸 알고 있었다. 그는 그녀와 영적인 관심사들을 공유하고 있지 않았으며, 잘해 주려고 애쓸 때조차도 자기 주장이 강했고 무례했다. 그리고 그녀를 힘들게 했다.

그는 그녀가 자기 마력 아래로 완전히 들어오자, 더 이상은 근사한 데로 데려가 주지 않았다. 이용하고 학대하기만 했다. 데이트 신청할 때도 몇 분 전에 전화해서는 어디로 나오라 하고, 싸구려 식당에만 데리고 다녔다. 대화하는 데는 관심이 없고 육체적 관계에만 열을 올렸다. 그리고 그녀를 어느 누구에게도 소개시켜 주지 않았다. 주말에는 아무 말없이 훌쩍 사라지기도 했다. 친구들과 부모님은 그와 헤어지라고 했다. 그녀의 딸도 그러라고 했다. 그녀도 그러고 싶었다. 그러나 어떻게 끝내야 할지 알 수가 없었다.

그와 헤어지려고 여덟 번이나 시도해 보았지만, 그때마다 그가 쳐 놓은 그물에 걸려들곤 했다. "지금 생각하면 바보 같지만, 그래도 그때는 그가 반성하고 잘해 줄지도 모른다고 생각했어요. 처음 사귈 때처럼요. 이상하게도 나쁜 기억은 잘 잊혀지더군요. 그리고 그가 저를 함부로 대하는 건 제 잘못이 크다는 생각도 들었어요."

그녀가 나를 찾아온 것은 그 무렵이었다. 그녀는 그에게서 빠져나올 힘이 없어 보였다. 게다가 변덕이 죽 끓듯 했다. 한 주는 테드에 대해 분노를 폭발했다가 다음 주에는 그를 옹호하는 일을 수도 없이 했다. 그래서 나는 그녀에게 일기를 쓰라고 했다. 그리고 우리 그룹을 구성할 때 그녀도 포함시켰다. 다행히, 이 두 가지를 통해 그녀는 통찰력과 힘을 얻기 시작했다. 그러나 그녀는 이번에도 늘 써오던 방법으로 그와의 관계를 정리했다. 멀리 떠난 것이다. 그녀로서는 그와 헤어질 수 있는 방법이 그것밖에 없었다. 마침, 여름 동안 다른 주에서 일할 사람을 찾는다기에 그녀는 재빨리 그 기회를 잡았다. 몇 달이지만 멀리 떨어져 있으면, 그와의 관계를 좀더 객관적으로 볼 수 있을 것 같아서였다.

그곳에서 모니카는 테드에게 그와의 관계는 끝이라는 편지를 보냈다. 테드는 그녀의 결의가 심상치 않다는 것을 눈치 챘는지, 그 후로는 그녀를 괴롭히지 않았다.

그리고 일 년이 지났다. 어느 날, 그녀가 집 앞에서 차를 닦고 있는데 테드가 지나갔다. 그는 경적을 울렸다. 모니카가 돌아보자 반갑게 손을 흔들었다. 모니카는 예의 바르게 인사한 뒤 계속해서 차를 닦았다. 그는 가지 않고 한참 동안 그녀를 바라보았다. 그녀가 다가와 말을 건네기를 기다리는 것 같았다. 그러나 그녀는 차 닦는 일에만 열중했다. 속으로는 그가 다시는 자기 삶에 영향력을 행사하지 못하게 할 거라고 결심하면서…. 그것은 의지력 테스트 같았다. 그리고 그녀는 그 테스트를 무사히 통과했다. 그가 더 이상은 그녀에게 힘을 발휘하지 못하게 한 것이다.

그러나 모니카가 테드에게 휘둘리지 않았다고 해서, 중독적인 성향을 완전히 극복한 건 아니다. 아마 지난 여름에 다른 주로 일하러 가지 않았다면 그녀는 아직도 테드를 만나고 있을 것이다. 또 다시 관계에 중독되지 않으려면, 그녀는 지금부터 피나는 노력을 해야 한다. 그녀의 중독적인 성향은 너무 뿌리깊어, 정복하기가 쉽지 않기 때문이다.

평가

모니카는 어렸을 때 열등감에 시달렸다. 그녀는 항상 부모님의 사랑을 갈구했다. 그래서 가족 가운데 중독에 걸린 사람이 하나도 없는데, 중독적인 성향을 갖게 됐다. 오랜 시간 사랑과 애정을 갈구한 것이 원인인 것 같았다. 아이들이 사랑과 애정을 갈구하는 것은 당연하다. 그런데 어떤 아이들은 다른 아이들보다 그것을 훨씬 더 많이 갈망한다. 사람들은 이것을 "사랑에 대한 갈망"이라고 부른다.

그녀는 사랑에 대한 갈망에 눈이 멀어 크리스와 결혼하는 실수를 범했다. 그는 그녀가 그토록 갈망하던 사랑을 주었고 그녀는 그 사랑을 스폰지처럼 빨아들였다. 크리스는 물질적으로 관대했다. 그래서 그녀는 자기가 베풀기 좋아하는 사람과 결혼했다고 생각했다. 그러나 그것이 실망으로 바뀌는 데는 오랜 시간이 걸리지 않았다.

스티브와의 관계 역시 사랑에 대한 굶주림이 빚어낸 결과였다. 그녀는 혼자 있는 게 두려웠다. 게다가 이혼한 직후라, 심한 공허함에 시달렸다. 그녀는 스티브에게 그와의 관계가 자기를 얼마나 힘들게 하는지 말할 용기가 나지 않았다. 그래서 그를 떠나 버렸다. 그녀로서는 이것이 유일한 해결책이었다. 이것이 문제를 해결하는 최선의 방법은 아니지만, 그래도 나는 이렇게라도 하는 것이 건강하지 못한 관계에 계속 머물러 있는 것보다는 낫다고 생각한다. 그녀는 이 방법을 어렸을 때 부모님과의 충돌을 피하며 터득한 것 같았다. 부모님께 이의를 제기하고 논쟁해서 얻을 수 있는 건 아무것도 없었다. 무조건 순종하든지, 아니면 피해야 했다. 그래서 그녀는 피하는 쪽을 택했고, 어른이 된 지금까지도 그러고 있다.

테드와의 관계는 어려서부터 가진 사랑에 대한 굶주림과 현재의 감정적 상처가 결합되어 생긴 합작품이었다. 그녀는 테드의 집요함에 굴복했다. 그녀는 공허함 때문에 이성적인 사고를 할 수 없었다. 결국, 그녀는 많은 고통을 당한 후, 늘 하던 방법으로 관계를 정리했다. 여름 동안 일자리를 얻어 다른 주로 떠난 것이다.

지금 모니카는 어떤 관계에도 얽매여 있지 않다. 그리고 좀더 건강한 삶을 영위하려 하고 있다. 완전히 치유된 것은 아니지만, 남자와 상관없이 모든 것을 스스로 결정하며 자신의 미래를 책임지기 위해 열심히 노력한다. 그러나 인정받고자 하는 갈망은 여전하다. 어쩌면 이 문제는 평생

계속될지도 모른다. 그러나 모든 결함이 그렇듯이, 우리는 이것과도 함께 사는 법을 배울 수 있다. 그리고 이것이 미치는 외적인 영향을 극복할 수도 있다.

모니카는 자신이 불안정하며, 관계 맺을 기회만 있으면 뛰어들려 한다는 것을 인정한다. 그녀는 자신감이 결여되어 있다. 그래서 의지가 강한 사람을 만나면 쉽게 영향받는다. 그래서 그녀는 틈만 나면 주의하고 또 주의해야 한다고 되뇌이며, 제3자의 입장에서 관계를 바라보는 법을 배우고 있다.

모니카와 비슷한 상황을 겪은 사람들은 상대방과 대면해 관계를 정리하는 게 좋다고 하기도 한다. 나도 충돌을 피하려고 하다가 더 큰 곤경에 빠진 적이 여러 번 있다. 모니카처럼, 충돌을 피하려는 사람들은 상대방 기분을 상하지 않게 하는 데 신경 쓰다가, 정작 자신의 느낌과 필요는 놓쳐 버리곤 한다. 이런 패턴을 깨뜨리려면, 헌신과 지혜가 필요하다. 헌신이란 타고난 성향을 바꾸기 위해 노력하는 것이고, 지혜란 대결과 순종 사이에서 균형을 찾는 것이다.

끝으로, 모니카는 자신의 과거를 직시할 필요가 있다. 잘못된 결혼으로 인한 상처, 자기를 속인 남편, 파경으로 끝난 결혼은 아직 그녀 속에 그대로 있다. 게다가 그녀는 이혼한 사람을 실패한 인생으로 낮추어 보는 종교 문화 속에 있다. 안 그래도 약한 그녀의 자아상은 관계가 실패로 끝날 때마다 더 약해졌다. 이런 상처는 쉽게 아물지 않는다. 그러나 과거의 상처들을 탐구하고 자신감을 새롭게 하며 하나님을 믿는다면, 그녀도 건강한 관계를 더 많이 누리게 될 것이다. 하나님께서는 언제나 더 큰 사랑으로 우리를 용납하신다.

09

중독의 사이클 깨기

대부분의 중독회복 프로그램은 단계적인 접근법을 취하는데, 그것은 회복과 변화가 하룻밤 사이에 일어나지 않기 때문이다. 회복과 변화로 가는 길은 멀고도 힘들다. 그래서 한 번에 한 단계씩 밟아야 한다.

이것은 관계중독도 마찬가지여서, 사랑과 건강한 관계를 균형 잡힌 시각으로 이해하기 위해서는 한 번에 한 단계씩 앞으로 나아가야 한다.

〈봅에게 무슨 일 생겼어?(What about Bob?)〉라는 영화에 보면, 한 정신과 의사가 두려움과 걱정을 극복하는 방법에 대해 조언해 주는 장면이 나온다. 그는 아이가 걸음마 하듯이 걸으면 된다고 한다.

상담을 마친 후, 내담자는 정말로 어린아이 같은 걸음으로 상담실을 나간다. 한 발을 다른 발 앞에다 조심스레 옮겨 놓으며 "아이가 걸음마 하듯이 복도로, 아이가 걸음마 하듯이 엘리베이터로 그리고 아이가 걸음마 하듯이 엘리베이터 속으로."라고 말한다. 엘리베이터 문이 닫힐 때, 그는 "야, 이거 진짜 효과 있네. 두려움과 걱정이 순식간에 사라져 버리네!"라고 외친다.

이 장면을 기억하기 바란다. 당신이 비록 지금은 중독적인 관계에 빠져 힘들지만, 그래도 당신에게는 희망이 있다. 평생을 어린아이 걸음으로 걸을 그 사람의 코믹한 이미지를 떠올려 보라. 한 발자국 한 발자국 뗄 때마다 당신은 중독의 올가미에서 그만큼 더 빠져나올 수 있다. 때로는 갈 길이 멀어 절망할 수도 있겠지만, 어린아이가 걸음마 하듯 하루에 한 걸음씩만 떼면 어느덧 성숙하고 사랑이 넘치는 관계를 향해 성큼 다가설 수 있을 것이다. 그러면 중독적인 관계에서 빠져나오기 위한 여덟 단계를 차례대로 살펴보자.

1단계: 자기에게 문제가 있고 중독적인 관계에 빠져 있음을 (혹은 그런 관계에 빠지기 쉬움을) 인정하기

알코올 중독환자 갱생회에 가면, 여러 사람 앞에서 "제 이름은 _____ 입니다. 저는 알코올중독자 입니다."라고 선언하는 것부터 한다. 자신의 중독이나 성향을 스스로 인정하고 다른 사람들에게도 고백하는 것이다.

비밀은 특별한 힘을 갖고 있다. 그래서 우리를 몇 년이고 감정적으로 속박할 수 있다. 그런데 거기에 대해 아무에게도 말하지 않으면 그 힘이 계속 커진다. 반면, 다른 사람 앞에서 큰소리로 말하면 그 신비가 벗겨지고 힘을 잃게 된다.

나는 이런 현상을 자주 목격한다. 처음 상담실 문을 두드릴 때는 대부분 비밀을 갖고 온다. 그러나 나와 그것에 대해 이야기하는 사이에 비밀의 통제력에서 완전히 벗어나게 된다. 이렇듯, 자기 약점을 인정하고 도움이 필요함을 인정하는 것이 치료의 출발점이다.

한번은 상담 중에 한 여인이 옛날에 낙태한 적이 있다고 고백했다. 아주 친한 친구 몇 명 외에는 아는 사람이 없다고 했다. 그녀는 그것 때문에 힘들어했다. 그러나 당시로서는 낙태하지 않을 수 없었다고 한다. 그때 그녀는 어떤 남자와 중독적인 관계에 빠져 있었다. 낙태한 후 지금까지 그녀는 엄청난 죄책감에 시달렸으며, 자기가 그렇게 끔찍한 일을 했다는 사실을 받아들일 수 없었다고 한다. 그러나 내게 그 사실을 고백하는 순간, 무겁게 짓누르던 죄책감이 벗겨져 나가 버렸다. 비밀의 위력이 맥을 못 추게 된 것이었다.

이것은 근친상간을 당한 사람들에게도 적용된다. 신문을 보면, 어렸을 때 성적 학대를 당한 연예인에 대한 기사가 하루에 한 건씩은 실리는 것 같다. 대부분 이런 학대는 오래도록 베일에 가려져 있다. 성적 학대를 당한 본인도 그 일을 발설하기 꺼린다. 그러나 그것을 털어놓는 순간, 과거의 상처는 치유되고 새로운 미래가 펼쳐진다.

그런데 중독은 개인의 약점에 대한 것이라, 비밀을 털어놓기가 한층 어렵다. 자기 약점을 인정하는 것이 쉽지 않기 때문이다. 그러나 중독자는 "이 중독이 제게 힘을 발하고 있는데, 제 힘으로는 떨쳐 낼 수가 없습니다. 저는 패배했습니다. 그래서 지금도 파괴적인 행동을 계속하고 있습니다."라고 고백해야 한다. 힘들어도 해야 한다. 그래야 중독에 걸리지 않았다고 부인하고픈 유혹을 차단할 수 있다.

사람들은 중독에 걸리면, 대개 그 사실을 부인한다. "문제는 무슨 문제?" 하며 모른 척하는 것이다. 그러나 아무 문제 없는 척 가장하는 한, 그 문제는 결코 해결될 수 없다. 그것을 깨뜨리려면 본인이 그 사실을 인정해야 한다. 피하지 말고 용감하게 직면해야 하는 것이다. 의사가 병을 고치려면 진단부터 하듯, 중독자도 진단부터 해야 한다. 중독자에게는 "제게는 이러이러한 문제가 있습니다."라고 시인하는 것이 진단이다.

자신의 잘못을 공개적으로 시인하는 것이 중요한 이유는 다시는 부인하지 못하도록 쐐기를 박기 때문이다. 그렇다고, 지역신문에 대문짝만하게 광고 낼 필요는 없다. 그저 믿을 만한 친구 한두 명이나 서포터그룹에게 비밀을 털어놓으면 된다. 일단 친한 친구들이 문제를 알았다면, 비밀은 드러난 것이 된다.

이렇게 공개적으로 시인하고 나면 여러 사람으로부터 감정적 지원을 받게 된다. 우리와 비슷한 문제로 힘들어하는 사람이 우리 주변에는 얼마나 많은지 모른다. 이 사실을 아는 것은 큰 힘이 된다. 어렵게 용기 내서 비밀을 털어놓았는데, 거절당할까 두려워하지 않아도 되기 때문이다. 올바른 친구라면, 분명 용납해 주고 사랑해 줄 것이다. 실질적인 도움도 주고 자기 행동에 책임질 수 있도록 도와줄 것이다.

한 여인이 잘못된 관계에 빠져 있었다. 그녀는 관계를 정리하고 싶은데 용기가 나지 않는다고 고백했다. 그러자 한 친구가 필요하다면 거처를 제공해 주겠다고 했다. 다른 친구는 그녀와 함께 있어 주겠다고 했다. 또 다른 친구는 대화 상대가 필요하면 언제든 달려가겠다고 했다. 그녀는 용기를 내 자신의 필요를 나누었고 거절당하지 않았다. 오히려 실질적인 도움을 받았다. 그러나 그녀는 도움을 받는 대신 친구들을 실망시켜서는 안 되었다. 친구들이 관계를 정리하라고 압력을 가하지는 않았지만, 그래도 도움을 청한 이상 자기 말에 책임은 져야 했다.

다시 한 번 말하지만, 치료의 첫 번째 단계는 자신이 중독적인 관계에 빠졌음을 인정하는 것이다. 스스로도 그 사실을 인정하고 친구들에게도 털어놓아야 한다. 상대방에게도 솔직하게 말해야 한다. 그리고 지금은 중독적인 관계에 빠져 있지 않아도, 그 쪽으로 기울어질 수 있는 성향이 있다면, 그것도 인정하고 고백해야 한다. 그러면 낭만적인 관계가 찾아왔을 때 조심할 수 있을 것이다.

2단계: 혼자 힘으로는 변화될 수 없음을 인정하라

일단 문제를 인정했다면, 다음에는 어떻게 해야 할까? 다시 온전해지고 관계를 회복하기 위해 뭐든 하겠다고 결의를 다지는 사람도 있을 것이다. 그러나 그게 가능했다면, 벌써 그렇게 했을 것이다.

중독자가 하는 첫 번째 거짓말은 "문제는 무슨 문제?"라는 태도이다. 두 번째 거짓말은 "이게 나쁜 습관인 건 사실이지만, 난 이 습관을 내가 원할 때 언제든 버릴 수 있어."이다. 이것이 자기부인의 두 번째 측면이다.

중독적인 로맨스에 빠져 있는 여성도 해가 떠 있을 동안은 "이건 건강하지 못해. 당장에 끝내 버려야 해."라고 말한다. 그러나 밤이 찾아오면 강박적인 충동이 되살아나 그 남자가 다시 보고 싶어진다. 그래서 전화하고 만나러 간다. 그리고 다음 날 아침, 햇살이 창가로 들어오면 이용당하고 학대당했다는 느낌 속에서 눈을 뜬다. 자신을 증오하기도 한다. 그러면서도 "이 관계가 건강하지 못한 건 사실이지만 내가 원할 때 언제든 정리할 수 있으니 크게 걱정하지 않아도 돼."라고 말한다.

그러나 우리에게는 그럴 힘이 없다. 대체 중독의 사이클을 얼마나 되풀이해야 이 사실을 깨달을 수 있을까? 중독은 생각보다 큰 힘으로 우리를 사로잡고 있다. 따라서 우리에게는 도움이 필요하다.

알코올 중독환자 갱생회에서는 열두 단계의 치료법을 제공하는데, 그 가운데 하나가 '보다 큰 힘'을 신뢰하는 것이다. 우리는 이 힘을 하나님이라고 부른다. 나는 하나님이 삶을 어떻게 변화시키는지 보아 왔다. 사람들이 하나님과의 관계 안에서 어떻게 힘을 발견하는지도 보아 왔다. 한번은 이혼의 고통에서 회복되기 위한 세미나를 인도한 적이 있었다. 그곳에 온 사람들 모두 깊은 관계적 필요와 영적 필요를 갖고 있었다. 그런데 놀랍게도, 두 부분 모두에서 치유가 일어났다. 그들은 하나님을 발견했고, 관계를 회복시켜 주는 거룩한 권능을 체험했다.

하나님을 믿고 의지한다고 해서 모든 문제가 해결되는 것은 아니다. 그러나 하나님은 우리를 새롭게 할 수 있다. 관계를 회복하고 자신을 회복하는 데 필요한 힘을 공급해 주실 수 있다. 회의론자들은 이것도 또 다른 형태의 중독이라고 주장한다. 종교 역시 관계중독의 한 형태라는 것이다. 그러나 종교는 중독이 아니다. 하나님과의 관계이다.

물론, 종교도 중독적이 될 수 있다. 그래서 자기 파괴적인 활동들에 빠질 수 있다. 그러나 하나님과의 진정한 관계에는 자기 파괴적인 요소가 없다. 그분은 우리를 회복시키셔서 온전하게 해주시며 우리를 세워 주신다.

1장에서도 말했지만, 중독은 우리를 구해 줄 수 없는 대상을 통해 궁극적인 성취감을 맛보려고 하는 것이기 때문에 우상이다. 우리는 어떤 약물이나 활동, 혹은 사람을 신격화한다. 그러나 그렇게 해서 만들어진 신은 거짓 신이다. 그것들은 우리를 충족시켜 줄 수 없다. 변함없이 우리를 구해 주시는 분은 하나님 한 분뿐이시다. 그분을 최우선순위에 놓으면, 다른 것은 자동적으로 제자리를 찾게 된다. 그러나 그분 대신 약물이나 활동 혹은 사람을 최우선순위에 두면, 온전함은 그만큼 멀어지게 된다.

여러분이 지금 중독적인 관계에서 빠져나오기 원한다면, 하나님을 의지하도록 하라. 도움은 자신이 아니라 하나님을 의지할 때 나온다. 더 이상 자신을 의지하지 말고 그분께 도움을 구하도록 하라.

3단계: '약물'을 의지하지 마라

마약중독자들과 알코올중독자들이 마약과 술을 끊으려면 그것의 복용을 일시에 중지해야 한다. 마찬가지로, 관계중독자도 거기에서 빠져나오려면 그 관계의 모든 것을 버려야 한다. 일부분은 구할 수 없을까 하는 희망을 품어서는 안 된다(그러나 중독적인 결혼에 빠져 있는 경우는 예외다. 여기에 대해서는 17장에서 이야기하겠다).

관계중독자가 빠질 수 있는 가장 큰 함정은 관계의 어느 부분은 지속시킬 수 있다고 믿는 것이다. 혹은 친구로 남을 수 있다고 믿는 것이다. 그러나 이것은 불행의 씨앗밖에 되지 않는다. 이것은 알코올중독자에게 평일에는 술 마실 수 없지만 주말에는 마셔도 되고, 크리스마스나 생일에는 코카인을 복용해도 좋다고 말해 주는 것과 같다. 결국 이것은 중독증상만 재발시킬 뿐이다.

관계중독은 재발이 잦다. 관계라는 것이 자연스럽게 생성되는데다 꼭 필요하기 때문이다. 그리고 관계를 맺는 것은 사회적으로도 용납된다. 오히려 아무 하고도 관계를 맺지 않고 혼자 있는 것이 용납되지 않는다.

우리는 흔히 실연당한 친구에게 "지금 네게 필요한 건 새로운 사랑이야."라고 조언해 주는데 이것은 잘못이다. 새로운 사랑은 지금 그 친구에게 가장 필요 없는 것이다. 그가 중독적인 관계에 빠져 있지 않았다 해도, 이별 후에는 혼자만의 시간을 갖는 것이 필요하다. 헤어진 지 얼마 되지도 않았는데 새로운 사랑을 추구하는 것은 바람직하지 않다. 더구나 이전의 관계가 중독적인 관계였다면, 곧바로 새로운 사랑에 빠지는 것은 더욱더 위험하다.

많은 사람들이 중독적인 관계를 천천히 정리하려고 한다. '될 수 있으면, 둘 다 고통 받지 않는 방법'을 찾으려는 것이다. 그러나 이것은 고통을 몇 주에서 몇 달, 심지어는 몇 년 더 연장시키는 것밖에 되지 않는다. 이 방법을 택한 사람들은 어정쩡하게 시간만 끌다가 결국은 상대방으로부터 이별 선언을 듣기 일쑤다. 그리고는 헤어나기 어려운 허탈감에 빠져 고통스러워한다.

스콧이 그랬다. 줄리와의 로맨스는 중독적이었다. 이것은 그도 알았다. 그들이 서로의 필요를 얼마간 충족시켜 주기는 했지만, 그들의 관계에는 건강하지 못한 점이 훨씬 더 많았다. 스콧은 거기서 나와야 한다고 느꼈다. 그러나 그러지 못했다. 몇 번 시도했지만 번번이 실패하고 말았다. 줄리가 전화해 "지금 당신이 필요해요."라고 하면 부리나케 달려가곤 했다.

그러다가 그녀가 더 이상은 그를 필요로 하지 않게 되었다. 그녀는 상처를 극복하고 성장했으며 날개를 펴고 날아가고 싶어했다. 그래서 이별을 선언했다. 이것은 스콧을 황폐화시켰다. 그는 감정적으로, 육체적으로 심한 고통을 겪었다.

그런데 그렇게 헤어지고 난 후에도, 그들은 '친구'라는 이름으로 여전히 붙어다녔다. 줄리는 스콧을 차 버린 게 미안해 그의 상처를 어루만져 주고 싶어했다. 그래서 낭만적인 관계를 계속 유지했다. 더 이상은 연인이 아니었음에도 불구하고, 그들은 여전히 서로에게 중독되어 있었다. 많은 사람들이 '헤어졌다고 다시 안 볼 필요 있나? 친구로 지내는 것도 괜찮지.'라고 생각한다. 어떤 관계는 그게 가능할 것이다. 혹은 헤어지고 나서 몇 년 후에는 가능할 것이다. 그러나 중독적인 관계에 빠져 있던 사람들에게는 그보다 더 위험한 것이 없다. 이 기간 동안 스콧은 많이 아파했고 혼란스러워했다. 줄리도 본의 아니게 그에게 많은 상처를 주었다.

나는 그들에게 일체 보지 말라고 조언했다. 같은 교회에 다니고 있어 그렇게 하기가 어렵다면, 교회에 가도 같은 자리에 앉지 말라고 했다. 치유가 시작되려면, 두 사람 모두 관계를 정리해야 했다.

다른 중독도 그렇지만 관계중독도 중독의 원인을 당장에, 완전히, 영원히 제거해 버려야 한다. 유부남이나 유부녀와 금지된 사랑에 빠졌을 때는 더욱더 그래야 한다. 관계가 자신이나 아이에게 파괴적인 영향력을 행사할 때도 그래야 한다. 지금 당장 관계를 끝내야 한다.

4단계: 지원그룹을 찾고 자신의 행동에 책임을 지라

힘들었지만, 당신은 관계를 끝낼 힘을 간신히 끌어 모았다. 그것은 당신의 모든 걸 요구했다. 그러나 당신은 해냈고 그래서 자유로워졌다. 그런데 아드레날린 분비가 가라앉고 몇 시간이 지나니까 외로워졌다. 혼자 밥 먹고, 혼자 영화 보고, 혼자 잠자리에 드는 게 서글퍼졌다. 그 사람이 보고 싶었다. 그러나 그는 옆에 없다. 공허함이 밀려온다.

그때 전화기가 눈에 들어왔다. 전화할까? 아니, 그러면 안 된다. 당신은 모든 힘을 다해 전화하고픈 유혹에 저항한다.

며칠이 지났다. 사람들이 자꾸만 당신의 '반쪽'은 잘 있냐고 물어본다. 반쪽, 그게 바로 당신이 그 사람에 대해 느끼는 바다. 당신은 친구들에게 그 사람과 헤어졌으니 더 이상은 그 사람에 대해 묻지 말아달라고 한다. 주말에는 아무도 만나지 않고 TV만 본다. 주말만 되면, 그 사람과 즐겁게 보내던 기억이 떠올라 더 슬프다. 이제 나쁜 기억은 많이 잊혀졌다. '혹시 그이가(그녀가) 나를 다시 받아 주지 않을까?' 하는 생각도 든다.

오늘은 당신 생일이다. 혹은 그 사람 생일이다. 또는 크리스마스다. 아무튼 특별한 날이다. 그런데 혼자 있다. 이 시간을 어떻게 보내야 할까? 안 그래도, 돌아가고픈 충동 때문에 하루하루가 고통의 연속인데 오늘은 더 심하다. 시간을 돌릴 수만 있다면, 예전으로 돌아가고 싶다. 공허함이 밀려온다.

그런데 그 사람에게서 전화가 왔다. "잠깐 만나서 얘기 좀 했으면 하는

데…. 그냥 친구로 말이야." 당신은 정말 잘 속는다. 함정의 문이 열리기 무섭게 그 속으로 떨어져 버린다.

이별하고 나면 으레, 예전으로 돌아가고픈 충동이 느껴진다. 이 충동은 생각보다 크다. 그것은 헤어지고 나서 몇 시간 안에 생겨서는 다음 몇 달 동안 감정적 절망의 강도를 더해 간다. 이 고독의 시간을 혼자 힘으로 이기는 건 무리다.

그래서 지원그룹이 필요하다. 아니면, 당신이 내린 결정에 책임과 해명을 요구할 친구들이 필요하다. '후원자'가 필요한 것이다. 단, 당신을 규칙적으로 만나 주고 당신이 보이는 반응 이면에 숨겨진 것을 기꺼이 탐색하려고 하는 사람이어야 한다.

올바른 친구들이라면 당신이 느끼는 공허감을 어느 정도는 채워 줄 것이다. 토요일 저녁마다 함께 팝콘 먹으며 텔레비전을 봐 주기도 할 것이고, 감정변화를 체크해 주기도 할 것이다. 당신이 예전 관계로 돌아가려 하면, 경고도 해 줄 것이다. 모든 결정을 당신 대신 내려 줄 수는 없어도, 상황을 객관적으로 보도록 도와줄 수는 있을 것이다.

그러나 친구들이 줄 수 있는 가장 유익한 도움은 나빴던 기억을 떠올려 주는 것이다. 예전의 관계를 돌아보면, 좋았던 일만 생각나고 나빴던 일은 기억 나지 않는다. 이럴 때 친구들은 그 사람이 얼마나 쓰레기 같았고, 그 사람 때문에 당신이 얼마나 힘들어했는지 기억하게 해줄 수 있다. 그 사람에게서 놓여난 게 얼마나 다행인지 일깨워 줄 수 있는 것이다.

그런데 중독적인 관계에 빠지면 친구들을 멀리하게 된다. 애인이 질투심이 많아 친구들을 만나지 못하게 할 수도 있고, 본인 스스로가 상대방에게 푹 빠져 친구들을 멀리할 수도 있다. 그러나 그럴수록 친구들과의 관계를 더욱더 공고히 해야 한다. 그들은 당신이 균형을 잃지 않도록 도와줄 수 있다. 애인이 경계선을 무시하고 넘어왔는데 당신이 눈치 채지 못하면, 가르쳐 줄 수도 있다. 당신이 자의식을 잃지 않도록 도와줄 수도 있다. 그러면 상대방에게 완전히 빠져 자기를 잃어버리는 일을 피할 수 있다. 균형을 잡을 수 있는 것이다.

이런 친구들이 있다면 더할 수 없이 좋을 것이다. 그러나 예전 친구들과 연락이 끊어져 이런 친구를 찾을 수 없다면, 하루 빨리 새 친구를 사귀어야 한다. 친척 중에서도 좋고, 가볍게 인사만 나누는 사람 중에서도 좋다. 예전 친구들과의 관계를 회복할 수 있다면, 더 좋다. 그러나 이도 저도 안 된다면, 지역사회 모임이나 교회 모임에 나가라. 아니면, 상담가를 찾아가 가까운 지역 사람들로 구성된 지원그룹에 연결시켜 달라고 하라. 알코올중독자 갱생회와 마찬가지로 성중독자와 사랑중독자들을 위한 모임도 전국 곳곳에 다 있다. 물론, 이런 모임은 인위적인 지원그룹밖에 안 되겠지만, 그래도 없는 것보다는 낫다. 시간이 지나면, 그 속에서도 진정한 우정이 싹틀 수 있기 때문이다.

그리고 친구를 사귀면, 그들이 당신을 도울 수 있게 해야 한다. 그들에게 당신을 자주 점검해 달라고 하라. 우리 사회에는 "나는 내 식대로 살테니까 당신은 당신 식대로 살라"(Live and let live)는 불문율이 있다. 부탁받지도 않았는데 다른 사람 일에 관심 갖는 것은 무례라고 생각한다. 그래서 도움이 필요하면 도와달라고 말해야 한다. 조언이 필요하면 조언을 구하고, 경고와 도전과 경책이 필요하면 그렇다고 말하라. 어쩌면 당신에게는 이 모든 것이 필요할지도 모르겠다.

5단계: 자신의 감정과 진보를 날마다 기록하기

'나빴던 때'에 대한 기억을 떠올려 주는 친구가 없다면, 스스로도 그렇게 할 수 있다. 일기를 쓰면 된다. 당장 오늘부터 좋았던 일과 나빴던 일, 그날 그날의 느낌을 모두 기록하라. 단, 반드시 자신에게 정직해야 한다.

그리고는 힘들 때마다 꺼내 읽으라. 그러면 당신의 관계가 어떠하며 지나온 시간이 어떠했는지 알 수 있을 것이다.

일이 년 전에 겪었던 갈등을 지금도 겪고 있고, 지금도 그때와 똑같은 약속을 자신과 하고 있다면(그가 석 달 안에 바뀌지 않으면, 관계를 그만둘 것이다! 같은), 당신은 그 관계 속에 갇혀 있는 것이다.

지금 관계가 건강하지 않음에도 불구하고 계속해서 빠져 들어가고 있지는 않은가? 상대방에게 더 집착하지는 않았는가? 그를 과거보다 더 많이 의존하게 되지는 않았는가? 지금 관계는 지난 몇 년 동안 얼마나 건강하지 못했는가? 예전의 일기를 읽어보니 어떤 느낌이 드는가? 일기장에 그려진 당신 모습이 괜찮아 보이는가? 아니면, 온통 잘못된 우선순위와 왜곡된 논리 그리고 박약한 의지뿐이어서 속상한가?

관계중독자들은 상대방을 이상화하려 한다. 장밋빛 안경을 벗으려고 하지 않는다. 그래서 나는 그들에게 일기장을 크게 소리 내 읽게 한다. 일기장에는 고통스러웠던 시간이 고스란히 담겨 있다. 숱한 불면의 밤과 버려지고 학대당한 시간들도 있다. 그래서 몇 페이지만 읽어도, 지금 관계가 얼마나 파괴적인지 알게 된다.

나쁜 관계에 빠져 있다면, 꼭 일기를 쓰기 바란다. 그것은 관계에서 빠져나오는 데 필요한 탄약을 저장하는 것이다. 그 탄약은 상대방을 공격하기 위한 것이 아니라, 관계에서 빠져나오기로 결심했을 때 당신을 지원 사격하기 위한 것이다. 이미 관계에서 빠져나왔다면, 예전 일기나 친구들에게 보낸 편지 등을 읽어 보라. 그러면서 그 관계가 어떠했는지 되새기라.

6단계: 중독적인 사이클을 이해하고 통제하는 법 배우기

사람은 누구나 한 번 건너면 돌아가기 어려운 지점이 있다. 이성을 상실하고 감정밖에 남지 않는 때가 있다. 관계중독자가 이 지점에 달하면 아주 위험해진다. 그것은 가파른 언덕 꼭대기에서 롤러스케이트를 타는 것과 같다. 안쪽에서 롤러스케이트를 탈 때는 움직임을 어느 정도 통제할 수 있지만, 가장자리 쪽으로 나오면 삽시간에 균형을 잃고 떨어지게 된다.

당신이 건강하지 못한 관계에 매력을 느끼는 관계중독자라면, 한 번 건너면 돌아오기 어려운 지점이 어딘지 알아둘 필요가 있다. 그래서 아직 안전한 쪽에 있을 때 좋은 습관을 확립하고 현명한 결정을 내려야 한다. 언덕 아래로 굴러 떨어질 때까지 손 놓고 있어서는 안 된다.

알코올중독자는 절대로 술집에 가면 안 된다. 술만 안 마시면 되지, 술집에 가는 것까지 삼갈 필요가 뭐 있을까 할 수도 있겠지만, 그게 그렇지 않다. 그에게는 유혹을 이길 힘이 없다. 그래서 무조건 피해야 한다. 마약

중독자도 예전에 같이 마약하던 친구들과는 일체 연락을 끊어야 한다. 그들 때문에 다시 비탈길 아래로 굴러 떨어질 수도 있기 때문이다.

관계중독자 역시 자기를 역기능적인 관계 속으로 끌어들이는 요인이 뭔지 알고 있어야 한다. 거기에는 대개 다음과 같은 것들이 있다.

- 휴일이나 생일, 혹은 특별한 기념일 날 데이트할 때
- 새로운 사람을 만나 사랑에 빠질 때
- 누군가 나를 정말 필요로 한다는 걸 느낄 때.
- 직장이나 가정에서 과소평가당한다고 느낄 때.
- 아주 큰 손실이나 위기를 경험할 때
- 특별히 고독하고 기분이 가라앉을 때.

이런 상황이 생기면 위험한 상황으로 인식하고 감정에 적색 경보를 켜야 한다. 성급한 헌신은 금물이다. 느긋하게 시간을 가지며 모든 것을 면밀히 따져 보아야 한다. 공기 맑은 데로 가 지난 시간을 돌아보는 것도 좋다.

돌아올 수 없는 다리를 건너는 지점을 알아내는 것 못지 않게 중요한 게 또 한 가지 있다. 안전한 피난처를 발견하는 것이다. 그래서 중독적인 관계에 빠져 있을수록 친구들과 더 자주 어울려야 한다. 언제든 달려와 줄 수 있는 친구도 한두 명은 두어야 한다. 아무 생각 않고 몰두할 수 있는 활동도 찾아보아야 한다. 위기를 지나는 동안에는 자신과 대화를 나눌 수도 있어야 한다. 사태가 많이 심각하다면, 목사님이나 상담가에게 도움을 청해야 한다.

7단계: 자신의 가치와 정체성 점검

당신은 어디에서 충족감을 발견하는가? 언제 가장 당신답다고 느끼는가? 그리고 언제 자신이 중요하다고 느끼는가? 당신은 누구인가?

이런 질문들은 자의식의 뿌리를 건드리는 질문이다. 사람들이 중독적인 관계에 빠지는 것은 자의식의 뿌리에 문제가 있기 때문이다. 그들은 충족감을 느끼기 위해 다른 사람을 붙든다. 그가 어떤 사람인가는 중요치 않다. 사랑할 수만 있으면 된다. 섹스중독자도 상대방이 어떤 사람인지는 신경 쓰지 않는다. 잠자리만 함께할 수 있으면 그만이기 때문이다. 관계중독자들은 관계 속에 있지 않으면, 이미 자신이 아니다. 그래서 낭만적으로든, 성적으로든 관계를 맺어야 한다.

한 여자가 자기가 남자친구에게 너무 매달리는 것 같아 괴롭다며 나를 찾아왔다. 그녀는 그가 떠나 버릴까봐 두렵다고 했다. 그녀는 배우 지망생이었는데, 일자리를 구하지 못해 곤란을 겪고 있었다. 그런데 그 남자를 만나고는 이제까지 살아온 중에 제일 행복하다고 했다. 그래서 그 사람을 놓치고 싶지 않다고 했다. 나는 그 관계와 그녀의 삶에 대해 여러 가지 질문을 했다. 그랬더니 남자친구에 대해서는 칭찬만 늘어놓고 다른 친구나 가족, 자신의 상황에 대해서는 불평만 늘어놓았다.

"그 남자 하고 있으면, 대단한 사람이 된 듯하죠? 그가 없으면 비참하구요."

"정확히 그래요. 근데 어떻게 아셨죠?" 그녀가 놀랍다는 듯 물었다.

관계중독자들과 이야기하다 보면, 그들의 사고방식이 보통 사람들과 다르다는 걸 느낄 수 있다.

"그 여자 없인 못 살아요."

"그이랑 있으면, 제가 특별한 사람이 된 듯해요."

"그녀와 함께 있으면 다른 사람들이 뭐라고 하든 관심없어요."

"그 사람과 함께 있으면, 아무것도 걱정 안 돼요."

"그녀를 만나기 전에는 엉망진창이었는데 지금은 그렇지 않아요."

"전 존의 아내에요."

이런 말들이 그 자체로는 잘못된 게 없지만, 자세히 들여다 보면 몇 가지 문제가 있음을 알 수 있다. 여자친구 없이 '못 산다'는 말은 자기 삶은 없다는 소리다. 상대방이 내게 '특별한' 느낌을 주는 것은 좋다. 그러나 그 사람 없이도 대단한 사람이 될 수 있다면 더 좋지 않을까? 그 사람과 함께 있으면 세상 모든 일이 잊혀지는 것, 낭만적이고 좋다. 그러나 우리는 인류의 구성원으로서, 그에 상응하는 책임을 지고 있다. 그리고 그 사람을 만나고 나서 엉망진창인 상황이 정리되었을 수도 있겠지만, 그 사람이 없다고 당신 삶이 언제까지나 뒤죽박죽인 것은 아니다. 당신은 존의 아내다. 그러나 그 이상이다.

일반적으로 관계중독자들은 자기를 좋아하지 않는다. 그래서 자신에게서 벗어나게 해줄 사람을 찾는다. 누군가 자기를 충족시켜 주고 구해주기 바란다. 자기를 가치 있는 사람으로 만들어 주기 바란다. 그들은 자신을 입증하고 싶어한다. 혹은 반대로 자기를 잃어버리고 싶어한다. 그러나 둘 다 건강하지 못하다.

중독적인 관계에서 회복되려면, 자신의 자아상이 어떠한지 검토해 보아야 한다. 관계중독자들은 대부분 자아상이 낮다. 그런데 이 사실을 모르고 있다가 나중에 충격받는 사람도 있다. 데이비드는 대단한 자아상을 소유하고 있는 것처럼 보였다. 그러나 실은 자기는 여자에게 안 어울린다는 느낌에 시달리고 있었다. 여자를 정복하고자 하는 갈망도 자기는 여자에게 안 어울린다는 이 느낌에서 나왔다. 그는 자기가 괜찮은 남자라는 것을 입증하고 싶어했다.

직장에서 강하고 자신감 있는 모습을 보이며 탁월한 업적을 성취하는 여성 가운데는 알코올중독자에다 냉담하기 그지없는 아빠에게 자신을 입증하기 위해 끊임없이 로맨스에 빠지는 여성도 많다.

당신은 자신을 어떻게 생각하는가?

자기가 어떤 자아상을 소유하고 있는지 알아냈다면, 그 다음에는 현실적이 되어야 한다. 지금 맺고 있는 관계와 상관없이 자신을 현실적으로 봐야 하는 것이다. 당신은 어떤 사람인가? 당신은 정말 아무에게도 안 어울리는가? 당신의 장점은 무엇인가? 사람들은 당신이 어떤 면에서 가치 있다고 평가하는가? 답을 잘 모르겠으면, 친구들이나 상담가에게 물어 객관적인 의견을 수렴하도록 하라.

이제는 자신과 대화 나눌 차례다. 스스로에게 자신은 중요한 사람이라고 이야기하라. 아주 가치 있으며, 함께 있으면 즐거운 사람이라고도 이야기하라. 자신을 좋아하는 법을 배우라. 훌륭한 일을 했으면 자화자찬도 하라. 그리고 할 수 있다면 비난하는 사람보다는 칭찬하는 사람들과 어울리라. 자신이 대단한 사람임을 상기시켜 주는 문구를 만들어, 자기가치가 의심될 때마다 외우라. 이를테면, "나는 하나님께서 만드셨다. 그리고 하나님과 사람에게 사랑받고 있다. 나는 소중한 사람이다." 등.

자신이 마음에 들면, 다른 사람에게서 정체성을 찾으려고 할 필요가 없어진다.

8단계: 상담가 찾아가기

중독적인 사이클을 깨뜨릴 수 없으면, 전문치료사에게 상담받는 게 좋다. 그들이라면, 당신이 중독적인 패턴을 극복하도록 도와줄 것이다. 상담이 꼭 정신이상자나 정신병 환자만 받아야 하는 것은 아니다. 어떤 면에서는, 우리 모두 상담을 통해 많은 유익을 얻을 수 있다. 건강한 관계 맺는 것이 잘 안 될 때는 더욱더 그렇다. 물론, 상담받는다고 해서 모든 문제가 해결되는 것은 아니다. 그러나 자신의 행동에 대한 원인은 밝혀낼 수 있다. 사람은 누구나 자기 행동과 태도 가운데서 보지 못하는 점이 있다. 그런데 상담은 그것을 보게 해준다. 그리고 건강하지 못한 패턴도 어느 정도는 극복하게 해준다.

상담은 우리 삶에 견고한 바탕을 제공해 주며, 자기 행동에 책임을 다할 수 있도록 도와준다. 상담가라는 전문적 권위를 가진 사람에게 자기 행동을 해명해야 하기 때문이다. 그리고 상담은 유료이므로, 자기가 지불한 돈이 그만한 가치가 있다는 것을 확인하고 싶게 만든다. 따라서 하루빨리 건강을 회복하는 게 본전 생각도 안 나고 좋을 것이다!

이 여덟 단계에서 제공된 지침들은 중독적인 관계에서 벗어나는 데 많은 도움이 될 것이다. 그리고 다시는 그런 관계에 빠지지 않도록 도와줄 것이다. 다음 장에서는 중독적인 사이클의 다양한 지점에 대해 살펴보도록 하겠다.

10

비탈길

한 무리의 아이들이 국립공원으로 견학을 갔다. 선생님은 미아 발생을 방지하기 위해 두 명씩 짝을 지었다. 그리고 팔 하나가 들어갈 정도의 공간을 두고, 둘씩 밧줄로 허리를 묶었다.

아이들은 공원을 돌다가 경치가 화려한 협곡에 이르렀다. 모두 아래에서 흐르는 계곡물을 보기 위해 가장자리로 달려갔다. 선생님이 "얘들아, 조심해. 너무 바싹 다가가면 위험하니까 좀 떨어져." 하고 소리쳤다. 그래도 몇 명은 그대로 가장자리에 붙어 있었다. 구경을 다한 아이들은 빙글빙글 돌며 밧줄 가지고 장난치기 시작했다. 허리에 묶은 밧줄이 순식간에 그들을 칭칭 감았다.

그런데 애니와 배리가 발을 헛디디는 바람에 협곡 아래로 미끄러졌다. 다행히, 중간에 바위를 붙잡아 물에 빠지지는 않았다.

선생님이 급히 달려와 올라오는 법을 가르쳐 주었다. "흥분하지 말고 내가 시키는 대로 해. 우선 허리에 묶은 줄을 풀어. 잘했어. 배리야, 이젠 애니가 네 오른쪽에 있는 바위로 올라서게 도와줘. 옳지, 잘했어. 애니야, 이젠 네가 배리를 바위 위로 끌어당겨 줘."

다행히 아이들은 15분 만에 구조되었다. 그런데 아이들은 그런 끔찍한 사고가 있었다는 걸 이내 잊어버리고 또 같은 놀이를 하기 시작했다. 신디와 댄이 제일 신나게 놀았다. 어찌나 뺑뺑 돌았는지, 줄이 너무 세게 묶여 꼼짝도 할 수 없었다.

"얘들아, 난 엄마다!" 깡마른 팔을 옆구리에 바싹 붙이고 신디가 소리쳤다.

"그럼, 난 아빠다!" 댄도 소리쳤다.

그 모습이 재미있어 보였는지, 사라가 프랭크에게 "우리도 저 놀이 하자."고 했다.

프랭크는 내키지 않았다. "저러다 물에 빠지면 어쩔려구?"

그러나 사라는 금발 곱슬머리를 휘날리며 프랭크 주위를 돌기 시작했다. 한참 돌고 있는데 발 밑에 있는 바위가 금이 가더니 조금씩 떨어져 나가기 시작했다. 그래도 넷은 노는 데 정신 팔려 그것을 보지 못했다. 드디어 바위가 와르르 하고 무너지며 넷을 비탈길 아래로 내팽개쳤다. 네 아이는 개울바닥에 부딪혀 큰 상처를 입었다. 그러나 죽지는 않았다. 그들은 살려달라고 소리쳤다. 자기들이 어떻게 될지 몰라 두려웠다.

"움직일 수가 없어." 댄이 말했다.

"왜? 몸이 마비되기라도 했니?" 신디가 공포에 질린 소리로 물었다.

"아니, 밧줄 때문인 것 같애."

"잘하면 이걸 풀 수 있지 않을까?"

"쉽지 않을 것 같애." 댄이 대답했다.

사라와 프랭크 역시 밧줄 때문에 꼼짝할 수 없었다.

"사라, 밧줄부터 풀자. 좀 있으면 어두워질거야. 누가 그러는데 이 근처에는 곰이 나온대."

"넌 네가 들은 말은 뭐든 다 믿니?" 사라가 놀렸다.

"네가 하는 말 빼고는 다 믿어." 프랭크가 맞받아쳤다.

"오, 그래?"

"사라, 이게 다 너 때문이야." 프랭크가 쏘아붙였다. 그는 밧줄을 끌어당기며 "여기서 나가려면 이걸 풀어야 돼. 좀 도와줘."라고 말했다.

"밧줄을 묶은 채로 나갈 수는 없을까? 너, 내가 곰한테 잡아먹히든 말든 신경 안 쓰고, 너만 도망치려고 그러지?"

"아냐, 밧줄을 푸는 게 너한테도 좋을 거야."

그때 선생님이 확성기를 들고 나타났다. 선생님은 "얘들아, 점점 어두워지고 있으니까 우리가 너희들을 도울 수 있도록 협조해 줘야 돼. 우선, 밧줄을 풀어. 그런 다음 곧바로 계곡 반대쪽으로 가. 거기는 여기만큼 가파르지도 않고 안내 표지판도 있으니까 올라오기가 한결 쉬울 거야. 공원지기 아저씨들한테 연락해 뒀으니까, 그쪽으로 가면 아저씨들을 만날 수 있을 거야. 그러니 당황하지 말고 밧줄부터 풀어. 그리고 그쪽으로 가! 알았지?" 하고 말씀하셨다.

"무서워요, 선생님!" 댄이 말했다.

"저두요." 신디도 말했다.

"신디, 도저히 밧줄을 못 풀겠어. 아무래도 둘이 같이 언덕으로 가야 할 것 같아."

"하지만 선생님께서는 반대쪽으로 가라고 하셨잖아."

"그래도 언덕쪽이 훨씬 가까운 걸. 잘하면, 기어 올라갈 수 있을 거야."

"그래. 한 번 해 보자."

둘은 죽을 힘을 다해 앞으로 나갔다. 그러나 몇 발짝 못 가 멈추고 말았다. 너무 힘이 들었다. 온몸이 상처투성이라 쓰리고 아팠다.

"못할 것 같애." 댄이 훌쩍거렸다. "이러다 악어한테 잡아먹히면 어쩌지?"

"악어라구?" 신디가 외쳤다.

한편, 프랭크는 밧줄을 풀려고 필사적으로 노력하고 있었다. 그러나 사라가 풀지 못하게 방해했다.

"나 혼자 남겨 두지마!" 사라가 흐느껴 울었다.

"그래. 너 혼자 남겨 두지 않을게! 하지만 이렇게 묶여 가지고는 한 발짝도 움직일 수 없어. 빨리 밧줄을 풀어야 돼."

"아냐! 너 혼자 달아나려는 거 다 알아! 내가 곰한테 잡아먹히도록 내버려 둘 거면서…."

"같이 나갈 테니까 걱정 마."

선생님께서는 협곡 위에서 몇 분에 한 번씩 지시사항을 말씀하셨다. "강 건너편에 있는 커다란 소나무 보이지? 그리로 가. 거기는 물도 얕고 길도 나 있다는구나. 얘들아, 어서 서둘러. 점점 어두워진다!"

댄과 신디는 힘들게 앞으로 나아갔다. 그러나 얼마 못 가 서고, 얼마 못 가 서고를 반복했다. 그래도 밧줄은 풀지 않았다.

반면, 프랭크는 밧줄을 거의 다 풀었다. 그런데 사라가 끝까지 밧줄을 풀지 않겠다고 고집 부렸다.

"팔 좀 움질일래? 이 바보야, 그래야 밧줄을 벗겨 줄 거 아냐!"

"나 보고 바보라 하지마."

"바보라는 소리 듣기 싫으면, 어리석게 좀 굴지마. 그럼 바보라고 하지 않을게."

"난 어리석게 굴고 있지 않아. 네가 날 두고 혼자 도망갈까봐 무서운 것뿐이야."

"혼자 도망가지 않는다니깐. 너의 밧줄 풀어 주고 있는 거 안 보여? 이래도 내가 혼자 도망갈 것 같애?"

"넌 단지 친절하게 보이려고 할 뿐이야. 밧줄을 다 풀어 주고 나면, 혼자 도망갈 게 뻔해."

"그럼, 네가 날 따라오면 되잖아."

"난 너만큼 빠르지 않아."

"천천히 달릴게."

"안 그럴 거면서…. 난 남자애들이 천천히 달리는 거 한 번도 못 봤어."

"그래. 하지만, 이번에는 천천히 달릴게. 약속해."

"못 믿어."

"제발, 그 머저리 같은 팔 좀 움직여 볼래?"

"내 팔은 머저리가 아냐!"

프랭크는 밧줄 풀던 손길을 멈추고 사라를 노려 보았다.

"지금 팔을 움직이지 않으면 밧줄 때문에 팔이 잘릴지도 몰라."

사라는 마지못해 팔을 움직였다. 프랭크는 사라 팔에서 밧줄을 풀었다. 그런데 이번에는 발이 문제였다.

"발 좀 들어봐, 사라."

"너 나 싫어하지?"

"아니, 좋아해. 그러니 발 좀 들어봐."

"내가 마시였으면 좋겠다고 생각하지?"

"그래, 마시라면 벌써 발 들었겠다."

"그럴 줄 알았어. 그러니까 넌 내가 곰한테 잡아먹히도록 내버려 둘 게 분명해."

프랭크는 밧줄 풀던 손을 멈추고 손등으로 이마의 땀을 훔쳤다. "솔직히 말하면 사라, 곰도 너 같은 애는 좋아하지 않을 것 같애."

"거 봐. 나 싫어하는 거 맞잖아. 넌 분명 혼자 도망갈거야." 프랭크는 밧줄을 사라에게 넘기며 "내가 풀어 주려고 했는데 도저히 안 되겠어. 조금만 더 풀면 되니까 네가 해봐. 난 선생님이 가라고 하신 곳으로 가서 도움을 청할게. 내가 먼저 나가서 아저씨들한테 네가 있는 곳을 가르쳐 주는 게 낫겠어."라고 말했다.

"거 봐. 내 말 맞잖아."

프랭크는 사라를 뒤로 하고 강물을 가로질러 소나무쪽으로 갔다. 등 뒤에서는 "곰들아, 나 여기 있어! 와서 잡아먹어."라는 사라의 구슬픈 소리가 들려왔다.

반대편 강 기슭으로 나가는 것도 쉽지는 않았다. 프랭크는 개울을 건너는 동안 몇 번이나 미끄러져 온몸이 물에 젖었다. 그러나 결국은 나무에

다다랐고 길 안내 표지판을 보았다. 꼭대기로 올라가면서도 숨이 차 몇 번이나 멈춰 서야 했다. 올라가는 내내, 사라의 울부짖는 소리가 마음을 아프게 했다. 그는 돌아갈까도 생각해 보았다. 꼭대기에 도착해 공원지기 아저씨들에게 사라가 있는 곳을 가르쳐 줘도, 해지기 전에 사라를 구할 수 있을 것 같지 않았다. 게다가 정말 곰이 있다면….

한번은 언덕을 잠깐 내려가기도 했다. 그러나 사라와의 말다툼이 생각나 곧 멈추었다. 사라에게 돌아가도 그녀가 계속 고집 부리면 자기도 위험에 처해질 것 같았다. 그래서 다시 꼭대기를 향해 올라갔다.

이 이야기가 어떻게 끝날지는 여러분의 상상에 맡기겠다. 프랭크는 밧줄을 풀고 안전하게 구출됐다. 다른 아이들은 곰이나 악어한테 잡아먹혔을까?

우리는 중독을 중독자의 삶에 비극적인 결과를 초래하며 계속 되풀이되는 하나의 사이클로 이야기했다. 관계중독은 가파른 비탈길 같다. 꼭대기에서는 그런대로 서 있을 수 있지만, 가장자리로 나오면 중심을 잃고 흔들린다. 그러다 아차 하는 순간에 바닥으로 추락해 버린다. 다행히, 프랭크처럼 반대쪽으로 나오는 사람도 있다.

이 이미지를 떠올리면, 회복을 이해하기가 한결 쉬울 것이다. 관계가 비탈길의 어느 지점에 있느냐에 따라 해결책은 달라진다. 초기 단계에서는 그래도 쉽게 도망칠 수 있다. 잘만 하면 꼭대기 위로 올라갈 수도 있다. 앞의 이야기에서 애니와 배리는 그리 많이 떨어지지 않았기 때문에, 꼭대기 위로 올라갈 수 있었다.

그러나 일단 개울물에 빠지고 나면 반대쪽으로 올라오는 수밖에 없다. 신디와 댄은 떨어졌던 쪽으로 올라오려 했지만 잘 되지 않았다. 협곡 아래로 완전히 떨어졌으면, 관계를 버리고 자기 힘으로 치유책을 찾아야 한다. 프랭크가 사라와 같이 나오려고 했다면, 밤새 언쟁을 벌이느라 프랭크조차 구조되지 못했을 것이다. 오히려 그가 밧줄을 푼 것이 둘 다 구출될 수 있는 가능성을 더 크게 했다.

중독적인 관계에서 회복돼 온전해지기란 결코 쉽지 않다. 중독이라는 협곡에서 빠져나오려면, 험하고도 지루한 길을 지나야 한다. 그러나 한 단계 한 단계 차근히 밟으면, 성공할 수 있다. 단, 절대 뒤돌아 보아서는 안 된다.

관계중독자에게 가장 어려운 것은 관계를 끊는 것이다. 관계중독자들은 '우리 관계를 좀 덜 중독적으로 만들 수는 없을까? 둘이 함께하면서도 좀더 많은 자유를 누릴 수는 없을까?'를 고민한다. 그러나 그런 방법은 없다. 중독의 정도가 심하다면 더욱더 그렇다. 한 번 아래로 떨어지면 그 비탈길을 다시 올라갈 수는 없다.

그러나 예외적인 상황은 있다. 바로 결혼이다. 나는 결혼한 사람들에게는 '관계를 차 버리고' 자기 갈 길로 가라고 조언하지 않는다. 오히려, 힘들더라도 결혼 안에 머물며 관계의 건강을 회복하라고 조언한다(이에 대해서는 16장에서 좀더 상세히 다루겠다).

앞에서도 말했지만, 비탈길의 어느 지점에 있느냐에 따라 해결책이 달라진다. 그렇다면, 각각의 지점에서는 어떤 행동요령이 필요할까? 이에 대해서는 지난 장에서 소개한 일반적인 단계들을 구체적인 상황에 적용하는 식으로 설명해 보겠다.

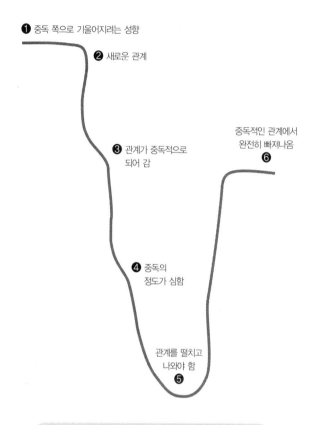

도표 1. 중독의 협곡에 있는 각각의 다른 지점들

1. 아직 관계는 맺고 있지 않지만, 중독적인 관계 쪽으로 기울어지는 성향
   이 있다면,

   자아상을 확립하라. 어떤 사람은 관계 속에 있지 않으면, 허구한 날 허전
   하다고 불만을 토로한다. 그러나 그 시간을 자신을 알아가는 시간으로 활
   용하면 좋을 것이다. 주변 사람들과 함께 있는 것을 즐기는 법을 배우고,

주말에 할 일이 없으면 단체 활동을 하라. 그래도 시간이 남으면 따뜻한 물에 목욕한 뒤 독서를 하라.

그리고 자기가 잘하는 일을 하라. 혹은 배우면 잘할 수 있을 것 같은 일을 찾아내 그 일을 배우라. 아무 하고도 관계 맺지 않고 혼자 있을 때야말로 자신이 어떤 사람인지 알 수 있는 좋은 기회다. 또한 자신의 고유한 가치를 되새길 수 있는 좋은 기회다.

자신이 '만약에'로 시작하는 가정들은 주로 어떤 것들이 있는지 점검하라.

'내가 만약 조금이라도 가치 있다면, 벌써 누군가가 데이트 신청했을 거야.'

'토요일 저녁인데 또 혼자군. 날 사랑해 주는 사람은 정말 없는 걸까?'

'난 줄 게 많은데 아무도 달라고 하지 않아. 만약 달라는 사람이 없으면, 내가 가진 건 전부 쓰레기가 되어 버릴 거야!'

'쟤는 애인 하고 헤어진 지 얼마 되지도 않았는데 또 남자 친구가 생겼어. 참 운도 좋아!'

'저 여자 예쁘지? 만약 저 여자가 내 애인이라면, 진짜 살맛 날 것 같아!'

'친구로 지내는 것도 좋지만 그가 내게 정말 관심 있다면, 데이트 신청을 해 올 거야.'

'만약'으로 시작하는 이런 가정들은 모두 잘못된 것이다. 그러나 낭만적인 관계를 동경하는 사람은 이런 생각을 자주 한다. 우리 사회는 데이트와 결혼, 섹스에 엄청난 중요성을 부여한다. 미디어는 물론이거니와, 일상적인 대화들도 이런 생각을 부추긴다. 그래서 '누군가와 함께 있는'

사람은 행복하지만, 그렇지 않은 사람은 불행하다고 생각하게 한다.

당신은 주로 어떤 가정들을 하는가? 다른 사람과 함께 있는 게 얼마나 가치 있는지, 혹은 혼자 있는 게 얼마나 비극적인지에 대해 말할 때는 먼저 그것에 대해 깊이 생각해 본 다음, 그렇게 하도록 하라. 잘못된 가정은 잘못된 결정으로 이끈다.

자신과 다른 사람들을 온전한 사람으로 보라. 관계중독은 종종 공허감에서 생겨난다. 그래서 '저 사람과 함께 있으면, 온전해질 수 있을 것 같다.'고 생각한다. 그러나 이것은 말도 안 된다. 그런데도 우리 사회에는 이런 사고방식이 만연해 있다. 이런 말이 자신과 상대방 모두를 비하하는 것인 줄도 모르고.

이런 말은 자기 혼자서도 가치 있으며 온전해질 수 있다는 것을 무시하는 말이다. 온전해지려면 상대방에게 기대야 한다고 부추김으로써 관계에 압박감만 더한다. 그리고 자신에 대한 책임을 포기하게 한다.

또한 상대방을 자신의 요구를 충족시키기 위한 도구로 전락시킨다. 그 사람이 가치 있는 것은 당신의 욕구를 충족시켜 주기 때문이다. 당신은 토요일 저녁마다 함께 있을 사람이 '필요' 하다. 친구들이 보는 앞에서 팔짱 끼고 다닐 사람도 필요하다. 의과대학에 진학하도록 도와줄 사람도 필요하다. 아이를 낳아 줄 사람도 필요하고, 생활비를 주고 각종 공과금을 같이 부담해 줄 사람도 필요하다. 등을 긁어줄 사람도 필요하다. 그래서 그 사람이 필요하다. 그러나 자신의 필요를 어떻게 채워 주느냐로 상대방을 정의한다면, 그것은 문제가 많다.

성중독자는 여성을 성욕의 대상으로 본다. 전체적인 모습은 보지 않고 얼굴이 얼마나 예쁘고 몸매가 얼마나 아름다운가만 본다(요즈음은 여성도 남자를 이런 식으로 보는 것 같다). 사랑중독자는 상대방에게 있는 아주 작은 모습에 근거해 환상을 부풀려간다. 그들은 그 사람을 사랑한다고 생각한다. 그러나 실제로는 그 사람의 아주 작은 부분에 근거한 헛된 이미지를 만들어 놓고는, 그것을 숭배할 뿐이다.

우리는 이것과 싸워야 한다. 누구를 만나든 그 사람의 전체적인 모습을 보려고 해야 한다. 인형 같은 얼굴에, 조각 같은 몸매의 사람을 만났다면, 외모에서 시선을 떼 가족에 대해 물어 보라. 혹은 최근에 읽은 좋은 책이 있는지 물어 보라. 그들의 결점을 발견하고 그것을 받아들이라. 그리고 그들을 온전한 사람으로 보고 스스로도 온전한 사람임을 되새기라.

2. 새로운 관계를 시작하려고 하는데, 자신에게 중독적인 관계로 기울어지는 성향이 있다고 판단되면,

속도를 늦추라. 관계가 천천히 진전되게 하라. 만나는 횟수도, 전화하는 횟수도 제한하라. 이를테면 데이트는 일주일에 한 번, 전화통화는 일주일에 두 번 하는 식으로. 어떤 사람들은 여러 사람과 가볍게 데이트하는 것도 좋다고 제안하지만, 이것은 문제를 야기할 수 있으므로 삼가는 것이 좋다.

관계의 초기 단계는 그 관계 내내 지속될 패턴을 확립하는 시기다. 그런데 관계중독자들은 마음에 드는 사람을 발견하면, 돌진하듯이 관계 속으로 달려들어 간다. 그리고는 열정을 식힐 줄 몰라, 좋은 관계가 될 수도 있는 것을 엉망진창으로 만들어 버린다.

댄과 신디, 프랭크와 사라는 밧줄 갖고 장난치느라, 위험이 다가오고 있는 줄도 몰랐다. 그러나 우리는 주위를 둘러보고 가장자리가 어디인지

확인해야 한다. 발 밑에서 바위가 흔들흔들 하면 늦기 전에 안전한 곳으로 피해야 한다. 항상 균형을 유지하고 자신을 지켜야 한다.

그리고 육체적 관계는 가급적 피해야 한다. 섹스는 강한 힘을 갖고 있다. 그것은 전인격적인 친밀함을 표현하기 위해 의도된 것이다. 따라서 결혼 안에서만 표현되어야 한다. 그런데 혼전의 성적 활동은 섹스의 본래 의도를 희석시켜 버린다. 그리고 자기가 관계의 중심이 되어 버린다. 섹스는 선거에서 당선되기 위해 듣기 좋은 공약을 남발하는 부정한 정치인 같다. 그것은 죄의식에 눌린 자들 위에 검은 구름을 드리우며, 종종 우리를 역공하는 무기가 되기도 한다. 섹스는 끝까지 아껴 두어야 하는 소중한 보물이다.

성급하게 육체적인 관계를 맺으면, 다음과 같은 극본이 탄생하기 쉽다.

어느 날, 호감 가는 사람을 만났다. 그 사람을 정복하고 싶다. 그래서 그와의 관계를 공고히 하기 위해 최선을 다한다. 진도가 척척 잘 나간다. 그러다가 하루는 데이트하고 기분이 너무 좋아 그 사람과 같이 자 버렸다. 그날 이후 모든 것이 달라졌다. 정복하는 임무를 완수해서 그런지 더 이상은 그 사람에게 관심이 가지 않는다.

혹, 아직까지 관심 있다 해도 그것은 섹스에 대한 것뿐이다. 이제 당신에게 가장 중요한 것은 그가 성적으로 어떤 느낌을 주느냐이다. 관계는 싸구려가 되어 버렸다. 데이트를 하면 자동적으로 침대로 가게 된다.

성관계는 결혼을 위해 아껴 두어야 한다고 믿고 있었지만, 그러기에는 관계가 너무 뜨거워져 버렸다. 너무 멀리 가고 말았다. 그런데 성관계를 갖고 나자, 그 사람에게 묶여 있는 것 같은 느낌이 든다. 그 사람과 특별한 친밀감을 나누었고 그 사람과 함께라면 모든 게 좋아질 것 같지만, 그런 기대와 달리 관계는 조금씩 허물어지고 있다. 그래서 필사적으로 그 관계를 붙든다. 당신은 사태를 이 지경으로 몰고 온 자신을 용서할 수가 없다. 그렇다고 관계를 끝내고 새로운 출발을 할 수도 없다. 결국, 당신은 건강하지 못한 상황에 집착하게 되고 말았다.

이상은 성급하게 육체적인 관계를 맺었을 때 일어날 수 있는 시나리오 의 일부분에 지나지 않는다. 중독적인 성향이 지배하면, 관계는 급속히 균형을 잃게 된다. 육체적인 접촉은 손을 잡는 것부터 잠자리를 함께하는 것까지 너무도 광범위하다. 내가 이런 말을 하는 것은 손 잡는 건 몇 점인 데 같이 자는 건 몇 점이다 하고 점수를 매기기 위해서가 아니다. 단지, 강한 주의를 주기 위해서다. 뒤로 물러서라. 조심하라. 천천히 가라. 강해 져라. 관계의 건강은 여기에 달려 있다.

자신만의 시간을 떼 놓으라. 데이트 횟수를 제한하라는 말은 앞에서도 했 다. 이제는 그와 더불어 자신만의 시간을 갖도록 하라. 관계중독자들의 가장 큰 문제는 자신을 잃어간다는 것이다. 관계중독자는 24시간 내내 사랑하는 사람 생각만 한다. 그 사람과 함께할 계획을 세우고, 그 사람의 멋있는 모습을 떠올리며, 심지어는 꿈에서도 그 사람을 만난다. 그 사람 에게 완전히 몰두하는 것이다. 반면, 자신은 그 사람의 부속물로밖에 보 지 않는다. 사이드카나 개 위에 기생하는 진드기 정도로 보는 것이다.

따라서 혼자만의 시간을 가지며, 그 사람과 상관없이 자신이 누군인지 되새길 필요가 있다. 이런 습관을 관계 초기에 확립하면 관계가 지속되는 내내 강하게 서 있을 수 있다. 반드시 혼자만의 시간을 갖도록 하라. 하루 에 15분씩 해서 일주일에 두 시간 정도도 좋고, 매주 토요일 아침이나 일 요일 저녁은 아예 혼자만의 시간으로 정하는 것도 좋다. 이 시간을 자신과(혹은 하나님과) 함께하며 현실에 뿌리내리는 시간으로 삼도록 하라.

친구들을 가까이 하라. 친구 만나는 일에 애인이 간섭하지 못하게 하라. 어떤 사람은 질투심이 많아, 친구를 만난다고 하면 노골적으로 불쾌감을 표시한다. 그러나 친구들과의 약속 시간에 맞춰 데이트 시간을 정하는 등 알아차리지 못하게 친구들과 멀어지게 하는 사람도 있다. 혹은 애인한테 빠져 스스로 친구를 멀리하기도 한다.

그러나 우리에게는 우정도 중요하다. 따라서 친구들과의 관계를 계속할 거라는 걸 파트너에게 분명히 밝혀야 한다. 단, 친구들 때문에 그와의 관계가 위협받는 일은 없을 거라는 확신도 주어야 한다.

그리고 애인이 우리를 교묘히 조정하려고 하면, 거기에 맞서야 한다. "당신이 빌과 주디를 좋아하지 않는 건 알아요. 하지만, 벌써 저녁 약속을 해 버렸는 걸요? 같이 가자고 하지 않을 테니까 약속 취소하고 당신하고 저녁 먹자는 말은 말아 줘요. 미안해요. 그 두 사람을 당신보다 중요하게 생각해서 이러는 건 아니에요. 다만, 그들과의 우정을 유지하고 싶을 뿐이에요. 저 이해해 줄 수 있죠?"라고 말이다.

또한 스스로 친구들을 멀리하지는 않는지 자주 점검해야 한다. 사이가 멀어진 친구가 있으면 즉시 우정을 회복하도록 하라.

친구들의 의견을 신뢰하라. 친구들은 우리를 잘 안다. 몇몇 친구들은 우리가 어떤 사랑을 해 왔는지도 알 것이다. 사랑에 빠지면 눈이 멀어 제대로 보지 못한다. 따라서 우리를 잘 아는 사람들에게 객관적인 견해를 구해야 할 필요가 있다. 물론, 그들이 항상 옳지는 않겠지만, 우리 견해에 그들의 견해가 더해지면 귀한 정보가 탄생할 수도 있다. 때로는 친구들이 우리 일에 관여하지 않으려고 할 수도 있다. 그러나 도움을 청하면, 몇 가지 유익한 조언은 해줄 것이다.

처음부터 정직하고 허심탄회하게 의사소통하라. 관계 맺는 초기에 오해가 생기면, 나중에 큰 충돌로 발전할 수 있다. 그래서 커다란 고통이 야기될 수도 있다. 대화도 "그때는 이렇게 생각해서 그랬어." "근데 넌 이렇게 말했잖아." 등으로 얼룩질 수 있다. 그리고 이 상태로 몇 년이 가면, 상대방에 대해 아는 건 하나도 없으면서 그에게 묶여 있기만 한 자신을 발견하게 될 수도 있다.

누구나 처음에는 모든 게 다 잘 될 거라고 생각한다. 그리고 매사를 장밋빛 안경을 쓰고 보며 아무리 잘못해도 용서해 준다. '데이트에 세 시간 정도 늦을 수도 있지 뭐. 어차피 나도 십자수를 놓았어야 했는데, 기다리면서 십자수도 놓고 잘 됐지 뭐.' 그 결과, 경계선을 확립하는 데 실패하고 만다. 서로 상대방의 경계선을 아무렇지도 않게 넘으면서도 그 사실을 깨닫지 못한다.

'그이가 내가 잔소리 심하고 불만투성이이며, 냉정하지도 세련되지도 못하다고 생각하면 어떡하지?'

'그녀가 내가 재수 없고 무식하며 가난한데다, 자신감도 없고 남성미도 없다고 생각하면 어쩌지?'

이게 어떤 건지는 여러분도 알 것이다. 우리는 상대방에게 거짓 이미지를 보여 준다. 그리고 상대방에 대해서도 헛된 환상을 가진다(한 번은 코미디 프로에서 "난 데이트가 싫어. 저녁 내내 내가 아닌 다른 사람으로 보여야 하잖아! 속으로는 그녀가 나를 있는 모습 그대로 받아줄 정도로 가까워지려면 얼마를 더 사귀어야 할까 하고 생각하면서…"라는 대사를 들은 적 있다). 그러나 현실은 나중에 쾅 소리를 내며 무너진다. 그리고 종종 파괴적인 결과를 남긴다.

그러니 처음부터 정직하도록 하라. 자신에 대해서도 정직하게 소개하고 상대방도 정직하게 보라.

충돌이 일어나면 대화로 풀라. 사소한 차이점도 대화로 해결하는 법을 배우면, 건강한 관계를 확립하기가 한결 쉬워진다.

그리고 다음과 같이 말하는 훈련을 하라. "세 시간이나 늦었군요. 그 때문에 저 화 많이 났어요. 당신이 저를 배려하지 않는 것 같아서요. 하지만 당신에게 한 번 더 기회를 주기로 했어요. 다음에는 늦을 것 같으면 미리 전화 주세요. 제가 당신에게 이런 대접 받을 정도로 별 거 아닌 사람은 아니잖아요?" 이 말에는 경계선과 감정표출, 자기존중이 다 들어 있다. 당신이 이 말을 할 수 있다면 그리고 상대방도 받아들인다면, 당신의 관계에는 희망이 있다.

3. 관계가 중독적으로 되어 간다면,

그 사람과 데이트한 지 서너 달이 되어 간다. 둘 다 많이 성장했다. 당신들은 데이트도 많이 하고 대화도 많이 나눈다. 그런데 좀 배타적이다. 두 사람 다 서로가 삶의 중심이 되어 버렸다. 왠지 마음이 불편하다.

그러던 중, 우연히 본서 같은 책을 접하게 되었다. 그제서야 당신은 위험을 인식한다. '어쩜, 우리 이야기 같네. 그러고 보니, 내가 자신을 잃어가고 있었잖아! 우리 관계도 서로의 필요 위에 세워졌고!'

어떻게 해야 할까?

혹은 그 사람과 오래도록 관계 맺어 왔는데, 얼마 전까지 아무 문제 없었다. 그런데 최근에 당신이 심각한 위기를 겪으면서 많이 변했다. 아니면, 상대방이 변했다. 그래서 관계에 중독증상이 나타나게 되었다.

어떻게 해야 할까?

이 두 경우는 꼭대기에서 약간만 떨어진 경우다. 문제가 나타났지만 뿌리는 별로 깊지 않다. 이 지점은 '결코 쉬운 대답은 없는' 지점이다. 당신은 이 관계를 구할 수 있을까? 그럴 수도 있고 없을 수도 있다.

애니와 배리처럼 당신들은 같이 올라올 수 있는 정도로 떨어졌다. 그들은 서로 도와주었다. 상대방이 자신을 밟고 올라가게 해주었다. 건강한 관계를 가지기로 결심하면, 당신들도 밀어 주고 당겨 주며 얼마든지 안전한 곳으로 갈 수 있다.

관계와 그 관계에 내재된 위험 모두를 평가하라. 과연 이 관계는 건강한 관계가 될 수 있을까? 반드시 구해야 할 만큼 좋은 관계일까? 이런 질문은 '당신은 거짓말하지 않으면 못 견디는 사람입니까?' 라는 질문 만큼이나 대답하기 어렵다. 관계에 중독되어 있다면, 당연히 '이 관계는 지금까지 가진 관계 중에 제일 좋아요!' 라고 답할 것이다. 사실은 그렇지 않은데도 말이다. 이럴 때는 가족이나 친구들 같은 제3자의 의견을 귀담아 들어야 한다.

그 사람은 당신을 강하게 해주는가? 이것이 관계의 건강도를 평가하는 핵심이다. 중요한 것은 그가 당신의 실수를 덮어 주고 당신을 기분 좋게 해주고 당신의 필요를 충족시켜 주느냐가 아니다. 당신을 좀더 강하게 해주느냐이다. 따라서 그가 당신이 계속해서 의존적인 삶을 살게 하는지, 아니면 독립과 상호의존을 향해 나아가도록 도와주는지 잘 분별하도록 하라.

그 사람이 멀어지면, 자연히 상처가 된다. 그런데 당신에게는 그것이 전부를 잃는 아픔처럼 큰가? 아니면 그럭저럭 혼자 살 수 있을 정도는 되는가?

당신의 관계에 중독적인 요소가 있는지 없는지는 잘 모르겠다. 그러나 그 관계가 당신이 독립적인 사람으로 성장해 가도록 도와준다면, 희망은 있다.

이 관계가 당신에게는 얼마나 중요한가? 해가 떠 있어 밝을 때, 당신의 관계를 한 번 돌아보라. 삶을 송두리째 쏟아 붓고 싶을 정도로 대단해 보이는가? 많은 노력을 경주하고 싶은가? 혹 일시적 필요만 채워 주지는 않는가? 지금 관계가 당신의 전부를 걸 정도로 가치 있어 보이지 않다면, 거기에 중독되기 전에 빨리 나오라. 나올 수 있을 때 나오라. 시간이 지나면 나오기 더 힘들다.

적용할 수 있는 실제적인 고려사항으로는 어떤 것들이 있을까? 당신의 삶은 그 사람의 삶과 어떻게 연관되어 있는가? 지금 당장 거기에서 빠져나올 수 있는가? 부부에게는 데이트 중인 커플과는 다른 규칙이 적용된다. 결혼한 이상, 부부는 그 결혼을 유지하기 위해 최선을 다해야 한다. 그런데 결혼했으면서도 직장동료나 이웃사람들과 데이트하는 것은 스스로를 함정 속으로 밀어 넣는 것밖에 되지 않는다. 우리는 이런 속박들을 주의해야 한다. 그리고 거기에 걸려들지 않도록 최선을 다해야 한다. 관계를 정리하기로 마음 먹었다면, 다음에 설명할 4와 5의 상황을 필독하도록 하라. 지금 단계(3의 상황)는 관계가 막 중독적으로 발전하기 시작한 단계라 옴짝달싹 못할 정도는 아니다. 그래도 원리는 똑같이 적용된다.

관계 안에 머무르는 게 제일 좋아 보여, 어떻게든 그것을 좀 덜 중독적으로 만들고 싶다면, 이 책을 계속 읽도록 하라.

두 사람이 함께 상황을 변화시키라. 묶는 데도 두 사람이 필요하지만, 푸는 데도 두 사람이 필요하다. 머리를 맞대고 앉아 당신의 관계가 얼마만큼 중독적인지 이야기 나누라. 둘 사이가 어떻게 되었으면 좋겠는지도 이야기 나누라. 두 사람 모두 존중받는 건강한 사랑을 하려면 어떻게 해야 할지도 나누라. 상대방이 이 작업에 참여한다면 좋겠지만, 거부한다면 관계가 회복될 수 있는 가능성은 희박하다.

잠시 떨어져 있는 것도 고려해 보라. 이것이 이별에 대한 서곡이 되기도 하지만, 자신을 추스르는 값진 시간이 되기도 한다. 중독적인 관계에 빠져 있다면, 자의식을 회복하고 보호해야 할 필요가 있다. 그런 의미에서, 2주에서 한 달 정도 만나지 말고 연락도 자주 하지 마라. 가끔 전화하는 것은 괜찮을 것이다. 그러면 자신과 관계에 대해 많은 것을 알게 될 것이다. '상대방이 없어도 잘 살 수 있구나' 하는 것도 발견하게 될 것이다. 그래서 훨씬 더 강해진 모습으로 서로 앞에 설 수 있을 것이다.

육체적 관계를 갖고 있다면 당장에 그만두라. 어렵겠지만, 육체적 상호작용에 경계선을 긋도록 하라. '다음 한 달 동안은 헤어질 때 작별 키스만 하자.'는 식으로.

이 말은 고상한 척하라는 소리가 아니라, 훈련을 하라는 것이다. 자신들의 잘못을 교정한다 생각하고 이 작업을 하라. 성적 친밀함을 나누는 데 익숙해져 있다면, 이것이 절망스러울 수도 있다. 그러나 잃어버린 균형을 회복하는 데는 많은 도움이 될 것이다.

섹스는 모든 것의 균형을 흐트러지게 한다. 섹스가 제공하는 '친밀함'은 깊이가 얇다. 필요지향적이며 일방적이다. 성적 친밀함은 반드시 전인격적인 헌신에 의해 뒷받침되어야 한다. 그렇지 않으면, 관계를 중독적인 방향으로 발전시킬 수 있다.

잠깐이라도 좋으니 성적 상호작용을 중단하고, 관계의 다른 면들도 그만큼의 친밀한 수준으로 발전하게 하라. 그러면 상대방에게서 전혀 새로운 모습을 발견하게 될 것이다. 그런데 단 한 달도 육체적 관계를 멈출 수 없다면, 그 관계가 어떻게 건강해질 수 있겠는가?

친구들과의 관계를 돈독히 하라. 여러 번 이야기했지만, 중독적인 관계는 우정을 파괴시킨다. 한 번 애인에게 마음을 빼앗기고 나면, 다른 사람은 눈에 들어오지도 않는다. 그러나 그럴수록, 친구들과의 우정을 돈독히 하고 새로운 친구도 사귀어야 한다. 그래야지만, 애인에게 빠지는 데 제동을 걸 수 있다. 혹, 몇몇 친구들과는 벌써 사이가 멀어져 버렸는지도 모르겠다. 그렇다면, 용서를 구하고 그들이 얼마나 필요한지 알리라. 그리고 속히 관계를 회복하라. 필요하다면, 그들이 어려울 때 반드시 옆에 있어 주겠다는 약속도 하라.

혼자만의 시간을 갖거나, 자기만을 위한 특별한 프로젝트를 계획하라. 이성을 잃을 정도로 관계에 빠지지 않으려면, 혼자만의 시간을 가져야 한다. 혹은 자아를 세울 새로운 계획을 세워야 한다. 연극 동아리에 가입하거나, 피아노를 배우거나, 저소득층 자녀 가르치는 일 등을 하면 좋을 것이다. 물론, 혼자해야 한다. 상대방에게 같이 할 것을 제안하지 마라. 당신이 자아를 세우려고 하는데 파트너가 반대한다면, 그가 너무 많은 통제력을 행사하는 것은 아닌지 의심해 보아야 한다. 좀더 온전한 인간이 되려면 당신도 성장해야 한다. 그렇게 될 때 상대방에게도 온전한 파트너가 되어 줄 수 있다. 파트너가 이 사실을 받아들이지 못한다면, 당장 관계를 그만두라.

일기를 쓰라. 앞장에서도 말했지만, 일기 쓰는 것은 아주 유익하다. 일기를 쓰면 자신의 느낌을 알게 된다. 나중에 좋았던 기억만 떠올라 다시 그 관계로 돌아가고 싶을 때는 조언을 구할 수 있는 좋은 상담가도 된다.

4. 관계의 중독증상이 깊을 때

이제는 비탈길 아래로 상당히 많이 떨어졌다. 당신은 이 관계에 단단히 중독되어 있다. 삶이 온통 그 사람뿐이다. 자신이 누구인지도 잊어버렸다. 자기에 대해 생각할 때도 그 사람과의 관계 속에서만 생각한다. 이 관계를 구하고 그것을 건강하게 하기 위해 당신이 할 수 있는 것은 아무것도 없다.

따라서 프랭크처럼 밧줄을 끊고 반대쪽으로 달아나야 한다. 비탈길을 되돌아 올라갈 수는 없다. 관계는 어차피 깨지게 되어 있다.

가능한 한 빨리, 깔끔하게 빠져나오는 것이 스스로를 위하는 최선의 길이다. 앞의 이야기에서 올바른 방법을 취한 아이는 프랭크뿐이었다. 그는 사라에게서 빠져나와 도움을 청하러 달려갔다.

물론, 이것은 쉽지 않다. 그것은 마약중독자가 일시에 마약을 끊으려는 것과 같다. 그러나 당신은 그렇게 해야 한다. 관계에서 빠져나오려고 하면 온갖 종류의 세력들이 그 안에 머물도록 압력을 가할 것이다. 그 가운데 파트너가 가하는 압력이 가장 클 것이다. 그러나 당신은 강해져야 한다. 거기서 빠져나와야 한다. 그렇게 하지 않으면 절대로 치유될 수 없다. 중독적인 관계에서 빠져나와 치유되려면, 어떻게 해야 할까? 나는 마법적인 방법은 알지 못한다. 그러나 몇 가지 아이디어는 제공해 줄 수 있다.

우선, 그렇게 하기로 결단해야 한다. 무엇보다, 이 관계에서 빠져나오기로 결심하라. 이유는 내가 그렇게 하라고 해서도 아니고 다른 사람들이 그게 최선의 방법이라고 해서도 아니다. 당신 혼자 스스로를 위한 결정을 해야 하기 때문이다(9장으로 돌아가 거기 나오는 원리들을 적용해 보라).

왜 그렇게 하는지 이유를 알아야 한다. 당신이 관계에서 빠져나오기로 결심한 이유는 무엇인가? 당신의 관계는 어떤 면에서 건강하지 못한가? 이 모든 것을 목록으로 정리해 보라. 그러면 여기에 대해 명확히 알 수 있을 것이다. 목록으로 정리하는 것은 누구에게 보여 주기 위해서가 아니라, 당신을 위해서다. 목록에 적은 이유들이 타당하다고 파트너를 설득할 필요는 없다. 혼자서만 납득하면 된다. 마음이 흔들릴 때마다 목록을 보며 결심을 새롭게 하라(이때는 예전에 써 놓은 일기도 도움이 될 것이다).

자신의 장점과 자존감을 세우라. 실제적으로는 이것이 첫 번째 단계일지도 모른다. 관계를 정리해야 한다는 걸 알고는 있지만 그럴 자신이 없다면, 자아를 확립하는 작업부터 하라. 자신의 장점들을 되뇌고, 당신을 좋아하고 당신에게 애정을 표시하는 사람들과 어울리라. 중독적인 관계는 자존감을 쓰러뜨리며 힘을 쏙 빼놓는다. 그러나 자아를 확립하면 도저히 정리할 수 없을 것 같던 관계도 정리하게 된다.

이제 어디에서, 어떻게 관계를 끝낼 것인지 결정하라. 모호한 다짐은 하지 마라. 구체적이어야 한다. '월요일 날 점심식사하며 이야기할 거야. 그리고 반드시 헤어질 거야.' 처럼.

도덕적 후원을 아끼지 않을 친구들을 의지하라. 친구들에게 왜 그 사람과 헤어지려 하는지 말하고, 그 이유를 자주 상기시켜 달라고 하라. 필요할 때마다 격려해 달라고도 하라. 그들에게 격려 구하는 것을 두려워 마라. 관계를 끝내기로 결심했다면, 언제 그렇게 할지도 알리라. 그리고 당신이 그렇게 하는지 안 하는지 지켜 봐 줄 것을 요청하라. 친구들에게 이렇게까지 말했다면, 결심을 반드시 행동으로 옮겨야 할 것이다. 그렇지 않으면, 친구들이 많이 실망할 것이다.

헤어지려고 하면 사람들 앞에서 난동 피울 수도 있고, 어리석은 짓을 할 수도 있고, 비열한 행동으로 상대방에게 고통을 안겨줄 수도 있다. 그러나 이런 것을 두려워해서는 절대로 헤어질 수 없다. 나쁜 사람이 되고 싶어 그렇게 되는 사람은 없다. 좋아하는 사람에게 상처 주고 싶은 사람도 없다. 그러나 헤어지려면, 이 네 가지는 어쩔 수 없이 해야 한다. 그런데 이것을 기분 좋게 할 수 있는 방법은 없다. 관계를 끝내자고 하면, 상대방은 소리지르거나 흐느껴 올 것이다. 절규하고 때리고 저주를 퍼부을지도 모른다. 그러므로, 어떤 상황이 일어나도 의연하게 대처할 수 있도록 마음을 굳게 해야 한다. 이 과정을 부드럽게 할 수 있는 방법은 없다는 것을 명심하라.

아이가 아파 의사에게 주사 맞히러 데려가는 부모 입장이 돼 보라. 주사를 맞으면 아프다. 그래서 아이는 주사를 싫어한다. 그러나 부모도 아이가 주사 맞아 아파하는 것을 좋아하지는 않는다. 그렇다고 주사를 안 맞힐 수는 없다. 아이가 아무리 발버둥치고 칭얼거려도 맞혀야 한다. 잠깐 아플지라도 주사를 맞는 것이 결국은 훨씬 좋기 때문이다. 지금 당신은 자신과 파트너 모두에게 가장 유익하면서도 꼭 필요한 주사를 놓고 있는 것이다.

관계를 끝내자는 말은 공공 장소에서 하는 것이 좋다. 상대방이 당신을 공격하거나 감언이설로 꾀고 싶어도 그럴 수 없기 때문이다. 탈출구를 마련해 두는 것도 좋다. 예를 들어 같이 점심 먹으며 얘기할 거라면 음식값을 미리 지불해 둬, 언쟁이 격렬해지는 즉시 일어나 나가 버리는 것이다.

사람들 보는 앞에서 난동 피우겠다고 협박해도 흔들리지 마라. 그 순간은 당혹스럽겠지만, 그게 헤어지자는 말을 철회할 정도로 대단하지는 않기 때문이다.

'기회를 한 번 더' 주지 마라. 당신은 이미 결정했다. 그 결심이 흔들려서는 안 된다. '기회를 한 번만 더 줘 보자.'는 생각은 금물이다. 그런 일이라면 이미 수없이 했다. 일방적인 이별선언이 상대방 입장에서는 불합리하게 느껴질 것이다. 그러나 그런 것까지 신경 쓸 필요는 없다. 당신은 자신의 결정에 충실하기만 하면 된다. 어쩌면 상대방은 당신을 잃지 않으려고 지금까지 한 번도 한 적 없는 놀라운 행동을 할 수도 있다. 그럴 듯한 약속들을 늘어놓을 수도 있고, 결혼하자고 프러포즈할 수도 있다. 아무튼 당신의 마음을 돌리기 위해 할 수 있는 모든 것을 할 것이다. 그래서 어떻게든 '어쩌면 이번에는 정말 다를지 모르겠어.'라는 생각이 들게 할 것이다.

그러나 예전과 다른 것은 하나도 없을 것이다. 관계를 정리하기로 했으면 그대로 밀고 나가라. 상대방이 하는 약속들과 보여 주는 '새로운 증거들'이 아무리 타당성 있어 보여도, 그것을 검토하는 일은 중독의 함정에서 완전히 빠져나왔을 때 해야 한다. 지금 당장은 결심이 흔들리지 않는 것이 중요하다.

관계를 정리한 후에는 그 사람을 피하라. 친구 사이로 남는다는 건 있을 수 없는 일이다. 친구로 지내는 게 멋있어 보일 수는 있어도, 너무 위험하다. 잘못하다가는 다시 중독 속으로 끌려 들어갈 수 있다. 헤어지자고 말하고 나면, 너무 큰 고통을 준 것 같아 다시 '친구로 지내자.'고 말하고 싶어질 수도 있다. 그러나 현실적으로는 불가능하다.

헤어지고 나서 다시는 상대방을 안 보려면, 대담한 행동을 해야 할지도 모른다. 직장동료라면 전근을 해야 할 수도 있고, 아예 회사를 옮겨야 할 수도 있다(이게 말처럼 쉽지는 않지만, 본인의 정서적 건강을 생각한다면 반드시 이렇게 해야 한다). 그 사람과 한 동네에 살고 있다면 다른 동네로 이사 가야 할 것이다. 혹은 평소와 다른 길로 다녀, 그 사람과 부딪히지 않도록 해야 할 것이다(상대방을 피하는 방법에 대해서는 상황 6에서 상세히 다루도록 하겠다).

5. 중독적인 관계에서 빠져나오는 게 불가능다고 느껴지면

우물처럼 깊은 함정에 빠져 위를 올려다보면, 도저히 나갈 수 없을 것 같다. 맥이 빠져 포기하고 싶은 생각도 든다. 한편으로는, 나쁜 관계라도 맺는 게 관계를 전혀 맺지 않는 것보다 나을 것도 같다. 그러나 이것은 그렇지 않다.

어쨌든 노력하라. 이것은 어려운 과정이다. 나는 관계에서 빠져나오는 것 외에는 치유될 수 있는 방법을 알지 못한다. 이를 악 물라. 큰 힘 들이지 않고 중독에서 빠져나올 수 있는 방법은 없다. 한 달에 한 번 술 마시면서 점차적으로 술을 끊으려고 해서는 절대로 끊을 수 없듯이, 중독적인 관계도 단번에 정리하지 않고는 벗어날 수가 없다.

전문 상담가에게 조언을 구하라. 상담가들이 언제나 기적적인 해결방법을 제시해 주는 것은 아니다. 그러나 힘겨운 결정을 내릴 때 도와줄 수는 있다. 그들은 그간의 경험과 훈련을 통해 건강한 관계와 그렇지 못한 관계를 알아볼 수 있는 통찰력을 갖고 있다. 중독적인 관계에서 빠져나오는 데 무엇이 장애물로 작용하는지도 알고 있다.

당신 이야기를 마음 편히 털어놓을 수 있는 상담가를 찾으라. 아는 상담가가 없으면, 목사님이나 친구들에게 추천해 달라고 하라. 그들이 추천해서 찾아갔는데, 마음에 들지 않으면 그렇다고 말하라. 그래야 그분이 당신의 필요를 좀더 잘 충족시켜 줄 수 있다. 혹은, 다른 상담가를 소개해 줄 수도 있다. 상담가를 택하는 것은 전적으로 당신에게 달렸다. 상담가를 찾아가는 것도, 상담가가 마음에 안 들어 다른 상담가로 바꾸는 것도 당신에게 달렸다. 이렇게 적극적으로 상담에 임하다 보면, 어떤 상담가가 도움이 되는지 알게 된다. 통찰력도 갖게 된다. 그래서 원할 때 상담가를 바꿀 수도 있게 된다. 이 모두가 당신에게 달렸다. 그러나 지금 당신은 누구에게든 도움을 청해야 한다.

경계선을 그어 놓고 지키라. 이것은 차선책이다. 최선책은 당연히 그 사람과 헤어지는 것이다. 그러나 냉정하게 정리하는 게 어렵다면, 경계선이라도 정해야 한다.

무엇보다, 육체적 관계를 제한해야 한다. 함께 지내는 시간과 상대방에게(혹은 자신에게) 돈 쓰는 것 그리고 상대방을 의지하는 영역도 제한해야 한다. 당신이든 상대방이든 어떤 영역에서 지나치게 의존적이라는 판단이 서면, 덜 의존적이 되도록 변화되어야 한다. 이게 단지 증상을 다루는 것밖에 되지 않아도 도움은 될 것이다.

마약과 알코올을 피하라. 이 시기는 아주 위험한 시기이다. 중독적인 성향이 있는 사람은 그 중독증상이 쉽게 다른 데로 전이되곤 한다. 따라서 관계에 중독되어 있었다면, 다른 데도 중독되기 쉽다. 관계에 대한 불만과, 거기에서 빠져나오지 못하는 자신의 무능함 때문에 마약 및 약물중독에 빠지는 사람이 얼마나 많은지 모른다.

육체적 혹은 성적으로 학대당하고 있다면, 거기서 빠져나와 도움을 청하라. 남편한테 구타당하면서도, 자기에게는 이 상황을 변화시킬 힘이 없다고 느껴 침묵하는 아내가 많다. 그러나 침묵은 누구에게도 도움이 되지 않는다. 그런 가정은 도움이 필요하다. 남편, 부인, 아이들 모두.

인터넷에 들어가 보면, 구타당하는 여성을 위해 전화상담을 해주는 사이트들이 많다(이런 사이트들은 전화번호부 책에도 전화번호를 제공한다). 그 중 한 곳에 전화하라. 남편이 아주 격해 위험하다고 판단될 때는 경찰에 전화해도 된다. 담임 목사님과 교회 리더들에게도 조언을 구하라. 그들에게 도움을 청할 수 있는 기관을 알려 달라고 하라. 구타당한다는 것을 더 이상은 비밀로 간직하지 마라.

6. 중독적인 관계에서 벗어난 후에는

드디어 중독적인 관계에서 벗어났다. 당신은 자신의 중독을 인정했고 거기에서 빠져나오기 위해 필요한 단계들을 밟았다. 그러나 안심하기에는 아직 이르다. 정신 차리지 않으면 언제라도 예전 상태로 돌아갈 수 있다. 그 사람에게 돌아가지 않기 위해, 있는 힘을 총동원하라. 그리고 다른 사람과 새로이 중독적인 관계에 빠져 들지 않도록 주의하라.

관계를 맺었던 사람과 멀리하라. 연인이었던 사람과 친구로 지낸다는 것은 불가능하다. 중독은 그 사람과의 로맨스에만 한정되는 것이 아니라, 우정에까지도 이어지기 때문이다. 당신은 매사에 그 사람에게 의지했다. 따라서 관계를 끊고 나면, 당장은 그 사람이 그리울 것이다. 그래서 지금은 관계를 끝내 중독의 위험이 사라졌으므로, 친구로 지내도 될 거라 생각할 수도 있다. 그러나 중독증상은 우정에서도 나타날 수 있다. 그리고 그것은 당신을 다시 예전의 관계로 돌려놓을 수 있다.

제니와 월은 건강하지 못한 연인관계를 청산하고 친구로 남기로 했다. 먼저 헤어지자고 한 쪽은 제니였다. 월은 그 말에 깊이 상처 받았다. 월이 힘들어하는 게 안쓰러워, 제니는 헤어지고 난 후에도 일주일에 한 번씩 월을 저녁식사에 초대했다. 그러다가 하루는 제니가 예전의 끔찍한 기억을 잊고, 그만 월에게 성적으로 접근하고 말았다. 결국 두 사람은 그 날 밤 잠자리를 같이했고 월은 전보다 더 혼란스럽고 심란해졌다.

결국, 그들은 다시는 만나지 않기로 했다. 계속 만나면서 경계선을 지키는 게 불가능하다는 걸 깨달은 것이다.

어떤 중독이든, 중독에 걸려 본 사람은 이 말이 무슨 뜻인지 알 것이다. 알코올중독에서 회복된 사람은 술집 근처에는 얼씬도 안 한다. 마약중독에서 회복된 사람도 예전에 마약 대주던 사람들과는 연락을 끊는다. 마찬가지로, 관계중독자도 거기에서 빠져나온 후에는 중독의 대상이었던 사람을 피해야 한다.

계속해서 그와 만나는 것을 합리화하지 마라. 무조건 피하라! 어떤 사람들은 우연히 옛 애인과 부딪힐 수는 없을까 궁리하기도 한다. 예전을 그리워하며, 그 사람을 다시 한 번 보고 싶어한다. 그러면서도 그 사람과의 중독적인 관계를 완전히 끊었다고 확신한다. 그러나 이런 사람들은 그 사람집 앞이나 사무실 앞을 서성거리다가 결국은 만날 약속을 하고 만다.

월도 그랬다. 그는 자신의 소지품을 제니의 집에 두고 왔다. 그리고는 놓고 온 게 있다며 일주일에 한두 번씩 그녀의 집을 찾아갔다. 그러나 물건은 핑계고 실은 그녀를 보기 위해서였다. 나는 "정말로 물건을 놓고 왔다면 큰 박스를 갖고 가 한 번에 다 가져오도록 해요. 그런 식으로 찔끔찔

끔 갖고 오면 안 돼요."라고 조언했다. 그러나 그는 그런 핑계거리라도 있어야 한다고 느끼는 듯했다.

그는 제니의 친구들에게도 접근해, 언제 어디에서 제니와 만나는지 알아냈다. 그리고는 자기도 우연히 거기 온 것처럼 가장해, 제니와 마주치곤 했다. 그는 자신의 중독을 그런 식으로 키워갔다. 제니와의 관계를 정리해야 한다는 건 그도 알고 있었다. 그러나 실제로는 제니를 어떻게 다시 볼 수 있을까 궁리하며 스스로를 속이고 있었다.

"제니를 잠깐 본다고 해 될 거 있나요?" 윌이 나에게 물었다. "아무 일도 일어나지 않았는걸요. 전 단지 그녀가 보고 싶었을 뿐이에요. 그게 뭐가 잘못됐죠?"

그래서 나는 이렇게 대답해 주었다. "당신은 제니에게 중독돼 있어요. 한 번 '나는 제니에게 중독돼 있다.'라고 말해 볼래요?"

그는 내가 시키는 대로 했다. "그래도 그게 무슨 해가 되는지 잘 모르겠어요." 그러더니 머뭇거리며 "예전에 코카인을 조금 한 적 있어요. 그게 필요했거든요. 근데 그게 뭐가 잘못이죠?"라고 말했다.

나는 그의 얼굴을 바라보았다. 그는 뭐가 문제인지 알고 있었다. 중독의 대상을 계속해서 만나는 건 어리석고도 위험하다. 그에게서 멀리 떨어져라. 자신을 속이지 마라.

중독적인 성향이 계속됨을 인정하라. 중독적인 습관을 버렸다고 해서 중독에서 완전히 자유로운 건 아니다. 분명, 당신은 회복되었다. 그러나 여전히 중독되기 쉽다. 한 알코올중독자는 "제 이름은 찰스입니다. 저는 알코올중독자입니다. 술 끊은 지는 이십 년도 넘었지만, 여전히 알코올중독자입니다."라고 고백했다고 한다. 그는 날마다 자신의 약함과 싸운다고 했다. 술 끊은 지 이십 년이 넘었음에도 불구하고, 알코올중독자로 지낸 날들은 그때까지도 그를 따라다니고 있었다.

중독적인 관계에서 빠져나와도, 다시 관계중독에 빠질 가능성은 얼마든지 있다. 따라서 앞으로는 관계를 맺을 때 절대적으로 주의해야 한다. 어쩌면 향후 이십 년 동안 그래야 할지도 모른다.

반발심에서 다른 사람과 사귀지는 마라. 친구가 "네겐 새로운 사랑이 필요해."라고 말해도, "내게 필요한 건 그게 아니야."라고 대꾸하라. 연인과 헤어지고 나면, 반발심에서 다른 사람과 사귀고 싶을 수 있다. 새로운 관계를 맺지 않으면 안 될 것 같은 감정적, 사회적 압력도 만만찮다. 그러나 거기에 굴복해서는 안 된다.

"그 사람이 리처드에 대한 모든 기억을 잊게 해줄 거야.""셀리하고 한 번만 데이트해 봐. 그러면 마리에 대한 감정이 깨끗이 정리될 거야." 이런 말들을 믿지 말라. 그것은 코카인을 끊기 위해 헤로인을 복용하는 것과 같다. 보드카를 끊기 위해 진을 들이키는 것과 같다. 백해무익하다.

치유할 시간을 가지라. 사람들은 오래 끌어온 문제들을 당장에 치유하고 싶어한다. 무려 이십 년 동안 담배를 피워 왔으면서, 단 이십 분 만에 끊으려고 한다. 분명, 하나님은 기적을 행하시지만, 치유의 기적이 일어나는 데는 많은 시간이 걸린다. 관계중독도 예외는 아니다.

이혼한 사람들에게 적어도 이 년 간은 새로운 관계를 맺지 말라고 하면, 모두 놀라는 표정을 짓는다. 차라리 수도원에 들어가는 게 낫겠다고 말하기도 한다. 그러나 이혼하고 나면, 적어도 이 년은 지나야 새로운 사람을 만날 준비가 된다. 어떤 경우는 2년도 부족하다. 중독적인 관계에 빠져 있던 기간이 길었다면, 이 2년은 아주 유익한 시간이 될 것이다. 그

2년 동안, 중독적인 관계에서 회복되고 자아상을 세우고 건강한 우정을 키우는 데 열중하라. 새로운 사랑을 찾아다니느라 소중한 시간을 허비하지 마라.

중독적인 관계에 빠져 있던 기간이 짧고 별로 심각하지도 않았다면, 회복도 빠를 것이다. 육 개월에서 길어야 일 년 정도! 결국, 중독적인 관계에 빠져 있던 기간이 길수록, 빠져나오는 데도 많은 시간이 걸리는 것이다.

다른 형태의 중독을 조심하라. 마약, 알코올, 도박, 포르노, 음식 및 기타 다른 중독증상이 소리 없이 다가올 수 있다.

자신을 위한 긍정적인 프로그램을 개발하라. 부정적인 생각은 금물이다. 헤어짐과 동시에 자신을 추스를 계획을 세우라. 운동도 규칙적으로 하고 읽고 싶었던 책도 읽으라. 일주일에 하루는 명작 비디오 감상 시간을 가지라. 교회도 열심히 다니고 봉사활동도 많이 하라. 벽장 속에 처박아 두었던 기타를 꺼내 노래도 불러 보라.

지금은 자신을 추스르는 시간이다. 어떤 계획을 세웠든 전심으로 그 일을 하라.

친구들과의 우정도 회복하고 사회적인 도움도 받으라. 지금은 그 어느 때보다 친구들이 필요하다. 사이가 소원해진 친구가 있다면, 하루 빨리 관계를 회복하라.

그룹활동도 열심히 하고, 새로운 사람도 사귀라. 이성과 사귀고 싶은 생각만 버리면, 독신자 모임도 상당히 재미있다. 그렇다고 활동범위를 독신자 모임으로 제한할 필요는 없다. 봉사활동에 참여할 수도 있고, 소프트볼 팀에 가입할 수도 있다. 스터디그룹도 있고 볼링동호회도 있다. 연극동호회에서 활동해도 좋고 정치 캠페인에 참여해도 된다.

이성과 안전한 우정을 나누라. 어쩌면 아직까지는 이렇게 할 준비가 되어 있지 않을지도 모른다. 당분간은 '남자는 다 쓰레기야.' '여자는 바보야.' 같은 생각을 떨칠 수 없을 것이다. 그러나 관계를 정리하고 육 개월 정도 지나면서부터는 이성친구도 사귀어야 한다. 물론, 안전하고 로맨틱하지 않아야 한다. 조금씩 이성 친구를 사귀다 보면, 이성에 대한 잘못된 편견도 많이 회복될 것이다. 어떤 남자는 당신 말을 귀담아 들어줄 것이고, 어떤 여자는 재치 있게 반응해 줄 것이다. 남자는 온통 스포츠에만 관심 있는 것 같지만, 그렇지 않은 남자도 있다. 그리고 여자 가운데도 솔직하고 속이 탁 트인 여자가 있다. 지금은 이 사실이 믿기지 않겠지만, 이것이 사실이라는 것을 언젠가는 배워야 한다.

삶의 목적을 놓지 마라. 당신이 이 세상을 살아가는 이유는 무엇인가? 당신이 이 세상에 존재하게 된 데에는 분명 신비로운 이유가 있다. 자신이 어떤 존재이며, 삶의 목적은 무엇인지 깊이 생각하는 시간을 가지라. 그리고 그것을 이루기 위해 최선을 다하라.

이웃을 위해 선한 일을 하라. 이웃집에 연세 드신 할머니께서 사시면, 그분을 대신해 장을 봐 드리라. 길에서 구걸하는 사람을 보면, 햄버거라도 사 드리라. 친척 중에 힘든 일을 겪는 사람이 있으면 격려해 주고, 극빈자 가정 아이들에게 공부도 가르쳐 주라. 교회활동도 열심히 하고, 하나님이 당신에게 주신 모든 가치에 대해 그분을 찬양하라. 주변 사람들의 필요를 생각하며 중보기도하라.

이렇게 생활하다 보면 다시 정상적인 궤도로 돌아오게 될 것이다. 당신이 얼마나 소중한 사람인지도 알게 될 것이며, 다시는 중독의 협곡 아래로 미끄러지지도 않을 것이다.

11

사례연구: 로리

로리는 예외적인 경우였다. 대부분의 중독은 원인이 뿌리 깊어 위험이 쉽게 사라지지 않는데, 그녀는 중독이 갑자기 찾아왔고 치유도 완벽하게 되었다. 그녀의 삶에는 중독이 일어날 만한 요인이 전혀 없었다. 그런데도 그녀는 관계중독에 빠졌다. 이런 경우를 재난형 중독이라고 하는데, 이는 인간은 누구나 관계중독에 굴복할 수 있으며, 또한 거기에서 회복될 수 있음을 시사한다.

그녀는 자기 이야기가 진심으로 다른 사람들에게 도움 되기를 바란다. 지금 그녀는 자신감 넘치고 건강하며 온전한 모습으로 회복되었다. 지금부터 들려줄 이야기는 지난 오 년간 그녀에게 일어난 일인데, 그녀는 겨우 작년에야 그 일을 잊을 수 있었다고 한다.

규칙을 깨 버림

지금 사십 대 중반인 그녀는 두 번 이혼했다. 첫 번째 남편은 바람둥이였다. 두 번째 남편과는 지금도 친구로 지내고 있다. 두 번째 결혼은 잘될 법도 했는데, 아쉽게도 잘 되지 않았다. 그녀가 관계중독에 빠진 건 두번째 남편과 이혼하고 나서였다.

두 번째 결혼이 무너지는 데는 그리 오랜 시간이 걸리지 않았다. 그래도 그녀는 반발심에서 다른 남자 찾는 일은 하지 않았다. 이혼에서 회복되는 과정이 미끄러운 비탈길 올라가는 것과 같다는 걸 알고 있었기 때문이다. 다행히, 그녀는 그 시기를 잘 통과했고 독신생활에도 잘 적응했다. 몸도 건강했다. "그때는 감정적으로 그렇게 상처 받기 쉬운 상태가 아니었어요. 그래서 제가 아주 잘하고 있다고 생각했죠. 근데, 실은 그렇지 않았나 봐요."

생계를 해결해야 했기 때문에, 그녀는 컨설팅 회사에 취직했다. 그녀는 일을 아주 빨리 배웠다. 그런데 거기에서 알렌을 만났다.

알렌은 매력적인 인품의 소유자였다. 유머감각도 탁월했다. 이 두 가지는 그를 성공한 사업가로 만들어 주었다. 그는 당연히 여자한테 인기가 많았다. 그러나 바람둥이는 아니었다. 그는 사람들을 잘 배려해 주었다. 특히, 로리에게 더 잘해 주었다. 처음 그가 접근해 왔을 때, 로리는 너무도 큰 행운이 왔다고 생각했다. 그가 자기를 택했다는 게 믿기지 않았다.

"그래서 전 규칙을 깨뜨리기로 했어요. 직장동료 하고는 사귀지 않는다는 신조를 어긴 거죠. 이렇게 될 줄도 몰랐어요."

그는 바른 말과 행동으로 그녀를 압도했다. 그들은 이내 사랑을 꽃피웠다. 그리고 육 개월 후 그녀 집에서 같이 살기 시작했다.

"몇 달은 좋았어요. 그런데 언젠가부터 그가 저를 피하기 시작하더군요. 무슨 일이든 혼자 하고 저와는 잘 상의하지 않았어요. 어딜 가도 전 빼고 혼자 가구요." 그러더니 하루는 싼 가격에 좋은 집을 샀다며 나가 버렸다. 그러나 그들의 관계는 그 후에도 계속되었다.

"그는 제가 듣고 싶어하는 말만 해줬어요. 듣기 좋은 말하는 데는 선수였죠. 그러다 보니, 제게 솔직하게 말해 주지 않은 것도 많았어요."

이를테면, 다른 여자를 만나고 있다는 것 같은.

로리는 알렌이 집을 나가고 한 달이 지나서야 이 사실을 알았다. 그녀는 격노했다. "따져 물었더니 부인하지도 변명하지도 않더군요. 그냥 아무말도 하지 않았어요. 그게 그 사람 방식이었죠." 이 말을 할 때 로리는 전혀 동요되지 않았다. 그러나 목소리에서는 상처의 흔적을 느낄 수 있었다. 짐작컨데, 당시에는 화가 머리 끝까지 나 있었음이 분명하다.

그녀는 그에게 왜 자기에게만 헌신하지 않았냐고 물었다. 그러자 그는 자기는 그런 약속을 한 적이 없기 때문에, 마음에 드는 사람 누구나와도 데이트할 수 있다고 했다.

그러나 그녀 마음은 이미 그로 가득 차 있었다. 그에게 중독되어 있던 것이다.

알렌은 다음 일 년 동안 기분 내키는 대로 로리 삶 속으로 들어왔다 나갔다 하기를 수없이 반복했다. 그녀는 그와 함께 일하며 종종 데이트도 했다. 그와 함께 있으면 가슴이 설레었다. 그는 언제나 매력적이었다. 그러나 그의 주변에는 항상 다른 여자들이 있었다. 로리는 알렌을 독차지하고 싶었다. 알렌과 데이트하고 나면, 며칠 동안 구름 위를 걷는 듯했다. 그러나 그 느낌이 사라지고 나면 말할 수 없이 비참하고 괴로웠다. 그녀는 알렌이 같이 있을 여자가 없을 때만 찾아오는 예비용이었다. 그래도 그와 함께 있을 수 있다면 상관없었다. 건강했던 그녀의 자존감은 빠른 속도로 곤두박질치기 시작했다.

그러다가 알렌이 더 이상은 로리에게 데이트를 신청해 오지 않는 날이 왔다. 마음에 드는 여자가 생겼는지, 한 여자에게만 관심을 집중하고 싶어하는 것 같았다. 로리에게 데이트 신청할 일은 앞으로 영원히 없어 보였다. 파멸이었다. 지금이야 오히려 잘됐다고 생각할 수 있지만, 그때는 완전히 황폐화된 느낌이었다.

"밤마다 불면증에 시달렸고 몸도 많이 아팠어요. 감기에 걸렸는데 오래도록 떨어지지 않아 참 많이 고생했어요. 머리카락도 많이 빠졌고, 가슴과 배에서는 심한 통증이 느껴졌어요. 거의 매일 약물에 의존하며 살았죠. 제 모습이 너무 비참해 자살하고픈 충동도 많이 느꼈어요. 그래서 매일 '주님, 절 사랑하신다면 이 고통을 끝내 주세요.'라고 기도했지요. 그때는 죽고 싶다는 생각밖에 들지 않았어요. 고통을 피하고 싶었거든요. 주먹으로 벽을 치고 머리를 벽에 부딪치며 하나님께 고래고래 소리 질렀던 게 지금도 생각나네요. 손톱으로 얼굴을 할퀴기도 했죠. 정말 끔찍했어요."

그녀가 나를 찾아온 건 그때였다.

회복으로 가는 길

　주변에 이런 사람이 있다면, 당신은 뭐라고 조언해 주겠는가? 나는 그녀가 자신을 추스르고 새 출발하도록 도와주고 싶었다. 힘들지만, 더 이상 미뤄서는 안 되는 결정을 내릴 수 있도록 용기도 주고 싶었다. 자기 삶과 관계들을 현실적으로 보게도 해주고 싶었다. 그녀가 얼마나 가치 있는 사람인지도 확인시켜 주고 싶었다. 그녀와 비슷한 어려움을 겪고 있는 사람들도 만나게 해주고 싶었다(그래서 나는 그녀를 우리 그룹의 일원으로 포함시켰다).

　업무상, 그녀는 알렌과 협력해야 하는 경우가 많았다. 그래서 고통이 갈수록 커졌다. 게다가 집도 그와 가까웠다. 알렌은 로리와 친구로 지내기 원했다. 로리는 분노로 들끓으면서도 사무실에서는 항상 미소를 띠어야 했다. 나는 그녀에게 직장을 옮기라고 조언했다. 그러나 그녀는 싫다고 했다. 나는 그렇게 좋은 직장 구하기가 쉽지 않다는 걸 알고 있었기 때문에 그녀에게 잘못하고 있다고 비난하지 않았다. 게다가 그녀는 원하는 만큼의 급여를 요구할 수 있을 정도로 실력도 인정받고 있었다. 그녀는 그렇게 힘든 가운데서도, 직장 일만큼은 완벽하게 해냈다. 그만큼 직장을 잃고 싶지 않았던 것이다. 그녀는 이것을 지금도 자랑스럽게 생각한다.

　직장을 그만둘 수 없었기 때문에, 그녀에게 남은 해결책은 알렌과 낭만적인 관계에 연루될 수 있는 모든 가능성을 차단하는 것뿐이었다. 지난 일 년 동안, 그는 기분 내키는 대로 그녀 마음 속으로 들락날락했다. 지금도 그녀와 특별한 사이는 되고 싶어하지 않으면서도 그녀와의 연결고리는 끊지 않고 있었다. 그래서 그녀로 하여금 다른 여자와 잘 되지 않으면 다시 자기한테 올지도 모르겠다는 희망을 품게 했다. 그녀도 제발 그렇게 되기를 간절히 바랐다.

그러나 그가 돌아온다면 그녀는 다시 중독에 빠지게 될 것이다. 따라서 중독적인 관계에서 자유로워지려면 그가 다시는 자기 삶에 들어오지 못하도록 중독으로 가는 문을 쾅 하고 닫아야 했다.

그래서 그녀는 그 해 겨울, 퇴근하자마자 알렌의 소지품들을 커다란 박스 안에 넣은 뒤, 그의 집 앞에다 내려두고 왔다. 이로써 그녀 주변에서 얼쩡거리던 그의 파편들은 모두 사라져 버렸다. 동시에 지난 이 년도 그녀의 삶에서 지워졌다.

이 일은 그녀를 회복으로 이끄는 데 크게 기여했다. 그러나 나는 그녀에게 알렌에게 준 열쇠까지 받으라고 조언했다. 당시 그는 다른 여자와 사귀고 있었기 때문에, 그 열쇠를 사용할 리가 없었다. 따라서 그가 열쇠 갖고 있다고 해서 특별히 위험할 건 없었다. 그러나 열쇠는 그가 그녀의 삶에 언제고 들어올 수 있음을 상징했다. 그래서 나는 그녀에게 열쇠를 빨리 돌려받으라고 했다. 그녀도 그러겠다고 했다.

그런데 너무 바빠 잊어버렸다. 나중에 받아야지 하다가 또 잊어버렸다. 회사에서 알렌과 수없이 부딪치면서도 계속 잊어버렸다. "어쩌면 그가 열쇠를 갖고 있기를 바랐는지도 모르겠어요." 로리는 이렇게 고백한다.

알렌 집 앞에 박스를 갖다 놓은 지 한 달이 지나서야, 그녀는 열쇠를 돌려달라는 말을 꺼냈다. 그러고도 열쇠를 돌려받는 데 몇 주가 더 걸렸다. 이로써 그녀의 삶의 한 장이 일단락되고 새로운 장이 열리게 되었다. 그녀 마음이 치유되기 시작한 것이다. 그녀는 알렌과 함께 일해야 했기 때문에, 상처가 아물 만하면 터지곤 했다. 그래서 치유가 더뎠다. "중독적인 관계에 빠지는 건 마약에 빠지는 것보다 안 좋은 것 같아요. 제가 사랑하는 사람이 저 없이도 잘 사는 모습을 날마다 지켜보는 게 얼마나 끔찍한지 아세요? 그 끔찍한 시간들을 어떻게 지나왔는지 모르겠어요. 다행히, 회사에는 저를 아껴 주고 격려해 주는 사람들이 많았어요. 그리고 하나님과의 관계도 큰 힘을 주었죠."

그때부터 로리는 일기를 쓰기 시작했다. 일기는 감정을 분출하는 데 많은 도움이 되었다. 그리고 우리 그룹에도 나왔다. 그녀는 자신과 비슷한 상황에 있는 사람들과 도움을 주고받아야 할 필요가 있었다. 그러나 그녀에게 알렌은 여전히 매력적인 존재였다. 그래서 그녀는 열쇠를 돌려받고도 한참 동안이나 자신과 싸워야 했다. 물론, 퇴근하는 길에 그가 다른 여자를 데리고 자기 집으로 들어가는 모습을 언제 보게 될지는 알 수 없는 일이었지만 말이다.

알렌에게 열쇠를 돌려받은 지도 벌써 사 년이 다 돼 간다. 그녀는 치유속도가 더뎠다. 그러나 확실하게 치유되었다.

한번은 알렌이 몇 달 동안 출장간 적이 있었다. 그가 없으니 좋았다. 그런데 출장에서 돌아오고 나서 애인하고 사이에 문제가 생겼는지 로리에게 데이트 신청을 했다. "거절하느라 얼마나 힘들었는지 몰라요. 죽을 힘을 다해야 했다니까요." 그녀는 알렌이 데이트 신청해 오기를 얼마나 바랐는지 모른다. 그런데 그 꿈이 드디어 이루어졌다. 알렌과 함께할 수 있는 소중한 기회가 온 것이다. 그러나 그녀는 거절하기로 했다. 그리고 중독으로 가는 문을 쾅 하고 닫았다. "그때까지도 상처는 아물지 않았어요. 그런데 그때 다시는 그와 관계 맺지 않겠다고 막 결심한 때라, 제 자존심을 지키고 싶었어요. 더 이상은 그가 저를 흔들지 못하게 하고 싶었죠."

지금 그녀는 아주 건강해 보인다. 자존감도 높다. 사무실에서는 여전히 알렌과 부딪히지만, 아무 상처가 되지 않는다. 오히려 "가끔은 그가 성가시게 느껴지기도 해요."라고 말할 정도다. 그녀는 최근에 그와 함께 공동으로 프로젝트를 하나 맡아, 거의 모든 시간을 그와 함께 보내야 했다. 그러나 하나도 고통스럽지 않았다. 모든 게 끝난 것이다.

깨달음

"제가 그와 헤어지고 회사를 그만두었다면, 고통스럽기는 했어도 훨씬 더 빨리 치유되었을 거에요. 그 사람과 이야기 나눌 수도, 그 사람에게 무슨 일이 있는지 알 수도 없었을 테니까요. 하지만 제게는 그런 선택권이 없었어요. 그 사람 때문에 직장을 그만둘 수는 없었으니까요."

그녀는 그 시련을 통해 자신감을 얻었다. 서둘러 새로운 사랑에 빠질 생각도 없다. "같은 실수를 두 번 하고 싶지는 않아요." 그녀는 웃으며 이렇게 말한다.

"친하게 지내는 남자는 몇 명 있지만, 낭만적인 관계는 아니에요. 알렌과 헤어진 후로는 사귀고 싶은 남자를 한 명도 못 만났어요. 눈이 높아져서 그런가 봐요. 지금은 역기능적인 행동을 하거나 이상한 버릇이 있는 남자는 한눈에 알아볼 수 있어요. 그래서 보는 순간 피하죠."

그녀는 다시는 남자한테 정신 팔리지 않을 거라고 한다. "혼자 있어도 좋아요. 새로운 사람 사귀는 걸 꺼리지는 않지만, 굳이 그럴 필요도 못 느껴요. 지금 이대로도 행복하거든요. 알렌과 만나기 전에는 자주 '좋아, 난 건강해. 나 자신만으로도 충분해. 옆에 누가 있든 없든 그것은 중요치 않아.' 라고 말하곤 했는데, 그때로 돌아온 것 같아요."

그녀는 자기처럼 상처 받아 아파하는 사람들을 보면 연민이 느껴진다고 한다. 자기 이야기를 들려주며 돕고 싶다고도 한다. "전 이혼도 했고 아이를 잃는 아픔도 겪었어요. 그래서 나눌 수 있는 게 참 많아요. 제 삶은 뜨거운 사막 위를 걷는 것 같은 힘든 삶이었어요. 하지만, 그 시간들을 통해 많은 걸 배웠죠. 이젠 그걸 다른 사람들에게 나눠 주고 싶어요."

자기처럼 중독적인 관계 때문에 힘들어하는 사람이 있다면, 그녀는 뭐라고 조언해 줄까? "그런 사람을 보면, 당장 거기에서 나와 멀리멀리 달아나라고 할 거에요. 그게 여의치 않다면, 상담가에게 도움 받으라고 할 거구요. 그런 사람들은 친구가 필요해요. 진실을 말해 주며 격려해 줄 친구가 말이죠. 저라면 이렇게 조언할 거에요. '기도하세요. 그리고 삶 전체를 하나님께 의탁하세요. 하나님께서 응답해 주시는 데는 많은 시간이 걸릴지도 몰라요. 하지만, 그분은 분명히 응답해 주세요. 그리고 강해지세요. 당신은 대단히 가치 있는 사람이에요. 인간적으로도 그렇지만, 하나님 보시기에도 그래요. 하루 빨리 이 사실을 깨달으세요. 그리고 이 시련을 통해 더욱 강해지세요.' 라고 말이죠."

평가

로리의 가족사에서는 심각한 중독증상을 발견할 수 없었다. 그러나 그녀에게는 낭만적인 관계를 맺고자 하는 강박관념이 있었던 것 같다. 알렌과의 일로, 그녀는 한동안 아무 하고도 낭만적인 관계를 맺지 않았다. 그녀 말에 의하면, 자기가 '남자 없이' 이렇게 오랜 시간을 버틴 것은 처음이라고 한다.

그녀가 알렌 때문에 어려움을 겪은 것은 그를 우상화했기 때문이었다. 그녀는 직업적으로는 그를 존경했고, 육체적으로는 흠모했다. 그녀는 알렌이 자기를 부당하게 대해도, 그와 관계 맺고 싶다는 갈망 때문에 그것을 무시했다. 아마 전남편들에게서 그런 대우를 받았다면, 참지 않았을 것이다. 이는 중독적인 관계가 이성을 마비시킨다는 것을 다시 한 번 확증해 준다. 중독적인 관계는 대부분 잘 설명이 되지 않으며, 말이 안 된다. 정황으로 볼 때, 그녀는 알렌에게 맞서야 했다. 그리고 이런 복잡한 상황은 피했어야 했다. 그러나 그녀는 그렇게 하지 않았다. 이것이 바로 중독적인 관계가 갖고 있는 비이성적인 면 가운데 하나다.

그러나 희망은 있다. 로리는 난관을 잘 헤쳐 나왔고 전보다 강해졌다. 다른 사람들도 얼마든지 이렇게 될 수 있다. 전문가의 도움과 친구들의 지원 그리고 자신의 가치와 삶의 목적에 대한 인식만 있다면, 누구나 중독의 손아귀에서 빠져나와 건강과 자유를 되찾을 수 있다.

12

가장 좋은 친구들

코치가 베이스라인에서 소리 지른다. "조이, 볼을 치는 모습을 그려. 방망이를 휘두르는 모습을 그리라구! 그리고 다음 베이스를 손으로 치는 모습도 그려!"

그는 조이에게 오른쪽 팔꿈치를 들고 시선을 볼에 고정시키라고 말한 뒤 "볼을 치는 모습을 그려."라고 소리 지른다. 그의 말대로 조이는 정신을 집중한다. 이 광경은 내게 관계의 목적에 대한 비전을 그리는 게 얼마나 중요한지 상기시켜 주었다. 건강한 사랑을 함으로써 받는 혜택에 대해서도 생각하게 해주었다.

정신인공두뇌학(psychocybernetics)이라는 스포츠 이론이 있다.

우리 몸은 우리가 보는 것, 혹은 보고 있다고 생각하는 것에 순응한다는 이론이다. 이 이론에 의하면, 비록 우리는 자기 몸에 있는 모든 근육을 올바르게 움직이는 방법을 몰라도 우리 몸이 알고 있으므로, 올바른 이미지만 주어지면 정확하게 작동한다고 한다. 이게 스포츠에서는 얼마나 효과가 있는지 모르겠지만, 관계에서는 상당히 효과가 있다.

많은 사람들이 좀더 나은 관계를 모르기 때문에 잘못된 관계를 맺곤 한다. 그들은 좋은 관계를 본 적이 없다. 그리고 자기가 자란 가정의 역기능을 되풀이하는 경향이 있다. 아버지에게 관심을 받지 못한 여자아이는 커서 남편에게 관심을 받기 원한다. 어떤 사람들은 남자와 여자에 대해, 남자는 자기 중심적인 사기꾼이고 여자는 어리석은 하녀라고만 생각한다.

건강한 관계를 맺으려면 좋은 본보기를 많이 보아야 한다. 평소 건강한 결혼생활을 영위하는 부부들을 보며 비결이 뭔지 관찰하고, TV도 역기능적인 가정에 대한 프로그램보다 상호 헌신된 관계에 대한 프로그램을 많이 시청해야 한다. 좋은 관계는 우정과 균형, 경계선을 특징으로 한다. 그러면, 이 세 가지를 차례대로 살펴보자.

최고의 우정

건강한 로맨스는 건강한 우정이기도 하다. 그러나 모든 로맨스가 다 그런 것은 아니다. 여러분은 파트너에 대해 다음과 같이 말하는 사람을 본 적이 있을 것이다.

"그 사람만 보면 정신이 몽롱해져. 근데 그 사람에 대해 아는 건 별로 없어."

"그녀는 데이트하기는 좋지만, 믿음은 가지 않아."

"그녀는 외모는 마음에 드는데, 도저히 이해가 안 돼. 그녀와 이야기하고 있으면, 딴 세상 사람과 이야기하는 것 같아."

"그이와 함께 있으면, 내가 아닌 다른 삶이 된 것 같은 느낌이 들어 두려워."

낭만적 매력은 변덕스럽다. 고대 신화에서도 큐피드는 사랑의 화살을 제멋대로 쏘곤 했다. 자기에게 잘해 주는 사람과 사랑에 빠진다면, 더할 수 없이 좋겠지만, 그래도 느낌 위에 세워진 관계는 안정적이지 못하다. 조그만 시련에도 산산조각 나 버릴 수 있다.

그렇다면, 우정은 어떻게 생겨날까? 대개, 사람들은 자기와 비슷한 관심사를 가진 사람을 친구로 사귄다. 어떤 특별한 영역에서 자기와 비슷하다고 생각되는 사람과 친구가 되고, 서로의 부족한 부분을 보완해 줄 수 있는 사람과 친구가 되기도 한다. 그리고 일단 친구가 되면, 의식적으로든 무의식적으로든, 그 사람과 좀더 많은 시간을 보내려고 한다. 자기를 좀더 깊이 보여 주고 그 사람 말도 들어주며 그에게 관심도 많이 가진다. 우정은 이런 나눔 위에서 자란다. 이렇듯, 시간 속에서 성장하고 다져진 우정은 어떤 역경이 와도 이겨낼 수 있다.

그렇다면 낭만과 우정 둘 다 가지는 게 과연 가능할까? 물론이다. 많은 연인들이 처음에는 불 타는 낭만을 꽃피우지만, 그런 감정은 이내 사라져 버린다. 그리고 낭만이 사라진 그 자리에서 우정이 자라간다. 그런데 이렇게 되려면, 커뮤니케이션과 신뢰와 헌신된 사랑이 있어야 한다.

커뮤니케이션

친한 친구들은 못 하는 이야기가 없다. 서로의 삶에 깊이 관심 갖고 있으며, 자기 느낌을 거리낌없이 표현한다. 상대방의 마음이 어떤 방식으로 작동하는지도 안다. 항상 의견이 일치하지는 않지만, 의견차이가 나도 이해한다. 서로를 잘 알기에 사소한 말다툼이 있어도 별로 마음 상하지 않는다.

파트너와 의사소통이 잘 되지 않으면, 커뮤니케이션 기술에 대한 책들을 읽어 보라. 여기서는 간단하게 주의를 요하는 몇 가지 것들만 짚고 넘어가도록 하겠다.

첫째, 대화할 때 적어도 반은 듣도록 하라. 상대방 말을 귀담아 듣지 않으면 문제가 발생하기 쉽다. 그런데 우리는 상대방이 무슨 말을 하는지 다 안다고 생각해 안 듣기도 하고, 자기 의사를 전달하는 데만 급급해 안 듣기도 한다. 그리고 어떤 때는 상대방의 말에서 부정적인 동기를 감지하고, 그가 공격하면 어떻게 방어할까 궁리하느라 못 듣기도 한다.

내 말은 멈추고 상대방 말에 귀 기울이는 것이 건강한 관계의 기본이다. 잘 듣는 사람은 "그 말 다시 한 번 해주시겠습니까?" "그게 무슨 뜻이죠?"라고 자주 묻는다. 그리고 자기가 제대로 알아들었는지 확인하기 위해 상대방 말을 다른 식으로 곧잘 되묻는다. "지금 그 말은 인류가 발명해 낸 스포츠 가운데 가장 훌륭한 것은 야구라고 생각한단 말씀이죠?" 처럼.

둘째, 의사소통에 능숙한 사람은 '자신에 대한 진술'을 잘한다. 이 말은 자기 느낌을 표현하되, 다른 사람을 탓하지 않는 것을 말한다. "당신은 너무 이기적이에요!"라고 말하는 것은 싸움을 거는 것밖에 안 된다.

그러나 이것을 "당신이 그러면, 저를 배려하지 않는 것 같아 속상해요."라고 말하면, 문제를 평화적으로 풀 수 있게 된다. 이러한 진술은 상대방을 수세에 몰아넣지 않는다. 오히려, 나를 상처 잘 입는 사람으로 만들어 문제를 내 탓으로 돌린다.

이런 식으로 말하면, 상대방은 "또 엉뚱한 상상을 하는군." "당신은 너무 예민해서 탈이야."라고 말할 수도 있다. 그러나 그는 나만큼이나 갈등을 해결하기 원한다. 그래서 나는 그의 행동을 좋게 해석하려고 노력한다. 그리고 "당신이 저한테 관심이 있다는 건 믿어요. 하지만, 당신 행동에서는 그걸 느낄 수가 없어요. 제가 오해한 건가요? 아니면 당신이 저에 대한 사랑을 제대로 표현하지 못하는 건가요?"라고 조심스럽게 말한다. 이렇게 표현했는데도 상대방이 계속해서 공격적으로 나오면, 그것은 당신들의 문제가 비단 의사소통에만 있지 않음을 의미한다. 그보다 심각한 문제가 있는 것이다.

이런 식으로 의사소통하는 훈련을 하면, 토론이 내가 말하려는 게 무엇이고 내 느낌은 어떤지를 전하는 기본으로 돌아가게 된다. 상대방의 행동이나 말을 잘못 해석했을 수도 있겠다는 생각도 하게 된다. 원활한 의사소통을 원한다면 자신에 대한 진술을 잘해야 한다.

"저흰 말이 필요 없어요. 서로 너무 잘 알거든요. 말 안 해도 서로의 마음을 읽을 수 있는데, 무슨 말이 필요해요?"라고 말하는 사람들도 있다. 그런데 이 말이 내게는 비현실적인 낭만으로밖에 들리지 않는다. 상대방의 마음을 다 안다고 생각했는데, 그렇지 않았다는 게 판명되면 그때는 어떡하겠는가? 그게 얼마나 절망스러울지 생각해 보았는가? 마찬가지로, 자기 생각을 정확하게 표현하지 않고 상대방이 알아 주기 바라는 것도 위험하다. 한번은 TV를 보다가 "당신은 제가 무슨 생각으로 그 말했는지 다 안다고 생각하죠? 하지만 틀렸어요. 그때 전 완전히 다른 생각을 하고 있었거든요?"라는 말을 들은 적 있다. 건강한 관계를 원한다면, 계속해서 대화를 나누어야 한다. 상대방의 마음을 읽는 기술이 어느 정도인지 측정하기 위해서라도 대화는 꼭 필요하다.

쏜튼 와일더(Thornton Wilder)의 『우리 읍내(Our Town)』라는 희곡에 보면, 한 중년부부가 아들의 결혼식 날, 아침식사를 하며 이런 대화를 나누는 장면이 나온다. "줄리아, 당신이랑 결혼했을 때 뭐가 제일 두려웠는지 아시오? ⋯ 몇 주만 지나면 대화거리가 없어져 서먹서먹해질까봐 그게 가장 두려웠다오." 닥터 깁스가 말한다.

둘은 함께 웃는다. "그래도 이십 년째 계속 대화를 나누고 있구려. 다행히, 할 말이 없어 입 꾹 다물고 있은 적은 별로 없었던 것 같소."

"그래요. 날씨가 좋다 나쁘다 하는 게 별로 좋은 얘기 거리는 아니지만, 그래도 우린 항상 얘기 거리를 찾았죠."

천부적으로 탁월한 의사소통 기술을 타고난 사람도 있지만 그렇지 않은 사람이 훨씬 더 많다. 대화는 건강한 관계의 필수요건이다. 유창하고 재치 넘치고 즐겁고 섬세할 필요는 없지만, 반드시 있어야 한다.

신뢰와 존경

우정에는 신뢰가 포함된다. 절친한 친구는 아주 개인적인 것도, 충격적인 것도 다 이야기할 수 있다. 상대방이 언제까지나 신실할 거라는 믿음도 가질 수 있다. 건강한 관계는 이런 신뢰와 충성 위에 세워진다.

그러나 아무 생각 없이 무턱대고 믿어서는 안 된다. 위험한 상황을 무시해서도 안 된다. 만일, 친구가 마약을 하기 시작했다면, 당연히 그가 마약을 끊도록 도와주어야 할 것이다. 그것이 진정한 우정이다. 친구라고, 나쁜 행동에까지 찬성할 필요는 없다. 그러나 그에 대한 헌신은 표시해야 한다. 진정한 우정은 그 사람의 행동이나 태도에는 우려를 표명하지만, 그 사람 자체는 온전히 용납하는 것이기 때문이다.

연인 사이에 신뢰가 존재하면, 솔직함과 정직함 역시 존재하게 된다. 비밀을 털어놓을 정도로 서로를 신뢰하면, 자기를 열어 보이고 친밀감을 쌓는 것은 자동적으로 하게 되기 때문이다. 그러면, 자기가 그 사람에게 부족할까봐 두려워하지 않게 된다. 오히려 자신을 그 사람과 나누게 된다.

첫 번째 사례연구의 주인공인 샐리는 제리 하고 있으면 "자신이 아닌 다른 사람이 된다."고 했다. 그녀는 그가 자기에게 과분하다고 생각했다. 그래서 그의 수준에 맞추려고 노력했다. 이런 관계에는 솔직함이 끼어들 자리가 없다. 그녀는 그를 신뢰하지 않았다. 그래서 관계는 균형이 깨진 채로 계속 나아가게 되었다.

신뢰는 쌍방향적이다. 상대방은 나의 신뢰를 얻어야 하고 나는 상대방의 신뢰를 얻어야 한다. 그러나 제리는 샐리의 신뢰를 얻지 못했다. 만일 그녀가 그를 신뢰했다면, 그거야말로 바보 같은 짓이었을 것이다. 서로 신뢰하지 못하는 것은 건강하지 못한 관계의 대표적인 특성이다. 상대방의 신뢰를 얻으려면 신실해야 한다. 그를 용납하고 존경해야 한다. 이것이 바로 열쇠다.

서로 존경하는 부부는 누군가에게 질문 받으면 "그 문제라면 제 아내가(혹은 남편이) 잘 알고 있죠. 그 방면에 대해 아주 해박하거든요."라고 대답한다. 혹은 "어제 남편이(혹은 아내가) 너무 감동적인 일을 했는데,

들어보지 않으실래요?"라고도 말한다. 이런 칭찬이 도가 넘어 눈살을 찌푸리게 할 때도 있지만, 그래도 남편과 아내가 서로 사랑하며 세워 주는 것을 보는 것은 분명 기분 좋은 일이다. 그런 부부라면 가정에서도 서로 세워 줄 것이다. 남편은 "여보, 그 미술 강좌는 당신이 먼저 듣는 게 좋겠소. 미술에는 나보다 당신이 조예가 깊으니 말이오."라고 말하고, 부인은 "열심히 했는데 승진하지 못해 유감이에요. 하지만, 저에게는 당신이 승진한 거나 다름없어요."라고 말할 것이다.

반면, 서로 깎아내리지 못해 안달인 부부도 있다. 아내는 남편이 사업에 실패했다고 떠벌리고 다니고, 남편은 아내의 옷차림과 외모, 나이 등에 대해 흉보는 말만 한다. 그런 부부는 주변의 모든 사람을 불편하게 한다. 그들의 가정생활에 대해 상상하기도 싫게 만든다.

자존감은 부서지기 쉽다. 우리는 쉽게 상처 받는다. 무언가 말하려고 입을 열 때마다 우리는 상처 앞에 자신을 노출시킨다. 마음속 깊이 있는 이야기를 할 때마다, 다른 사람에게 칼을 쥐어주는 꼴이 되는 것이다. 따라서 대인관계에 두려움을 느끼는 사람이 많은 것은 어쩌면 당연한지도 모른다. 그들은 누군가와 관계 맺고 있으면서도 외롭다고 느낀다. 마음속 깊이 있는 것을 털어놓을 만큼 안전하다고는 생각지 않기 때문이다.

다른 사람을 깎아내리기는 쉽다. 그러나 그들을 세워 주는 것이 훨씬 보람되다. 건강한 관계에서는 두 사람 모두 서로를 존경한다. 그래서 상대방이 자신이라는 두터운 껍질을 깨고 나오게 한다. 그들은 신뢰와 솔직함과 정직함을 호흡한다.

이것은 하루 아침에 이루어지지 않는다. 신뢰는 천천히 쌓여간다. 다행히, 모든 건강한 관계에는 신뢰를 불타오르게 할 불씨가 존재한다.

자기를 주는 사랑

내 동료 탐 존스(Tom Jones)가 쓴 『다시 독신자가 된 사람들을 위한 핸드북(*The Single Again Handbook*)』에 보면, 다른 여자 때문에 아내를 떠나는 남자 이야기가 나온다. 그는 아내에게서 아무 느낌도 느끼지 못한 지 이 년이 넘었다. 그런데 베스를 만나고는 상상도 못한 감정의 폭발을 경험했다.

존스가 "그 느낌이 영원히 계속될까요?"라고 묻자 그는 모르겠다고 대답한다. 그냥 현재 느낌에 충실하고 싶다고 한다.

"당신은 베스에 대한 그 느낌이 사랑이라고 생각하나요?" 존스가 되묻는다.

"네. 이게 사랑이 아니라면, 무엇을 사랑이라고 하는지 모르겠습니다."

존스는 그 말이 맞다고 생각했다. 그는 사랑이 뭔지 모르고 있었다. 아니나 다를까, 그는 아내를 버리고 베스에게 간 지 이 년도 안 돼 그녀와 이혼했다. 그리고 전처에게 자기를 받아 달라고 간청했다.

이런 일은 수없이 많이 일어난다. 사랑이 뭔지 모르기 때문이다. 사람들은 즐거움을 나누는 것이 사랑이라고 생각한다. '당신은 날 기분 좋게 해. 그래서 당신을 사랑하지. 그런데 당신이 늙거나 내가 싫증나거나 해서 이 느낌이 사라지면, 그땐 미련 없이 당신을 떠날 거야.'

대부분의 '사랑'이 실은 계약이다. 사람들이 상대방을 위해 좋은 일을 하는 것은 뭔가 원하는 게 있기 때문이다. 남편이라면, 내일 저녁에 회식이 있어 늦게 올 거 같으니까 아내가 불평하지 않도록 미리 설거지를 해주는 것이다. 오랜 세월 부부로 함께하다 보면, 충돌을 피하는 방법을 알게 된다. 그래서 대부분 사이 좋게 잘 지낸다. 그러나 이것은 사랑의 본질이 아니다.

그리스어에는 사랑에 대한 단어가 네 개 있다. 첫 번째는 "스토르게(storge)"로 단순한 즐거움을 의미한다. "저는 브로콜리와 고양이와 야구를 좋아합니다." 할 때의 '좋아하다'가 이 스토르게다. 두 번째 단어인 "에로스(eros)"는 성적 사랑을 의미한다. 호감 가는 사람에게서 느끼는 육적 욕망이 에로스인 것이다. 세 번째 단어인 "필리아(philia)"는 우정을 뜻한다. 인간은 자기와 비슷한 사람을 좋아한다. 자기를 사랑하기 때문에, 자신과 지향하는 바가 같은 사람과 친구하려고 한다. 우정은 상대방이 이사 가거나 변하거나 사소한 문제로 다투면 쉽게 깨져 버린다. 그래서 '필리아'도 사랑의 궁극적인 형태는 될 수 없다.

사랑에 대한 마지막 단어인 "아가페(agape, uh-GAH-pay)"는 초대 교인들이 사용한 것으로, 인간에 대한 하나님의 사랑을 묘사한다. 하나님은 우리가 이 사랑으로 서로 사랑하기 원하신다. 이것은 이기심을 모르는 사랑이다. 대가를 바라지 않으며, 주기만 하는 사랑이다. 이익이나 관심사가 비슷해 잠깐 관계 맺는 사이가 아니라, 건강한 관계에 존재하는 '최고의 우정' 같은 사랑이다. 자기를 주는 사랑이다.

사람들은 이것을 무조건적인 사랑이라고 부른다. 이것은 위대한 개념이다. 그러나 이 개념은 오해를 불러올 수도 있다. 두 사람 다 대가를 바라지 않고 주는 사랑을 해야 하는 것은 사실이지만, 이것을 상호의존과 혼동하면 오해가 생기는 것이다. 진정한 사랑은 상대방의 최고의 이익을 추구하는 동시에, 그의 행동에 책임과 해명을 요구한다. 즉, 진정한 사랑은 '강인한 사랑'인 것이다. 사랑은 상대방이 자기 파괴적인 행동을 하도록 내버려두지 않는다. 그들을 변화시키며 계속 전진하게 한다. 그들이 비틀거리고 넘어지면, 인내심을 갖고 기다려 준다.

한쪽만 자기를 희생하며 무조건적인 사랑을 할 수도 있지만, 관계가 제대로 기능하고 기쁨으로 충만하기 위해서는 두 사람 다 이런 사랑을 해야 한다. 여기에 대해서는 나중에 좀더 상세히 이야기하겠다.

낭만적이든 그렇지 않든, 건강한 관계에서는 두 사람 다 주는 사랑을 한다. 이런 사랑은 관계를 50 대 50으로 주고받는 것에서 100 대 100으로 주고받는 것으로 변화시킨다. 또한 한 사람은 전부를 주는데 다른 사람은 아무것도 주지 않는 100 대 0의 관계가 아니라, 두 사람 다 자신의 전부를 주는 100 대 100의 관계를 누리게 한다.

여러분은 50 대 50의 관계를 많이 보아왔을 것이다. 그런 사람들은 "당신이 이걸 해주면 저도 저걸 해줄게요. 제가 당신을 위해 많은 걸 했다는 거 잊지 마세요. 당신은 제게 빚지고 있는 거에요."라고 말하며 누가 더 많이 주는지 항상 점수를 기록한다. 그런데 그 점수는 언제나 자기에게만 후하다. 상대방이 한 커다란 일은 잊어버리고 자기가 한 사소한 일은 오래도록 기억하기 때문이다.

"내가 한 게 없다고? 오늘 저녁 설거지도 내가 했잖아."

"자기 그릇은 자기가 씻는 거 당연한 거 아닌가요? 게다가 당신은 제가 식사를 마치지도 않았는데 디저트를 요구했잖아요."

"그러게, 식사 차리면서 디저트도 같이 내오면 좋잖아."

"디저트만 없었지, 반찬은 훌륭했어요. 제가 날마다 저녁식사를 차리느라 얼마나 힘든지 알기나 해요?"

"그래? 퍽도 힘들겠군! 당신한테 생활비를 주느라 뼈 빠지게 일하는 난 하나도 안 힘든 줄 알아? 누가 누구 보고 힘들다는 거야?"

"그럼, 전 놀고 먹어요?"

이들은 자신의 60퍼센트 이상을 관계에 쏟아 붓고 있는데, 투자한 거에 비해 돌려받는 게 너무 없다고 생각한다. 그러나 자기를 주는 사랑을 하면, 자기가 상대방보다 더 많이 주는 건 아닐까 하고 애타지 않게 된다. 점수를 매기지 않기 때문에, 누가 더 많이 주고 덜 주는 지에는 관심도 갖지 않는다. 오직 얼마나 헌신하며 무엇을 줄 수 있을까에만 관심 갖는다. 이것은 그들을 자유케 하여, 상대방에게서 무엇을 받든 감사할 수 있게 한다.

이것이 건강한 관계의 첫 번째 요소이다. 두 사람은 연인이자 '절친한 친구' 다. 서로 신뢰하고 존경하며 허심탄회하게 의사소통하고, 아무것도 바라지 않고 자기를 주는 사랑을 하는 친구인 것이다.

13

균형

당신이 나이아가라 폭포 근처의 한 휴양지에서 뱃사공 일을 한다고 해
보자. 이곳은 경관이 아름다워 부부와 연인의 데이트 코스로 유명하다.
당신은 그들을 태우고 노 젓는 일을 한다. 두 사람이 뱃머리와 고물에 나
눠 앉으면, 당신은 가운데 앉아 노를 젓는다.

당신이 배에 태운 커플만도 수천은 넘는다. 당신은 이 일을 하며 균형
과 관련하여 다양한 경험을 했다. 예를 들어, 남편은 덩치가 큰데 아내는
왜소하다면, 아내 쪽으로 약간 움직여 앉아야 한다. 그래야 균형을 유지
할 수 있다. 지금까지 힘든 적도 많았지만, 그래도 당신은 배의 균형을 잃

은 적은 한번도 없다. 빅 조지 범퍼스와 타이니 부부를 태우기 전까지는.

그들을 보는 순간, 태우지 않는 게 좋겠다 싶었다. 몸무게 차이가 많이 나는 것도 문제였지만, 빅 조지가 술에 취해 있다는 게 더 큰 문제였다. 그의 입에서는 위스키 냄새가 진동했다. 그는 비틀거리며 배에 올랐다. 그리고 지갑을 열어 보이며 호수를 한 바퀴 돌아 달라고 했다. 만취한 사람은 태울 수 없다고 해도 막무가내다. 내리라고 하면 소동이 벌어질 것 같다. 하는 수 없이 당신은 타이니도 태운 뒤, 그녀 쪽으로 많이 움직여 앉았다. 그리고 조심조심하며 한가운데로 노를 저어갔다. 지금까지는 아무 문제 없다.

그런데 갑자기 빅 조지가 황소 만한 모기떼가 달려든다며 한쪽으로 몸을 움츠린다. 순간, 배가 흔들 하더니 뒤집혀 버린다. 호수 한가운데서 그를 구할 수 있는 것은 구명구와 당신의 구조실력밖에 없다. 타이니는 재빨리 헤엄쳐 뭍으로 올라가더니 총총걸음으로 사라져 버렸다.

관계는 이와 같다. 어떤 관계든 두 사람은 나름대로의 균형을 발견한다. 한쪽이 다른 쪽보다 강해 보이는 커플은 많다. 그러나 그게 반드시 나쁜 것은 아니다.

한 사람은 성격이 강한데 다른 한 사람은 순종적인 커플도 많다. 빌은 타고난 순종파다. 매사에 태평하며 말씨가 온화하다. 반면, 멜라니는 정력이 넘친다. 쾌활하며 다재다능하고, 아이디어가 번뜩이며 활동적이다. 그들을 처음 보았을 때 나는 균형이 일그러진 부부라고 생각했다. 남자가 어쩌면 저렇게 아내한테 휘둘릴 수 있을까? 그러나 그것은 속단이었다. 그들의 결혼은 보기보다 수준 높았다. 빌은 말수가 적었다. 그런데 멜라니는 그가 입만 열면, 귀를 쫑긋 세우고 들었다. 그리고 빌은 멜라니가 활동적인 것을 전혀 불편해 하지 않았다. 그들은 서로 보완해 주고 있었다. 서로 사랑하며 상대방을 세워 주고 있었던 것이다.

이렇듯, 성격이 상반되는 커플도 잘 적응하면, 효과적인 균형을 이룰 수 있다. 그러나 한 사람이 인격적으로 균형 잡혀 있지 않으면, 관계도 덩달아 균형을 잃기 쉽다. 그리고 이것은 건강하지 못하며 위험한 상황으로 이어진다. 앞의 이야기에서 문제는 빅 조지였다. 타이니는 아무 문제 없었다. 그녀에게 잘못이 있다면 그와 결혼했다는 것뿐이었다. 당신 역시 문제가 있다면, 그 사람과 함께 호수 한가운데로 나갔다는 것밖에 없다. 그의 문제 때문에 배 전체에 문제가 생기게 된 것이다. 이렇듯, 한쪽에 인격적 문제가 있으면, 관계 전체에도 문제가 생기게 된다. 건강한 관계는 그 관계를 이루는 사람들 하나하나가 잘 균형 잡혀 있을 때 이루어진다.

개인의 균형

우리는 여러 가지 상이한 요소로 이루어져 있다. 강한 동시에 약하며, 자신감 넘치는가 하면 불안정하다. 외향적인 것 같으면서도 내성적이다.

최근에 나는 인성검사를 받아 보았는데, 질문지 가득 질문이 적혀 있었다. 거기에 답해 제출했더니 내가 어떤 사람인지 분석해 주었다.

나는 이런 테스트가 검사결과를 수치로 알려준다는 게 마음에 든다. "이성적인 면보다 감정적인 면이 좀더 발달했습니다."와 같은 대답 대신 "감정 쪽으로 62퍼센트 정도 기울어져 있습니다."라고 대답해 준다. 나는 사고지향적이다. 따라서 이 검사결과와 실제 사이에는 다소 차이가 있다. 그래서 생각해 보았더니, 내가 사고지향적이라는 것을 알고, 평소에 감정에 우선순위를 두려고 애쓰기 때문에 검사결과가 이렇게 나온 것 같았다. 실제로 나는 항상 62퍼센트 정도를 감정에 우선순위를 두는 경향이 있다.

인간은 누구나 다양한 자질이 혼합되어 있다. 그런데 균형 잡힌 인간이 되려면, 그 자질들을 모두 받아들여야 한다. 장점, 단점 모두 받아들여야 하는 것이다. 앞에서 나는 감정에 우선순위를 두는 경향이 있다고 했다. 그러나 균형 잡힌 인간이 되려면 감정뿐 아니라 이성적인 생각에도 무게를 둬야 한다. 그래야 온전해질 수 있다. 자신의 한 부분이라도 부인하면, 결코 온전해질 수 없다.

온전한 사람은 일과 여가 사이에서 균형점을 찾는다. 그래서 여가만을 즐기지도 않고 일에 푹 빠져 살지도 않는다.

온전한 사람은 가족과 함께 있는 걸 좋아하지만, 친구도 많이 사귀고 혼자서도 잘 지낸다.

온전한 사람은 야심 찬 목표를 세우되, 자신의 한계를 잊지 않는다. 그래서 이성적인 수준에서 자신을 채찍질한다.

온전한 사람은 시간, 관심사, 자원 등 자기에게 있는 것을 아낌없이 주되, 자신의 온전함을 지킬 줄 안다. 그래서 완전히 고갈되어 더 이상 줄 수 없을 때까지 자기를 주지는 않는다. 언제 재충전이 필요한지 아는 것이다.

온전한 사람은 다른 사람과 상관없이 독립적으로 생활할 수 있지만, 사랑하는 사람에게만은 좀 의존적인 모습을 보인다. 그들은 사랑하는 사람과 상호의존하는 법을 안다. 좋은 관계는 그 위에 세워진다.

온전한 사람은 영적이다. 하나님과 건강한 관계를 맺으며, 자신의 믿음을 삶 속에서 실제적으로 살아낸다. 그러나 인생의 물질적인 면도 받아들이고 향유한다.

온전한 사람은 중독에 빠져 삶의 균형을 깨는 일을 하지 않는다. 약물을 남용하지도 않는다. 그것이 자신의 능력을 제한하고 온전함에서 멀어지게 한다는 걸 알기 때문이다. 그들은 도박이나 포르노 같은 행동 중독에도 빠지지 않는다. 그런 것들은 인간의 아주 작은 부분만 강조하고 나머지는 부인한다는 걸 알기 때문이다.

온전한 사람은 다양한 즐거움을 추구하며 삶을 만끽하되, 순간적인 쾌락을 탐닉하지 않는다. 그들은 만족스러운 삶이라는 보다 큰 그림을 본다.

이것이 이상적이고 비현실적으로 들릴 수도 있겠지만, 이렇게 균형 잡힌 삶을 사는 사람이 얼마나 많은지 모른다. 나는 지금 완벽한 사람이 되라고 말하는 것이 아니다. 세상에 결점 없는 사람은 없다. 그러나 자신만의 균형점을 찾으면, 얼마든지 건강한 삶을 영위할 수 있다.

여러 측면의 균형

관계에는 다양한 면이 있다. 정신적, 영적, 신체적, 사회적, 개인적 면이 있다. 그런데 이 중 한 가지에만 집중하고 다른 것은 무시하면 균형이 깨진다.

관계의 균형이 깨지는 것은 육체적인 면에 집착할 때 가장 많이 일어난다. 우리 사회는 육체적인 매력을 높게 평가한다. 그런데 실은 모든 구속이 여기에서 시작된다. '당신 참 근사해 보이는데, 침대에서도 그럴까?' 에 관계의 전부를 거는 커플이 얼마나 많은지 모른다. 그래서 오랫동안 사귀고 잠까지 같이 자면서도 서로에 대해 아는 게 없다. 성격도 안 맞고 생각하는 것도 다르다. 사람들 앞에서는 서로를 당혹스럽게 하기도 한다. 관계의 균형이 완전히 깨진 것이다.

어떤 이들은 사회적인 면을 중요시해 남들 앞에서는 서로를 세워 준다. 그래서 사이가 좋으며 찰떡궁합이라는 말을 듣는다. 그러나 둘만 있을 때는 서로를 견디지 못한다. 그들 사이에는 영적으로 혹은 지적으로 큰 차이가 있다.

성관계만큼 관계의 균형을 순식간에 깨 버리는 것도 없다. 정신적, 영적으로는 서로 잘 모르면서 육체적으로만 앞서가는 것은 위험하다. 그럴 때는 육체적 접촉을 일체 삼가고 다른 모든 영역에서도 골고루 성장하도록 해야 한다. 헌신된 사랑을 하고 매사에 균형을 유지해야 한다.

천성적으로 좀더 지적인 사람이 있는가 하면, 영적으로 좀더 민감한 사람이 있고, 사회적으로 좀더 활동적인 사람이 있다. 그런데 최고의 관계에서는 두 사람 다 자신의 타고난 약점을 강하게 하려고 노력한다. 그리고 서로에 대해 잘 알지 못하는 부분이 있으면 알아가려고 노력한다.

파트너 사이의 균형

케이티는 대학 다닐 때 마이클과 사랑에 빠졌다. 그는 재치 있고 총명했다. 그들은 다방면에서 생각이 비슷했다. 대화도 잘 통해, 한 번 대화를 시작하면 서너 시간은 기본이었다. 그녀는 자기만큼 마이클을 잘 아는 사람은 없을 거라고 생각했다. 그리고 그의 생각은 그녀에게 큰 자극이 되었다.

사귄 지 얼마 지나, 마이클이 자기한테는 의학적으로 문제가 있는데 그것이 가끔 그의 행동에 영향을 미친다고 고백했다. 그는 약물치료를 받고 있었다. 그녀는 이 사실을 이해하고 받아들였다. 그러자 그를 훨씬 더 잘 이해하게 되었다. 그래서 결국은 그를 자기 집으로 불러들여 그와 함께 살기로 했다.

그런데 그때부터 마이클이 이것저것 많이 요구하기 시작했다. 취직도 잘 안 돼 애를 먹었는데, 회사생활도 힘들게 했다. 그녀는 그를 격려하며 입사지원서도 타이핑해 주고 구인광고도 구해다 주었다. 그런데 그는 간신히 잡은 직장을 몇 달도 안 돼 그만두고 싶어했다.

마이클은 무언가 잘못할 때마다, 그것을 자신의 의학적 문제 탓으로 돌렸다. 그녀에게서 무언가 얻어내고 싶을 때는 동정심에 호소했다.

그런데 아무리 헌신적으로 해줘도, 그는 감사하지 않았다. 그녀에게 관심을 주지도 않았다. 그제서야 그녀는 관계의 균형이 깨져 있다는 걸 깨달았다. 그들의 관계는 온통 마이클과 그의 문제에 대한 것뿐이었다. 그녀는 그를 도와주기 위해 존재하는 것 같았다. 마이클과 그의 필요에 압도된 그녀는 마이클에게 나가 달라고 했다. 그러나 그가 나간 후에도 관계는 지속했다.

케이티는 화가였는데, 다른 주에 있는 화랑으로부터 작품전시 제안을 받았다. 그것은 그녀의 경력에 전환점이 될 수도 있는 아주 큰 기회였다. 그런데 마이클은 그 사실을 알면서도 잘하고 오라는 전화 한 통 하지 않았다. 케이티가 전시회에서 돌아오고 나서도 잘하고 왔냐는 안부전화 한 통 하지 않았다. 그는 4일이나 지나서야 전화해 놓고는 온통 자기 얘기밖에 하지 않았다. 결국, 케이티는 그와의 관계를 정리하기로 했다. 그런데 케이티가 헤어지자고 하자 마이클은 이해할 수 없다고 했다.

케이티는 그를 돌보고 지원해 주려고 했다. 그러나 마냥 줄 수만은 없었다. 그녀도 무언가 받아야 했다. 그들의 관계는 위험할 정도로 균형감각이 깨져 있었다. 이것은 그녀 역시 균형 잡히지 못한 사람으로 만들었다. 그러나 그녀는 현명하게도, 거기에서 빠져나왔다.

건강한 관계는 자신에 대한 것도 상대방에 대한 것도 아니다. 두 사람 모두에 대한 것이다. 두 사람이 사귀다 보면, 으레 한 사람이 다른 사람을 도와주어야 할 때가 있다. 그러나 건강한 관계에서는 주고받는 것이 쌍방향으로 이루어지며, 간혹 균형이 깨져도 이내 회복된다. 사람들 앞에서도 서로에 대해 자주 이야기하며, '우리'라는 말을 많이 한다. 반면, 균형이 깨진 관계에서는 한 사람은 '나'라는 말을, 다른 사람은 '그' 혹은 '그녀'라는 말을 많이 한다.

한쪽이 직업도 좋고 외향적이고 타고난 리더형이라, 상대방은 그를 지원해 주는 역할을 해야 할 수도 있다. 물론, 둘 다 만족하면 아무 문제 없지만, 균형 잡힌 관계를 유지하기 위해서는 둘 다 자신을 각자 다른 역할을 수행하는 팀원으로 생각해야 한다. '그를 지원하는 그녀' 혹은 '그녀를 지원하는 그'로 생각해서는 안 되는 것이다.

앞 장에서 무조건적인 사랑에 대해 얘기하며, 점수를 기록하는 부부에 대해서도 언급했다. 이런 부부들은 어려움에 처하면, 제로섬 게임을 시작한다. 내가 앞서면 상대방은 그만큼 뒤처지게 된다. 내게 좋은 것은 상대방에게는 나쁘다. 어떤 사람들은 이것을 '균형'으로 보기도 하지만, 결코 좋은 것은 아니다.

지난 몇 년 동안, 시카고 불즈는 프로농구 세계를 지배했다. 이 팀에서 가장 뛰어난 선수는 단연 마이클 조던(Michael Jordan)과 소코티 피펜(Scottie Pippen)이다. 이 둘은 영원한 올스타 선수다. 이들은 한 게임당 20-30점의 득점을 올리곤 한다. 그러나 둘이 경쟁하는 일은 절대 없다. 그들은 하루는 조던이 득점을 리드하면, 다음 날은 피펜이 골대를 독차지하는 식으로 경기를 이끌어간다. 그들이 경쟁한다면, 그보다 더 우스운 광경도 없을 것이다. 같은 팀 선수끼리 경쟁해서 뭐하겠는가? 조던에게 좋은 것은 피펜에게도 좋다. 그들은 이 사실을 알고 있다. 그래서 관객들은 조던이 공을 몰고 가며 수비수들을 자기 쪽으로 유인하다가, 결정적인 순간에 피펜에게 공을 넘겨 덩크슛을 하게 하는 장면을 자주 목격할 수 있다.

건강한 관계는 이와 같다. 자기들이 한 팀이라는 걸 알고, 서로 돕고 격려하며 영감을 불어넣어 준다.

건강한 관계에는 제로섬 게임이 존재하지 않는다. 서로 경쟁하는 사이라 해도 좋은 관계에는 격려, 도전, 영감이 있다. 한 사람의 승리는 두 사람 모두의 승리이다. 이것이 바로 건강한 관계가 요구하는 균형이다.

14

경계선

"제 애인은 제게 손찌검을 가하곤 했어요. 그런데도 제가 그를 무조건 적으로 사랑해야 했을까요?"

별거 중이거나 이혼한 사람들을 위한 세미나에서 내 동료 탐 존스가 무 조건적인 사랑에 대해 열변을 토하자, 한 여성이 이렇게 물었다. 그는 "보답을 바라지 않고 계속해서 주는 것"이 무조건적인 사랑이라고 했다.

탐이 무조건적인 사랑에 대해 강의하면, 사람들은 격앙된 반응을 보이 곤 한다.

"선생님 말씀대로 저는 주고 또 주었어요. 아무것도 돌려받지 못했어요. 그런데 지금 제 모습이 어떤지 아세요? 완전히 엉망진창이 되어 버렸어요."

"남편은 저를 몇 년씩이나 이용하더니, 얼마 전에는 어떤 여자랑 눈이 맞아 집을 나가 버렸어요."

"그 무조건적인 사랑이 듣기는 좋은데, 효과는 별로 없더군요." 한 사람이 이렇게 말하자 모두 고개를 끄덕였다.

그래서 탐은 다음 시간에는 내가 경계선에 대해 강의할 테니 자리를 지켜 달라고 부탁하고 연단을 내려왔다. 그 후 우리는 강의 순서를 바꾸었다. 경계선을 이해하지 않고는 무조건적인 사랑을 실천할 수 없다는 판단에서였다.

무조건적인 사랑은 우리 모두 추구해야 하는 이상이다. 우리는 이기적인 의도 없이 사랑을 주어야 한다. 이기적 의도가 첨가되면 그것은 이미 사랑이 아니다. 상대방을 교묘히 조작하는 것이거나 거래다.

친구를 사랑하기는 쉽다. 무언가 돌려받으리라는 걸 알기 때문이다. 그러나 전혀 사랑스럽지 않게 행동하는 사람을 사랑하는 것은 글쎄… 어떻게 보면 이것은 기술이다. 나를 비웃고 침 뱉고 손찌검까지 가하는 사람을 사랑한다는 것은 더할 수 없이 어려운 도전이다. 그러나 그런 사람도 사랑할 수 있다.

일단, 관계 속에 들어왔으면 상대방과 나뿐 아니라, '우리'에게도 관심을 가져야 한다. 어쩌면 당신은 아무것도 요구하지 않고 자기를 주면서 희생적으로 살 수 있을지도 모르겠다. 길모퉁이에 앉아 구걸하는 거지에게 외투를 벗어 줄 수 있을지도 모르겠다. 구세군에게 마지막 남은 동전 한 닢도 주어 버릴 수 있을지 모르겠다. 그러나 관계가 작동하려면,

사랑이 양방향으로 흘러야 한다. '우리'의 유익을 위해, 상대방에게 당신에 대한 사랑을 보여 달라고 요구해야 한다. 그러려면 경계선을 정해야 한다.

로버트 프로스트(Robert Frost)의 「고친 벽 (Mending Wall)」이라는 시에 보면, "좋은 울타리는 좋은 이웃을 만든다."는 시구가 나온다. 우리는 관계가 자유롭고 개방적이어야 한다고 생각한다. 비밀도 없고 닫힌 문도 없으며 경계선도 없어야 한다고 생각한다. 우리는 담을 싫어한다. 그러나 좋은 관계에는 담이 필요하다. 좋은 울타리가 좋은 배우자를 만들기 때문이다.

총각시절 자취할 때, 우리 주인집 아주머니는 옆집 아저씨에게 상당한 유감을 갖고 있었다. 그 집 잔디밭 한 줄을 십 년 넘게 깎아 주었는데, 고맙다는 말을 한 번도 못 들었기 때문이었다. 그 아주머니는 얼굴도 예뻤지만 마음씨도 고왔다. 나한테 맛있는 음식도 많이 만들어 주시고 내가 출장가면 우편물도 보관해 주셨다. 그분은 늘 남에게 베푸는 분이셨다. 그런데 유독 옆집 아저씨한테만은 심술궂게 행동하셨다. 그 잔디밭 한 줄 때문이었다.

"혹시 옆집 아저씨는 그 잔디밭이 저희 집 거라고 생각하는 거 아닐까요?" 한번은 내가 이렇게 물어보았다. 그러자 그 아주머니는 잠시 멍한 표정으로 가만히 있었다. 그러나 이내 고개를 흔들며 그럴 리 없다고 말씀하셨다.

주인 아주머니와 옆집 아저씨가 울타리를 쳐 경계를 표했다면, 어디까지가 자기 잔디밭인지 알 수 있었을 것이다. 잔디밭 관리에 따르는 규칙도 알 수 있었을 것이다.

남녀 관계는 '그', '그녀' 그리고 '그것'의 3개 1조로 되어 있다. '그것'(관계)을 가지려면 '그'와 '그녀'가 필요하다. 그런데 둘 중 한 사람이 자신을 잃어버려 자기가 누군지 모른다면, 그래서 관계가 다른 한 사람에 대한 것이 되어 버린다면, 그 관계는 이내 붕괴하게 된다. 관계에는 이 세 가지가 모두 필요하다. 그런데 어떻게 하면, 이 세 가지 모두 강하게 할 수 있을까? 그러려면 무엇보다 자신을 보호해야 한다. 그리고 상대방을 강하게 해야 한다. 끝으로, 관계를 정의해야 한다.

자기 보호하기

냉장고에서 물병을 꺼내 컵도 없이 따르면, 물은 식탁 위로 계속 퍼질 것이다. 물은 경계를 필요로 한다. 이것은 액체의 속성이다.

사람도 마찬가지다. 상대방에게 '자신을 마구 따라 주면' 자기가 누구인지 잃어버리게 된다. 그래서 자신의 정체성을 상대방 속에서만 찾게 된다. 이런 사람은 그릇이 아니라 바닥으로 떨어지는 물과 같다. 그들에게는 아무런 경계선이 없다. 그러나 경계선 없이는 좋은 일을 많이 할 수 없다. 상대방을 위해서도 좋은 일이 아니다.

모니카가 그랬다. 그녀는 프랑스에 선교사로 파송되어 갔다. 그러나 크리스한테 이용만 당하고 돌아왔다. 그리고는 스티브와 테드에게 차례로 이용당했다. 그녀가 이렇게 된 것은 경계선을 포기했기 때문이었다. 자존감이 낮았던 그녀는 이 세 남자 속에서 자신의 가치를 찾으려고 했다. 그래서 그들을 섬겼다. 그들이 자기를 이용하게 했다(그리고는 그들이 자기를 '이용했다'고 불평했다).

이런 사람들이 참 많다. 상대방에게 너무도 헌신한 나머지, 도덕적 신념도 자기 권리도 우정도 다 버린다. 직장도 그만두고 종교도 그 사람 것으로 바꾼다. 심지어 이보다 더한 일도 한다. 자신을 '자기'로 만들어 주는 것은 뭐든 포기하는 것이다. 조금이라도 상대방과 같아지기 위해서.

그렇다면, 자기에게 경계선이 없다는 것을 어떻게 알 수 있을까? 대개 다음과 같은 것들을 보면 알 수 있다.

- 비밀을 간직할 수 없다.
- 데이트하는 첫날부터 친밀한 대화를 나눈다.
- 첫눈에 사랑에 빠진다.
- 자기에게 관심만 보여 주면 누구 하고나 사랑에 빠진다.
- 하루 종일 어떤 사람을 생각한다.
- 자신의 성적 기준을 어긴다.
- 식사대접도 받고 선물도 받고 원하지 않는 신체접촉도 그대로 받는다.
- 자기 의견은 중요하게 생각하지 않는다.
- 다른 사람들을 위해 자기 몸을 혹사한다(그들은 손가락 하나 까딱 않는데도).
- 다른 사람들이 자기 대신 결정 내리게 한다.
- 감정도 다른 사람들이 주문하는 대로 가진다.
- 누구 하고 친구할지도 파트너의 결정에 따른다.
- 누군가 돌봐 주지 않으면 안 될 정도로 통제력을 상실한다.
- 성적 학대나 육체적 학대를 참는다.

잘 알지도 못하는 사람을 위해서도 무언가 해야 한다는 강박관념을 가진다. '싫다'라고 말하는 게 어렵다. 그래야 한다는 걸 알면서도.

경계선을 긋는 것은 이기적인 행동이 아니라, "이게 제 모습이에요. 제겐 저만의 규칙과 신념과 친구와 요구사항들이 있어요. 당신이 제게 무언가를 요구한다면 중간 이상으로까지 맞추어 줄 수도 있어요. 하지만, 당신도 저를 있는 모습 그대로 존중해 주어야 해요."라고 말하는 것이다.

샐리와 로리에게는 이런 자의식이 있었다. 그들은 자신의 정체성을 붙들었다. 자신이 생각보다 훨씬 가치 있는 사람이라는 결정도 내렸다. 그들은 중독적인 관계 없이 그들 자신만으로도 가치 있는 사람이 될 수 있었다.

가끔 보면, 다른 사람을 이용하려는 사람이 있다. 그들은 남이 자기를 섬겨 주고 좀더 쉽게 살게 해주기 바란다. 그런데 자존감 낮고 개인적 경계선이 없는 사람이 그런 사람들에게 이용당하곤 한다. 사실, 이용당하는 사람이 이용하려는 사람을 유인하는 것이다.

카렌은 "때론 제가 나쁜 남자들만 끌어당기는 자석 같다는 생각이 들어요."라고 말했다. 그것은 사실이었다. 아무 경계선도 없고 만나는 남자마다 섬기려고 하는 한, 그녀는 좋은 남자는 멀리멀리 내쫓고 나쁜 남자들만 끌어당기게 될 것이다. 이것은 슬픈 일이다.

이용당하던 사람이 경계선을 선포하면, 관계가 끝나 버릴 수도 있다. 이용하던 사람이 관계의 변화를 인정하지 않을 것이기 때문이다. 보나마나, 그는 마음껏 이용할 또 다른 사람을 찾아 떠날 것이다. 이렇게 해서 관계가 끝나면 당장은 힘들겠지만, 관계중독자들에게는 이것이 가장 좋은 해결책이다.

그러나 경계선을 긋되, 경직된 경계선을 그어서는 안 된다. "이게 제 모습이에요. 전 절대로 변하지 않을 거에요. 그러니 저를 있는 그대로 받아들이세요. 싫으면 떠나세요."라고 해서는 안 된다. 건강한 관계는 주고받는 관계이다. 그래서 당신이 상대방에게 영향 받는 만큼, 그 역시 당신에게서 깊은 영향을 받는다. 또한 건강한 관계는 물이 가득 담겨 있는 비닐봉지 같다. 비닐봉지에 물을 담으면, 통 모양에 따라 수만 가지의 외형적 변화가 가능하다. 형태는 외부의 압력에 따라 자유자재로 변하면서 안에는 여전히 물을 담고 있을 수 있는 것이다.

파트너 강하게 하기

중독과 상호의존에 대해 말할 때는 중독자가 중독의 문제를 다룰 수 있도록 도와주는 부정적 조력자(enabler, 사전적 의미는 '~할 수 있게 하다', '가능하게 하다'이다. 이 책에서는 중독을 지속하도록 도와주는 사람을 말하는 부정적 의미로 사용되었다. 독자의 이해를 돕기 위해 부정적 조력자라 번역했다. −편집자 주)에 대해 종종 이야기한다. 대개는 배우자나 다른 중요한 사람이 이 역할을 맡는데, 이런 사람이 있으면 좋을 것 같지만, 실제로 그들은 중독자가 중독 안에 계속해서 머무르도록 돕는 일을 한다.

샐리의 아이들은 엄마가 술 마시고 널브러져 있으면, 아파서 회사를 못 가겠다고 대신 전화해 주곤 했다. 이것이 중독 안에 머물게 하는 부정적 조력자의 행동이다. 물론, 그들은 엄마를 도와주려고 그랬다. 엄마가 일자리를 잃어서는 안 되기 때문이었다. 그러나 이것은 샐리가 중독된 상태에 계속해서 머물도록 도와주는 것밖에 되지 않았다. 결국, 이 때문에 샐리는 제때에 도움을 구하지 못하고 너무 늦게 도움을 구하게 됐다.

또한 이들은 중독자의 중독으로 나쁜 영향이 초래되면, 그것을 벌충한다. 중독자를 대신해 변명도 해준다. 항상 그들을 용서하고 믿어 준다. 그러다가 종종 자신도 중독에 빠지곤 한다.

이런 일은 비단 알코올중독이나 마약중독에만 국한되지 않는다. 관계에서도 얼마든지 일어날 수 있다. 관계가 균형을 잃고 중독으로 치달으며 상대방이 당신을 이용하고 있다면, 그것은 상대방이 당신을 올바르게 대하지 못하도록 당신이 허용했기 때문이다.

어떤 사람은 상대방이 데이트 시간에 30분, 한 시간 혹은 그 이상 늦어도 묵묵히 기다려 준다. 그렇게 오래 기다려도, 매번 용서해 주고 또 만날 약속을 한다. 그러나 이것은 상대방이 자기를 배려하지 않고 늦장 부리도록 빌미를 제공하는 것밖에 되지 않는다.

이런 경우에는 용서해 주되 잘못된 행동에 대해서는 책임지게 해야 한다. 다시 한 번 말하지만 남녀 관계는 그, 그녀 그리고 그것(관계)으로 이루어져 있다. 당신은 상대방의 모든 행동을 용서할 수 있을지도 모른다. 그러나 당신의 파트너는 자신의 잘못된 행동으로 '관계'에 해가 초래된다는 것을 알아야 한다. 그런 행동이 계속되면, 관계는 살아남을 수 없다. 당신이 그동안 받은 모든 고통에 대해 그 사람을 용서하더라도….

내가 관찰한 바에 의하면, 이렇게 지속적으로 의존적인 삶을 살도록 도와주는 것(enabling)을 대체할 수 있는 것은 독립과 상호의존을 향해 나아가도록 돕는 것(empowering)이다. 부정적 조력은 파트너가 계속해서 나쁜 행동을 하도록 도와주는 거라면, 능력 부여자(empowering, 중독에서 벗어날 수 있도록 힘을 주는 사람을 의미한다. enabling과는 대조적 의미로 사용했다. ─편집자 주)는 그가 나쁜 행동을 그만둘 수 있도록 힘을 준다. 상대방에게 이런 힘을 주려면, 더 이상은 그의 잘못을 용납해 주어서는 안 된다. 그에게 맞서야 한다. 그리고 용서한 다음에는 잊는 것이 아니라 관계의 규칙을 상기시켜 주어야 한다.

그러나 이것도 정도가 지나치면 위험한 상황이 초래될 수 있다. 파트너를 만날 때마다 당신을 올바르게 대하는 법을 가르친다면, 오히려 그로 인해 관계가 균형을 잃을 수도 있다. 당신은 파트너를 '구해 줄' 수 없다. 다만, 파트너가 잘못된 행동을 할 때마다 강경하게 대응함으로써, 그가 변하도록 도전을 줄 수 있을 뿐이다. 즉 "당신은 이보다 가치 있는 사람이에요. 좀더 나은 행동을 할 수 있어요."라고 말이다.

파트너가 자기 파괴적인 중독에 사로잡혀 있다면, 당연히 그가 자신의 가치를 인정하도록 도와주고 싶을 것이다. 그를 더 파괴하고 싶지는 않을 것이다. 오히려 회복시켜 주고 싶을 것이다. 그러나 관계도 두 사람 모두에게 자기 파괴적이 될 수 있다. 한 사람이 다른 사람을 육체적, 정신적으로 학대한다면, 그것은 상대방은 물론이거니와 자신의 영혼까지도 학대하는 것이다. 능력부여자는 상대방을 구해 주지 않는다. 그 사람의 가치에 바탕을 두고 그에게 할 수 있도록 도전을 가하는 것이다.

관계 정의하기

우리는 모두 어떤 관계를 가질지 결정해야 한다. 그런데 내가 이렇게 조언해 주면, 많은 커플들이 걸려 넘어진다. 어떤 남자들은 아내가 집안

일만 할 거라 생각하고 결혼했다가, 나중에 알고 봤더니 사회생활 할 계획을 세우고 있다며 많이 허탈해 한다. 이런 남자들은 퇴근할 때 베이컨을 사 오면 아내가 맛있게 요리해 줄 거라고 생각한다. 그냥 전자레인지에 넣고 휙 돌려 식탁에 내 놓을 거라고는 꿈에도 생각지 않는다. 자기 삶이 전자레인지에서 막 꺼낸 즉석요리로 가득 차기 원치 않는 것이다.

이런 사람들은 자신이 어떤 사람이며, 무엇을 원하는지 아내에게 이야기할 필요가 있다. 아내에게 원하는 것이 무엇인지도 이야기하고 관계도 새롭게 정의해야 한다.

랍은 데이트 시절에 겪었던 좌절에 대해 들려주었다. "그 여잔 정말 멋있었어요. 근데 약속 시간 몇 분 전에 데이트를 취소하는 버릇이 있었어요. 약속 장소에 나가려고 하면, 사정이 생겨 못 나갈 것 같다는 문자가오는 거에요. 그리고는 전화도 해주지 않았어요. 그래서 한 주나 두 주쯤 지나, 제가 전화하면 간이라도 빼줄 것처럼 상냥하게 구는 거에요. 그러면 전 마음이 약해져 다시 그 여자랑 데이트 약속을 잡곤 했죠. 그런데 몇 번 데이트하고 나면 또 약속시간을 얼마 안 남겨 놓고 취소하는 거에요."

"그런 일을 몇 번 겪고 나서 또 데이트하기로 한 날이 되었는데요. 그녀를 태우려고 갔더니 없는 거에요."

"한 장에 50달러나 하는 공연 티켓 두 장을 들고 초인종을 눌렀는데나오지 않더군요. 이만 하면 충분하다 싶었어요. 그녀가 멋있는 건 사실이었어요. 그건 그녀도 알고 있는 것 같았어요. 하지만 그녀가 저를 계속해서 그런 식으로 대하는 건 용납할 수 없었어요."

약속 시간이 임박해서야 약속을 취소하는 걸 몇 번 되풀이하며 그 여자는 랍과의 관계를 이렇게 정의 내렸다. "약속시간 몇 분 전에 약속을 취소해도 상관없다. 그래도 랍은 용서해 주고 데이트 신청해 올 것이다." 이 것은 좋은 관계가 아니다. 그래서 랍은 다시는 전화하지 않기로 했다. 랍 하고 데이트하고 싶으면 그녀도 약속을 지켜야 했다.

데이비드는 한번은 나이 어린 여자와 데이트했는데, 그녀를 무척이나 오래 기다리게 했다고 한다. 그녀는 그에게 미쳐 있었다. 그러나 그는 그 럭저럭이었다. 그런데 어느 날, 그 여자가 "당신은 제게 한 번도 꽃을 선 물해 준 적 없어요." 하더니 그동안 쌓인 불만을 다 토로했다고 한다. 그 녀는 데이비드가 자기를 사랑해 주지도 인정해 주지도 않는다고 느끼고 있었다. 그래서 관계를 재정의하려고 했다. "전 당신을 얼마나 좋아하는 지 자주 보여 주는데, 당신은 그렇지 않아요. 이건 잘못됐어요. 바뀌어야 해요."

그래서 얼마 동안은 바뀌었다. 그러나 데이비드는 그걸 계속할 정도로 그 여자를 사랑하지는 않았다. 그래서 결국은 헤어졌다. 그 일로 그녀는 상처 받았다. 그러나 그것이 아무 정의도 내려지지 않거나 나쁘게 정의된 관계에서 마냥 기다리는 것보다 훨씬 낫다. 그녀는 그에게 사랑을 표현해 달라고 요구했다. 자기가 원하는 관계의 모습도 정의했다. 결국, 그 때문 에 그와 헤어지기는 했지만, 중독적으로 치달을 수도 있었을 관계에서는 자신을 구했다.

그렇다면, 관계를 정의하려면 어떻게 해야 할까?

1. 관계에서 무엇을 원하며 무엇을 줄 수 있는지 결정하라. 이것을 기업간 에 협상하듯 할 필요는 없지만, 미리 준비해 둘 필요는 있다.

2. 파트너와 대화하라. 상대방에게 어떻게 해주면 좋겠는지 물어보라. 그도 자기가 무얼 원하는지 모를 수 있다. 혹은 원하는 게 있어도 솔직하

게 털어놓지 못할 수 있다.

3. 당신이 원하는 것에 대해서도 이야기하라. 단, 불합리한 요구는 하지 마라(혹은 파트너가 그러지는 않는지 확인하라).

4. 필요하다면, 관계를 위한 일련의 '규칙들'을 합의한 후 문서로 작성하라. 이미 좋은 관계라면, 앞의 세 항목에 대해 이야기하는 것만으로도 충분할 것이다. 그러나 고쳐야 할 부분이 있다면, 상대방의 동의를 구한 뒤 그렇게 해야 한다. 이를테면, 꽃을 선물해 달라, 시간을 지켜 달라, 약속 시간 몇 분 전에 취소하는 일은 삼가해 달라, 내가 원하는 걸 해 달라, 가끔은 내 친구들과 함께 데이트하자 등과 같은 것들 말이다.

혹은 좀더 심각한 요구를 할 수도 있을 것이다. 구타하지 마라, 마약복용을 중단하라, 너무 성관계만 강조하지는 마라, 남들 앞에서 무시하지 말아 달라 등을 말이다.

5. 규칙을 세웠는데도 상대방이 지키지 않으면 언제든 떠나라. 규칙을 세운 다음에는 관계를 언제 끝낼지 미리 결정해 두어야 한다. 한 번 어겼을 때? 두 번 어겼을 때? 혹은 세 번 어겼을 때? 그 규칙들은 당신에게 얼마나 소중한가? 당신은 이 관계에서 정한 경계선들을 기꺼이 지킬 의사가 있는가?

6. 관계가 끝날 수도 있다는 것을 인정하라. 당신이 특정한 경계선을 고집하면, 파트너가 떠나 버릴 수도 있다. 데이비드가 이것저것 요구하던 그 여자를 떠났듯이. 당신이 원하는 그 사람은 당신의 규칙들을 존중하면서까지 당신과 함께 있으려고는 하지 않을 수도 있다. 그러나 이것이 당장은 고통스러울지 몰라도 결국은 최선이 될 것이다.

다행히, 파트너가 긍정적으로 반응해 오면 관계를 건강하고 공평한 것으로 회복시킬 수 있다. 이렇게 되면 더할 수 없이 좋다.

―――――――――

건강한 관계가 건강한 경계선을 가지면, 두 사람 모두 무엇을 원하며 무엇을 주어야 할지 알게 된다. 도움이 필요하거나 상대방에게 이용당한다고 느낄 때는 거리낌없이 이야기할 수도 있게 된다.

그리고 서로에게 최고의 친구가 되어 줄 수 있다. 자신의 60퍼센트, 90퍼센트, 심지어는 100퍼센트까지도 줄 수 있다. 관계가 균형을 잃으면 안 된다는 것을 알기에, 상대방에게 기대는 법과 상대방으로 하여금 자기에게 기대게 하는 법도 배울 수 있다.

우리가 알지 못할 뿐, 분명 '좋은 울타리'는 있다. 상대방의 흠을 들추어 내는 것은 누구에게도 도움이 되지 않는다. 노력과 사랑을 공평하게 분배하는 것이 최선이다.

15

사례연구: 크리스틴

크리스틴은 착한 소녀였다. 유년시절 내내 "얌전하고 착하다."는 말을 들었다. 그녀는 무남독녀였다. 그런데 부모님의 관심을 별로 못 받았다. 그녀의 어머니는 몸이 약해 늘 병원 신세를 졌다. 아버지는 병약한 어머니 돌보랴, 돈 벌어 병원비 대랴 항상 일에 파묻혀 살았다. 크리스틴은 아픈 엄마와 바쁜 아빠 뒤에서 얌전하고 착하게 있었다. 어린 마음에 두 분을 도와 드리고 싶었지만, 어떻게 해야 할지 몰랐다. 그녀의 고모는 엄마가 크리스틴을 낳고 병이 부쩍 깊어졌다고 말씀하시곤 했다.

결국, 그녀는 열두 살 때 어머니를 여의었다.

그녀의 아버지는 십대에 들어선 딸을 어떻게 대해야 하는지 몰랐다. 그래서 예전처럼 열심히 일만 하셨다. 크리스틴에게는 아무 관심도 기울이지 않으셨다.

결혼 그리고 그 후

크리스틴은 자기 아빠 같은 사람과 결혼했다. 결혼할 때는 아빠랑 다르다고 생각했는데, 알고 보니 그도 아빠 같은 일중독자였다. 결혼해서도 그녀는 살림 잘하고 애 잘 키우며 얌전하고 착하게 살았다. 결혼생활 십이 년 동안, 그녀는 어떻게 하면 남편을 기쁘게 해줄까, 그의 관심을 받을 수 있을까만 생각했다. 남편은 부엌에 뭐가 있는지도 몰랐다. 집안 살림은 오직 그녀의 영역이었다.

그런데 그가 그녀를 떠나버렸다. 데이트 기간 육 년, 결혼생활 십이 년, 다 합해서 십팔 년 동안 섬겨 온 사람이 그녀를 떠나 버린 것이다.

이 년 뒤, 그녀는 존을 만났다. 그녀는 그는 다르다고 생각했다. 그때 그는 이혼한 지 이 주밖에 안 돼 도움이 절대적으로 필요한 상태였다. 그에게는 열두 살 난 딸이 있었다. 크리스틴은 엄마를 잃은 그 아이가 자기 같다는 생각이 들었다. "그 애를 돌봐 주고 싶었어요." 그러나 보살핌이 필요한 건 존도 마찬가지였다.

그래서 크리스틴은 십팔 년이나 해왔던 역할을 한 번 더했다. 끊임없이 베풀고 용서하며 얌전하고 착한 여자로 사는 것을 또 한 번 더한 것이다. 존은 툭 하면 약속 시간에 늦게 나타났다. 약속 장소와 상관없이, 매번 30

분에서 네 시간씩 늦었다. 늦을 거라는 전화도 없었다. 그럴 때마다 크리스틴은 화가 났다. 그러나 따지지 않았다. "그는 항상 그럴 듯한 변명을 댔어요. 한번은 시계가 없어서 늦었다고 하길래, 시계를 사주었죠. 그런데 차고 다니지도 않으면서 계속 약속 시간을 어겼어요."

그녀의 아빠나 전남편은 가까이 다가갈 수 없는 사람들이었다. 그런데 손에 잡히지 않기는 존 역시 마찬가지였다. 그는 항상 밤 늦게까지 일했고 주말에도 일했다. 그녀와 함께 있어도 마음은 딴 데 가 있는 듯했다. 크리스틴은 좌절감을 느꼈다. 그러나 그녀가 아는 한, 남자는 다 그랬기 때문에 그녀는 다시 한 번 아버지 같은 남자에게서 관심을 끌어내려고 발버둥쳤다.

존은 마음을 한 곳에 두지 못하는 사람이었다. 한번은 다른 여자 하고도 데이트하고 싶다고 하길래 그러라고 했다. 그러나 그는 그렇게 하지 않았다. 그들은 사 년 정도 연애한 다음 약혼했다. 그런데도 존은 여전히 그녀에게 정착하지 못했다.

"재혼할 준비가 아직 안 됐어." 그는 이렇게 말하곤 했다. 준비가 안 됐다고? 4년씩이나 연애해 놓고서? 그러나 그의 말이 맞았다. 그는 이혼하고 너무 빨리 크리스틴을 만나는 바람에, 자기 문제를 혼자 해결할 시간을 거의 갖지 못했다. 그래서 많은 문제들이 해결되지 않은 채로 있었다. 그러나 크리스틴에게는 그와 함께하는 삶이 너무도 쉽고 간단했다. 그의 손과 발이 되어 그를 돌보기만 하면 됐으니까. 그러나 그게 그가 진정으로 원하는 것이었을까?

결국, 존은 그녀와 파혼하고 다른 여자와 결혼했다.

다시 시작하기

일 년 후, 크리스틴은 다시 사랑에 빠졌다. "그가 저희 집 쪽으로 걸어왔는데, 그를 본 순간 심장이 쿵 하고 떨어졌어요." 그녀는 '첫눈에 사랑에 빠지는 것'을 믿지 않았다. 그런데 그런 게 있는 것 같았다.

그러나 남자만 바뀌었을 뿐, 이야기는 똑같다. "그는 전남편이랑 하나도 다르지 않았어요. 다가가도 다가가도 손에 잡히지 않았죠. 전 그렇게 오래도록 우울증에 빠져 있는 사람은 처음 봤어요." 그들은 이 년 정도 데이트하다가 헤어졌다.

"제가 만난 남자들은 제가 갈망하는 관심을 눈곱만큼도 주지 않았어요. 그리고 하나 같이 손에 잡히지 않았어요. 전 그게 저한테 문제가 있어서라고 생각했어요. 그런데 지금 생각해 보니, 제가 원래 관심이나 애정이 없는 사람들에게 주로 매력을 느꼈다는 생각이 들어요. 그런 사람들만 좋아한 거죠."

전문가들에 의하면, 우리는 종종 자기 부모 같은 사람을 배우자로 택해서는 그들을 변화시키려 한다고 한다. 그래서 유년 시절 때 받았던 고통을 결혼 후에도 그대로 받게 된다는 것이다. 크리스틴이 그랬고, 다른 많은 여자들이 그랬다. 이처럼 '손에 잡히지 않는 남자 신드롬'은 너무 흔하다. 우리 사회가 자기를 줄줄 모르는 남성을 한 세대 양산했기 때문이다. 그래서 많은 여자들이 좌절감을 맛본다. 그들은 이 상황을 해결할 방법을 알지 못한다. 그래서 거기에 굴복해 '얌전하고 착하게' 군다. 맹종하고 용서한다. 그들이 아는 성공전략은 이것뿐이다. 결국, 자신의 경계선을 모두 잃어버리고 상대방이 자기를 당연하게 생각하도록 한다.

대답 찾기

세 번째 남자와 헤어진 뒤, 크리스틴은 내 동료 상담가를 찾아왔다. 그녀는 먹는 걸 멈출 수 없다며 고통을 호소했다. 세 번째 관계마저 실패로 끝나자, 그녀는 고통을 잊기 위해 먹는 데 집착했다. 그러나 내 동료는 그녀의 문제가 음식중독이 아니라 관계중독이라는 것을 간파했다. 그래서 그녀가 그 문제를 직면하게 해주었다.

내 동료는 그녀에게 어떤 남성에게 매력을 느끼는지 물어 보았다. 그녀는 잘 생긴 남자에게 끌린다고 했다. 그리고 감정적으로 손에 잡히지 않는 남자에게도 끌린다고 했다. "제가 어떤 남자에게 첫눈에 반했다면, 그건 그에게 문제가 있다는 걸 의미해요. 이제까지 늘 그래왔거든요."

내 동료의 도움으로, 크리스틴은 변화를 위한 노력을 시작했다. "그런 성향이 완전히 없어지지 않았기 때문에 아직은 문제 있는 사람을 보면 매력을 느낄지도 모르겠어요. 하지만, 지금은 단지 끌린다는 이유만으로 관계를 갖는 건 옳지 않다는 걸 알아요. 이젠 아주 괜찮아 보이는 사람을 만나도, 그 사람이 어떤 사람인지 알아보는 노력부터 할 거에요."

그녀는 어떤 남자를 알아갈 때, 생김새나 말이 아니라 행동에 초점을 맞추어야 한다는 걸 배웠다. 그래서 이제는 마음이 끌리는 남자를 보면 "그가 어떻게 살아가는가? 처신은 어떻게 하지?"라고 자문한다고 한다. 덕분에 일중독자는 조금만 물러서면 알아볼 수 있고, 상대방이 스스로 해결해야 할 깊은 문제를 부인하고 있는 것은 아닌지 어렵지 않게 알 수 있다고 한다(존의 문제가 이것이었다. 그는 이혼 후 자신의 문제를 제대로 다루지 않았다. 크리스틴을 편하게 생각해 곧바로 그녀와 관계를 맺었다. 그러나 그는 먼저 자기 성찰의 시간을 가졌어야 했다).

그밖에 크리스틴은 처음부터 좋은 패턴을 확립해야 한다는 것도 배웠다. 상담을 시작하고 얼마 안 돼, 어떤 남자가 그녀에게 접근해 왔다. 겉모습은 별로였지만 지적이고 친절했다. 그녀는 상담하며 배운 대로, 그를 좀더 알아 보기로 했다. 그래서 자기도 관심 있다는 것을 표명한 뒤, 몇 번 데이트했다. 데이트하는 동안 그에게 맹종하지 않으려고 주의하고 또 주의했다. "전 아무것도 주지 않았어요. 오히려 너무 많이 요구했어요." 그녀가 자랑스럽다는 듯이 말했다. 그는 그녀와 같이 있는 걸 좋아했다. 그녀를 있는 모습 그대로 좋아해 주었으며, 그녀가 자기를 위해 무엇을 해줄 수 있는가는 따지지 않았다.

그런데 그는 다른 여자와도 데이트하고 있었다. 그는 이 사실을 숨기지 않았고 크리스틴도 개의치 않았다. 그녀는 이번에는 서두르지 않기로 했다. 오래지 않아, 상대 여자가 자기와 크리스틴 중에 하나만 택하라고 최후 통첩을 해왔다. 그는 크리스틴을 정리했다.

이번에는 이별이 고통스럽지 않았다. 새로 세운 규칙을 적용하며 관계를 절도 있게 잘 끌어와서 그런 것 같았다.

몇 주 후, 그 남자에게서 전화가 왔다. 그는 "아무래도 내가 실수한 것 같아요. 당신이 너무 보고 싶은데, 지금 좀 만나면 안 될까요?"라고 했다. 예전 같았으면 "물론이에요! 전 언제든지 당신을 만날 준비가 되어 있어요."라고 했을 것이다.

그러나 크리스틴은 다정하면서도 단호하게 "마음이 정리되면 그때 다시 전화하세요."라고 했다.

이제 그녀는 어떤 남자를 만나든 친구들과 상담가에게 조언을 구한다. 그녀에게는 자기와 비슷한 경험을 한 친구가 있는데, 그 친구의 의견에 상당한 비중을 둔다. 상담하는 날에는 상담가에게 자기 행동에 대한 해명을 하는데, 이것은 첫눈에 사랑에 빠지지 않도록 그녀를 지켜 주는 버팀목 역할을 한다. 이 작업은 영화로 보면 멋있어 보이는데, 실제로는 많이 힘들고 어렵다.

다른 많은 관계중독과 마찬가지로, 크리스틴의 관계중독 역시 결국은 자아상 문제였다. 그녀는 자기 인식이 분명치 않았다. 그래서 많이 고통받았다. 그녀는 남자에게서 관심을 받지 못하면, 자기가 쓸모없다고 생각했다. 그러나 이제는 혼자서도 가치 있는 사람이라는 걸 배워가고 있다. 요즘은 "저는 최고의 대접을 받을 자격이 있다고 생각해요. 그리고 계속 발전할 거에요."라고도 말한다.

돌파구

크리스틴은 아버지와의 관계를 회복하면서 돌파구를 찾았다. 그들은 이따금씩 만날 뿐 거의 연락을 않고 있었다. 그러나 내 동료는 아버지를 찾아가 부모의 사랑과 관심을 바라는 문제를 해결하라는 조언을 했다. 그래서 그녀는 아버지를 찾아갔다.

그들은 함께 점심식사를 했다. 자기 감정을 한 번도 표현한 적 없는 아버지와 딸의 만남은 참으로 어색했다. 식사를 마친 뒤 크리스틴은 실패한 관계들과 그로 인한 고통에 대해 이야기했다. 될 수 있으면 좋게 이야기하려고 했지만, 더 이상은 '얌전하고 착한' 딸이 될 수 없었다.

"제가 이렇게 된 건… 아버지한테서 사랑한다는 말을 듣지 못했기 때문인 것 같아요." 더듬거리며 그녀가 이렇게 말했다.

아버지는 불편한 듯 몸을 움직이셨다. "아냐, 난 사랑한다고 말했어." 그 말을 듣자, 크리스틴은 이게 무슨 의미가 있나 하는 회의가 들었다. 그래서 나가려고 일어섰다. 그런데 그때 아버지가 다가오더니 그녀를 어색하게 끌어안으며 "사랑한다, 얘야."라고 말했다.

그 말에는 놀라운 치유의 힘이 있었다. 그 후, 크리스틴은 자주 아버지를 찾아가 점심식사를 같이했다. 내 동료 상담가도 계속 만났다. 그녀는 크리스틴의 삶을 제자리로 돌려놓아 주었고 그녀가 바라는 삶을 살게 도와주었다.

평가

크리스틴을 통해, 우리는 어릴 때 받은 상처가 어른이 되었을 때까지 영향을 미치는 것을 보았다. 아버지와의 소원한 관계는 크리스틴이 남자들과 관계 맺는 데 큰 영향을 미쳤다. 그녀는 무의식적으로 자기 아빠 같은 남자를 찾았다. 그리고 그것은 그녀를 파멸로 이끌었다. 그녀는 아빠를 닮은 사람에게 매력을 느꼈다. 그런데 세상에는 그녀 아빠처럼 섬김받기 좋아하고 감정적으로 다가가기 어려운 남자들이 참 많다.

음식중독은 그녀 이야기에서 눈 여겨 볼 만한 아주 흥미로운 부분이다.

크리스틴은 무언가를 먹고 있으면 고통이 느껴지지 않는다고 했다. 맛있는 음식을 먹고 있으면 원하는 남자에게 거절당함으로써 생긴 감정의 고통이 많이 무디어진다고 했다. 그러나 이것 역시 자기 파괴적인 행동이었다.

크리스틴의 미래는 밝다. 그녀는 견고한 자아상을 확립했으며 자신을 찾았다. 음식과 남자 모두 절제하는 훈련을 했으며 욕망을 통제하는 법도 배웠다. 우선순위도 재점검했고, 남자에게 진정으로 원하는 게 무엇인지도 재평가했다. 다행히, 아버지를 만난 것이 치유에 큰 도움이 되었다. 아버지와의 관계가 새로워졌다고 어릴 때 받은 상처가 다 사라진 것은 아니지만, 그래도 눈에 띄게 경감되었다. 시간이 지나면, 아버지와의 회복된 관계에서 힘을 받아 자의식도 새롭게 회복될 것이다.

사례연구는 크리스틴을 끝으로 마감하려 한다. 지금까지 나는 다양한 상황에 처한 사람들을 소개했다. 그 가운데 몇 명은 아직도 힘든 싸움을 하고 있다. 치유를 향해 조금씩 나아가고는 있지만, 가야 할 길이 여전히 멀다. 그러나 완전히 치유된 사람도 있다. 그들의 삶은 제자리를 찾았다. 지금 그들은 건강하고 행복해 보인다.

그러나 건강을 회복했다고 중독에서 완전히 자유로운 건 아니다. 언제고 또 다시 중독에 빠질 수 있기 때문이다. 마약이나 알코올 중독에서 빠져나온 사람들은 몇 년이 지난 후에도 자기는 아직 회복되는 중에 있다고 말한다. 관계중독도 마찬가지다. 그들은 "지금은 제자리로 돌아왔지만 언제 또 다시 관계중독에 빠질지 모른다는 생각으로 계속 조심할 거에요."라는 태도를 견지해야 한다.

주의가 최선의 방책이다. 균형이 일그러진 관계에 끌리는 사람들은 특히 더 그렇다. 주의하면 얼마든지 상처에서 회복돼, 새로운 사람과 건강한 관계를 맺을 수 있다.

16

결혼 안에서의 중독

중독적인 관계에 빠졌던 사람들은 결혼해도, 결혼 전에 가졌던 안 좋은 것들을 그대로 결혼 안으로 갖고 온다. 결혼했다고 지배욕과 질투, 교묘한 조종, 강박관념, 학대, 낮은 자존감 등이 사라지는 것은 아니다. 그런데도 사람들은 결혼하면 이런 문제가 해결될 거라고 생각한다. 그러나 결혼은 오히려 새로운 문제들을 야기하며 선택의 폭을 제한한다. 특히 관계에서 빠져나갈 수 있는 길을 완전히 차단해 버린다.

나는 동료 상담가로부터 중독 때문에 삶 전체가 엉망진창 돼 버린 부부에 대한 이야기를 들었다. 그들은 자존감과 관련하여 심각한 문제가 있었으며, 둘 다 도움이 절실한 상태였다. 게다가 그들은 둘 다 결혼에 실패했으며 돌보아야 할 아이들이 있었다.

그들은 급속도로 가까워졌다. 그런데 아이들이 먼저 위험을 감지했다. 두 사람 모두 관계에 빠져 자신을 잃어가고 있었는데, 그것이 아이들 눈에도 건강하지 못하게 보인 것이다. 그런데도 그들은 결혼하기로 하고 내 동료 상담가에게 결혼 전 상담을 받으러 왔다.

그들은 성질이 불 같아서 사소한 일에도 쉽게 폭발하곤 했다. 내 동료가 혀를 내두를 정도였다. 상담받으러 와서도 그들은 한번은 밀어를 속삭이며 서로 추켜세워 주었다가, 다음 번에는 저주와 욕설을 퍼붓곤 했다. 그들의 싸움은 연인의 싸움이 아니었다. '내가 당신을 또 만나면 손에 장을 지져요.' '난 당신이 밟고 다니는 땅조차 경멸스러워.' 식의 악다구니였다. 그리고는 몇 주도 안 돼 또 만났고 다시 전처럼 싸웠다.

이처럼 사랑과 증오가 반복되는 것이 중독적인 관계의 특징이다. 그들은 함께 있고 싶어하면서도 상대방에게서 최악의 모습을 끄집어 내 마치 원수 대하듯 한다. 자기도 상대방도 성장하지 못하게 한다. 그들은 감정적으로 깊은 필요를 갖고 있다. 그런데 그것을 채우고 싶어하면서도 오히려 묵은 상처를 끄집어 낸다. 그들 속에는 "당신이 사랑해 주지 않으면, 전 아무것도 아니에요."와 "하루나 이틀 정도만 절 사랑해 보시면, 제게 끔찍한 문제가 있다는 걸 발견하게 될 거에요."가 공존한다.

하는 수 없이 내 동료는 두 사람을 따로 상담하기로 했다. 개별 상담에 들어가자, 두 사람은 자신의 관계가 중독적이며 건강하지 못하다는 것을 시인했다. 성질도 죽여야 하고 각자의 감정적 필요는 각자가 알아서 해결해야 한다는 것도 시인했다. 그러면서도 한 달도 안 돼 결혼하기로 약속

했다. "더 이상은 이런 식으로 떨어져 있을 수 없어요." 그게 이유였다.

그렇다면, 결혼하고 무슨 변화가 일어났을까? 불행하게도, 그들은 허구한 날 싸운다고 한다. 짐 싸 들고 집을 나간 것만도 두 사람 다 결혼 첫해에만 세 번이나 된다고 한다.

중독적인 관계는 결혼해도 그대로 중독적이다. 이런 사람들이 결혼하는 것은 오히려 달아날 수 있는 문을 닫는 것이다. 이미 밧줄 하나에 묶여 있는데 거기에 새 밧줄을 더하는 것밖에 되지 않는 것이다. 게다가 각자에게 필요한 치유 방법도 발견하기 어렵게 한다.

예외

모든 규칙에는 예외가 있다. 지금까지 나는 관계를 일시에 끊는 것이 중독에서 빠져나올 수 있는 가장 좋은 방법이라고 말했다. 중독적인 관계에 빠져 있다면 당장 나와야 한다. 그러나 여기에는 한가지 예외가 있다. 바로 결혼이다. 이미 결혼했다면, 거기에서 나올 게 아니라 결혼을 지키기 위해 최선을 다해야 한다.

관계중독자는 중독의 대상으로부터 멀찌감치 떨어져 있어야 한다. 그러나 결혼의 경우에는 이것이 해당되지 않는다. 결혼할 때 우리는 '죽음이 갈라놓을 때까지' 충실하겠다고 서약한다. 이것은 하나님과 서로에 대한 맹세다. '더 이상은 관계에서 만족감을 느낄 수 없을 때'나 '배우자가 나쁜 짓을 하기 시작하면'이 아니라, '죽음이 갈라놓을 때까지'이다.

지금 우리는 '이 사람이 싫으니까 새로운 사람을 찾아봐야겠다.' 같은 즉흥적 이혼에 대해 이야기하는 것이 아니다. 감정적 건강에 대해 이야기하는 것이다. 인간에게 있어, 감정적으로 건강하게 살아간다는 것은 아주 중요한 문제다. 그러나 나는 이 사실을 알면서도, 일단 결혼했으면 끝까지 결혼 안에 머물러 있어야 한다고 말하고 싶다.

내 주변에는 힘든 결혼생활을 인내하는 사람들이 참 많다. 성격이 맞지 않아 툭 하면 언쟁이 오고 하루하루 고통의 연속인데도 꾹 참고 산다. 나는 그들의 끈기를 존경한다. 배우자와 함께하고자 하는 소망도 존경한다. 결혼생활을 지속하는 게 무가치해 보이는데도 지속하려고 하는 게 대단해 보인다. 만일 당신이 중독적이고 건강하지 못한 결혼생활을 영위하고 있다면, 이번 장이 큰 도전이 될 것이다. 당신은 비탈길을 다시 올라가야 한다. 그러고 싶지 않아도 그래야 한다. 균형도 되찾고 경계선도 확보하고 관계의 건강도 회복해야 한다. 앞에서 소개한 다른 원리들도 도움이 되겠지만, 이 장은 또 다른 통찰력을 제공해 줄 것이다.

분리

앞에서 나는 중독은 애착(attaching)의 문제라고 말했다. 자신의 중요성과 정체성과 기쁨을 다른 누군가에 대한 강한 애착으로 나타내는 것이다. 제럴드 메이(Gerald May)에 의하면, '애착(attachment)'이라는 단어는 '못박다'라는 프랑스어에서 파생되었다고 한다. 그는 "애착은 우리의 소망을 특정한 대상에게 '못 박아' 중독을 야기한다."[1]고 한다. 따라서 당신이 어떤 사람에게 중독되어 있다면, 그것은 그 사람에게 '못 박혀' 있는 것이다. 그 사람의 사소한 행동 하나에도 당신은 근심하고 걱정하며 금새 반응을 보인다. 그리고 그가 당신을 어떻게 생각하길래 저런 행동을 할까 하고 고민한다. 당신의 행동 역시 그 사람에게 못 박혀 있어 '그가 찬성해 줄까? 내가 이렇게 하면 그가 좋아할까?' 하는 생각이 머리에서 떠나지 않는다.

앞에서 소개한 부부도 서로 견딜 수 없이 미워하면서도 머리 속은 상대방에 대한 생각으로 가득 차 있었다. 사소한 행동 하나에도 예민하게 반응해, 눈썹만 찌푸려도, 하품만 해도, 목소리 톤만 바뀌어도 싸움이 일어났다. "그게 무슨 뜻이죠?" 하고 말이다.

그들은 서로에게 단단히 못 박혀 있었다. 그런데도 결혼을 강행함으로써 몇 개의 못을 더 박았다.

애착은 상호의존자들 사이에서 흔히 볼 수 있다. 상호의존자는 자신에게 중독된 파트너가 행복해 하면 자기가 중요한 사람이라고 생각하고, 그렇지 않으면 무가치한 사람이라고 생각한다. 따라서 그는 파트너가 회복되면서 겪는 모든 감정적 기복에 깊이 영향 받는다. 자신의 안녕이 파트너의 안녕에 단단히 못 박혀 있는 것이다. 그는 파트너를 돌보며, 그를 대신해 여러 가지 결정을 내려준다. 그래서 파트너가 스스로 자기 행동에 책임지는 것을 여러 모로 제한한다. 그리고 파트너가 계속해서 관계중독 안에 머물면서도 정상적인 삶을 영위할 수 있도록 도와준다. 그러면서 자기는 파트너의 최선의 유익을 위한다고 생각한다. 그러나 일단 서로에게 애착이 강하면, 그것이 누구를 위한 것인지 분간하기 어렵다. 상호의존자와 중독자의 유익이 서로 단단히 못 박혀 있기 때문이다.

당신의 결혼이 중독적이라면, 당장 분리의 과정을 밟아야 한다. 극단적인 경우, 이것은 별거를 의미할 수도 있다. 그러나 별거는 어디까지나 극단적인 경우일 뿐, 내가 여기에서 말하고자 하는 것은 별거가 아니다(물론, 배우자가 물리적 폭력을 행사한다면, 즉시 별거해야 할 것이다. 폭력은 절대로 참으면 안 된다). 나는 배우자에게서 감정적으로 분리될 것을 권한다. 자신을 발견하고 배우자를 놓아주는 과정을 시작하는 것이다.

그러면 두 사람 모두 서로에게서 자유케 되어 성장을 향해 나아갈 수 있을 것이다. 관계도 그만큼 더 건강해질 것이다. 설령, 관계가 나아지지 않는다 해도, 적어도 나쁜 관계에 갇혀 끝없이 추락하는 일은 막을 수 있을 것이다.

분리는 자기는 자기가 책임진다는 믿음에서 출발한다. 우리는 자기 능력 밖에 있는 문제들은 해결하지 못한다. 누구 한 사람도 변화시키지 못한다. 그래서 다른 사람 일에는 관여하지 않으려고 한다. 대신 자신의 약한 부분을 돌보려고 한다.

사람들이 문제를 일으키면 자기 행동의 결과를 직면하게 해야 한다. 그리고 있는 모습 그대로 받아들여야 한다. 성장하고 성숙하고 발전하는 것은 그들의 책임이다. 우리의 성장 역시 우리의 책임이다.

어떻게 해도 문제가 해결되지 않을 때는 그 문제와 함께 사는 법을 배워야 한다. 혹은 그 문제에도 불구하고 사는 법을 배워야 한다. 그리고 우리에게 있는 것 가운데 좋은 것만 생각하며 감사하고 행복하게 살려고 노력해야 한다. 그러면, 자신에게 있는 것을 최대한 활용하는 것이 축복을 배가시키는 비결이라는 것을 배우게 될 것이다.

달라

달라는 자기가 크게 칭찬받을 만한 행동은 하지 않았다고 생각한다. 그러나 나는 그녀가 아주 용감한 일을 했다고 생각한다. 지금 그녀는 좀더 성장하고 온전해지기 위해 남편에게서 분리되는 과정 중에 있다. 그러나 이혼하지는 않았다. 그녀는 힘든 삶을 살았다. 지금도 나쁜 결혼 때문에 힘들어하고 있다. 그러나 이제는 희망의 빛이 보인다.

달라는 육 년 전, 교회에서 스탠을 만났다.

둘 다 삼십 대 중반이었으며, 둘 다 이혼으로 깊은 감정적 필요에 시달리고 있었다. 이혼 후 스탠은 제대로 되는 일이 하나도 없었다. 직장에서도 해고당했고 사업도 하는 것마다 실패했다. 그래서 무척 상처 받기 쉬운 상태에 있었다. 그런데 달라는 그의 그런 면을 사랑했다. 그는 아무에게도 이야기하지 않은 속 얘기를 그녀에게는 솔직히 털어놓았다. 워낙 돌보는 것을 좋아한 달라는 드디어 보살필 사람이 생겼다며 아주 좋아했다.

그들은 찰떡궁합 친구가 되었다. 시간이 지나자 사람들은 그들이 잘 어울리는 한 쌍 같다고 했다. 그래서 그들은 연인관계로 발전하는 것에 대해 진지하게 고민해 보았다. 오랜 기간 우정을 키워온 사이라, 사랑을 고백하고 구애하는 데는 그리 오랜 시간이 걸리지 않았다. 이미 서로를 너무 잘 알고 있었던 것이다. 그때는 그렇게 생각했다.

달라와 스탠은 둘 다 낮은 자존감에 시달렸다. 스탠은 영리했으며 활달했다. 그러나 학습장애가 있어 대학에 진학하지 못했다. 사업이 실패할 때마다 그는 상처 받았으며 자존심에 타격을 입었다. 그는 자기가 대학은 못 나왔지만, 인생에 대해서는 대학 나온 사람보다 더 많이 안다고 큰소리쳤다. 그러면서도 세상은 대학교육을 받지 못한 사람들에 대한 편견으로 얼룩져 있다고 불평했다. 그의 마음 깊은 곳에는 불안이 도사리고 있었다. 그러나 그는 그것을 말로 교묘히 가렸다. 달라는 대학을 나와 MBA 과정을 밟고 있었지만 그의 속에서 남다른 총명함을 보았기 때문에, 그의 말에 대부분 동의했다. 잘하면 그를 구해 줄 수 있을 것도 같았다.

그러나 이들의 관계에는 처음부터 중독적인 요소가 깔려 있었다. 관계가 온통 그에 대한 것뿐이었던 것이다. 균형이 깨져 있었다. 달라는 그가 경제적으로도 능력을 회복하고 잠재력도 최대한 많이 발휘할 수 있도록 도와주었다. 그러면서 그런 자기 역할에 만족했다.

그들은 결혼해서 아이들을 낳았다. 결혼 후에는 사업이 잘 됐다. 그래서 좋은 동네에 좋은 집을 구했다. 스탠은 그 지역사회의 사업가 모임에도 나갔고, 다른 사업들에도 손을 댔다. 그 가운데 일부는 성공하고 일부는 실패했다. 그런데 그렇게 오래 사업을 했어도, 스탠은 실패할 때마다 상처 받았다. 그는 입증하고 싶은 게 너무 많았다.

달라는 스탠이 일하는 시간이 점점 늘어난다는 것을 깨달았다. 집에 와도 일 생각뿐인 것 같았다. 그는 집에 오면 파김치처럼 쓰러져 손가락 하나 까닥하지 못했다. 그런데 언젠가부터는 골프를 하더니 골프 얘기밖에 하지 않았다. 피곤하다면서도 주말만 되면, 골프 실력 키워야 한다며 온종일 필드에서 보냈다.

갑자기 그가 멀게 느껴졌다. 말수도 줄었고 달라에게 데이트도 신청하지 않았다. 집안일도, 아이들 돌보는 것도 나 몰라라 했다. 어쩌다 달라가 불평이라도 하면, 자기 방어하느라 정신없었다. 그리고 자기만큼 말도 잘

통하고 감정적으로 잘 이해해 주는 남자는 없을 거라고 주장했다. 그러나 말만 그렇게 할 뿐, 주말만 되면 어김없이 골프여행을 다녀오곤 했다. 달라와 아이들을 위해 죽도록 일하기 때문에, 일주일 내내 업무에서 받은 스트레스를 풀려면 골프여행이라도 다녀와야 한다면서.

그는 소중한 보물을 지키려는 사람처럼 보였다. 그러나 달라는 그 보물을 신뢰할 수 없었다. 달라는 처음에는 문제를 부인했다. 스탠이 힘든 시기를 지나고 있어 그런 것이므로, 시간이 지나면 위기도 자연히 가라앉을 거라고 생각한 것이다.

그러나 그렇게 되지 않았다. 문제는 계속 커졌고, 결국은 달라가 적극적으로 나서야 했다. 그녀는 스탠이 운영하는 벤처기업 중 한 곳에서 그와 함께 일했다. 그의 세계에 들어가기 위해서였다. 그와 함께 일하면 그 영역에서만큼은 그가 자기를 보여 줄 것 같았다. 그러나 그런 일은 일어나지 않았다. 그들 사이의 긴장감은 직장에까지 이어졌다. 그래서 달라는 회사에 나가는 것을 그만두었다. 얼마 후, 그녀는 MBA 과정을 마쳤고 별로 좋지는 않지만, 그래도 직장을 구했다.

그런데 갑자기 화가 나기 시작했다. 생각할수록 화가 났다. 어떻게 뒷바라지했는데 자기를 이런 식으로 대한단 말인가! 어떻게 가정은 뒷전이고 일과 골프만 쫓아다닐 수 있단 말인가! 그는 가족에게 인색했다. 사업이 힘들다며 생활비도 많이 주지 않았다. 그러면서도 주말에는 어김없이 비싼 골프여행을 떠났다. 그녀는 이해할 수가 없었다. 주말마다 골프가방을 메고 나가는 모습을 보면 화가 나 미칠 것 같았다. 그런데 그는 그녀가 화를 분출할 때마다 더욱더 마음 문을 닫았다. 그리고 더 자기 방어적이 되었다. 몸만 옆에 있을 뿐, 마음은 벌써 떠난 것 같았다. 화 낸다고 달라지는 건 하나도 없었다.

그때부터 우울증이 찾아왔다. 몸도 많이 아팠다. 살도 많이 빠졌고 잠
도 잘 못 잤다. "암 덩어리를 몸에 지니고 사는 것처럼 끔찍했어요." 그녀
는 부인과 타협과 분노와 우울증 사이를 왔다 갔다 했다. "결국은 제가
처한 상황을 받아들이는 수밖에 없더군요. 그래서 전 모든 상황에 건강하
게 반응하기로 했어요."

결국, 달라는 우울증에서 빠져나왔다. 지금도 가끔 분노가 끓어오르지
만, 거기에 지배되지는 않는다. 그녀는 나쁜 결혼을 구하는 아주 좋은 일
을 했다. 지금 그녀는 열심히 직장생활하며 좋은 엄마와 아내가 되기 위
해 노력한다. 남편과의 대화 창구도 활짝 열어 놓았다. 그러나 대화를 강
요하지는 않는다. 그녀는 혼자 힘으로 삶을 꾸려가는 법을 배웠다. 가끔
은 친구들을 집에 초대해 즐겁게 놀기도 한다. 친구들은 스탠도 함께 어
울리자고 하지만, 스탠은 대부분 자리를 피한다.

그들은 같이 상담도 받았다. 그녀는 함께 상담받으며 한줄기 희망을 발
견했다. 그가 상담받기를 거부하지 않은데다 마음 문도 조금씩 열기 시작
한 것이다. 그러나 달라는 너무 많은 것은 기대하지 않기로 했다. 그녀는
아직도 멀고 험한 길을 가야 한다. 그러나 언젠가는 그 길이 순탄하게 바
뀔 것이다.

생존

자신이 나쁜 결혼에 갇혀 추락하고 있다면, 즉시 빠져나와야 한다. 이

말은 이혼하라는 소리가 아니다. 물론, 잘못된 관계에서 빠져나오려면, 배우자와의 사이에 거리감이 생길 수 있을 것이다. 그래도 당신은 자기를 보호해 줄 경계선과 벽을 만들어야 하며, 좀더 높은 곳으로 움직여야 한다. 동시에 배우자에게도 함께 건강한 관계를 향해 나아가자고 도전해야 한다.

물론, 이것은 쉽지 않다. 어쩌면 배우자가 싫어할 수도 있다. 그래서 이혼을 요구해 올지도 모른다. 그러나 자신과 관계를 위해 온전해지겠다는 결심을 놓아서는 안 된다. 그렇지 않으면 앞으로 나아갈 수가 없다.

단, 모든 것을 사랑으로 해야 한다. 자신을 묶고 있던 굴레에서 나오려 하다 보면, 상대방을 미워하고 괴롭히고 상처 주고 고통을 안겨 주고자 하는 유혹에 빠질 수 있다. 그러나 그런 감정에 휘둘려서는 안 된다. 모든 행동은 사랑으로 해야 한다. 온전하고도 강인한 사랑만이 남편과 아내가 적당한 거리를 유지하게 해준다. 그리고 중단을 모르는 사랑과 기도만이 치유와 건강한 관계를 가능케 해준다. 이것은 하기 어려운 사랑이다. 그러나 강인한 사랑이다.

어떻게 하면 이 같은 사랑을 할 수 있을까? 그리고 어떻게 하면 나쁜 관계에서 빠져나올 수 있을까? 여기에 대한 지침은 앞에서 이미 언급했다. 그러나 도움이 될 만한 부가적인 원칙이 몇 가지 더 있어 소개하고자 한다.

1. **자기 파괴적인 충동에 사로잡히지 마라.** 우리에게는 누르기만 하면 자기 증오라는 궤도 속으로 우리를 쏘아 올릴 단추가 여러 개 있다. 이 단추들이 어디에 있는지 배우자가 알아내는 데는 그리 오랜 시간이 걸리지 않는다. 인간이라면 누구나 당혹감과 불안감을 주는 것과 저항하기 어려운

유혹을 갖고 있기 마련이다.

누군가 잘못된 말을 하면 우리는 대들든가 토라진다. 잔뜩 먹기도 하고 줄담배를 피기도 한다. 그리고는 다시 나쁜 관계 속으로 빠져 들어간다. 기분을 거스르는 말에 사람들이 보이는 반응은 다양하다. 그러나 한가지 공통점이 있는데, 대부분 쉽게 조종당한다는 것이다. 그것도 자기랑 가장 가까운 사람들에게.

우리는 자기 증오의 단추들이 눌러지지 않도록 주의를 기울여야 한다. 그 단추를 누르면 핵폭탄이 발사될 수도 있다는 것을 인정해야 한다. 그리고 항상 "난 용서받았어. 그러니까 더 이상 죄책감 느끼지 않을 거야." "난 이 문제랑 씨름하지 않을 거야. 그럴 가치가 없거든." "내가 이 사람의 삶을 책임 지고 있는 건 아냐." 같은 대화도 자신과 나누어야 한다.

배우자의 말 한 마디, 행동 하나가 무얼 의미하는지 유의하라. 의식적으로든 무의식적으로든, 당신을 조작하고 비틀거리게 하고 관계가 중독의 덫에서 빠져나오지 못하게 하려고 애쓰고 있지는 않은지 살펴보라. 그런 일이 일어나게 해서는 안 된다. 거기에 흔들리지 마라. 당신에게는 사명이 있다. 배우자를 '이기는 것'은 중요하지 않다. 따라서 당신은 모든 짐을 내려놓을 수 있다.

2. **기대는 내려놓고 필요는 표현하라.** 달라는 MBA 과정 밟을 때 저녁 강의가 일주일에 한 번씩 있어, 그날마다 스탠에게 아이들을 맡겼다. 일주일에 한 번밖에 안 되니까 자기가 돌아올 즈음이면, 스탠이 아이들도 깨끗이 씻겨 재우고 집안도 말끔하게 정리해 놓고 있을 거라고 생각했다. 그러나 그런 적은 한 번도 없었다. 아이들은 언제나 소리지르며 온 집안을 뛰어다니고 있었고, 소파에는 빵 부스러기들이 떨어져 있었다. 그리고

스탠은 바닥에 누워 TV를 보고 있었다. 제발 아이들 재우는 것만이라도 좀 해 달라고 신신당부해도 들은 척도 하지 않았다.

결국, 그녀는 포기하고 더 이상 그런 요구를 하지 않았다. 스탠은 아무 것도 그녀가 원하는 대로 해주지 않았다. 그녀는 현실을 받아들여야만 했다. 그런데 스탠에 대한 모든 기대를 놓아버리자, 더 이상 절망스럽지 않았다. 그녀는 스탠이 실망시킬 때마다 화내고 절망했다. 그러나 전혀 그럴 필요가 없었다.

그렇다고 남남처럼 지내지는 않았다. 그녀는 자기가 무얼 원하고 필요로 하는지 끊임없이 말로 표현했다. 그가 이 결혼을 이성적으로 꾸려가기 원한다면, 그녀도 이 결혼에서 바라는 것을 기꺼이 알릴 생각이었다. 그래서 대화는 하되 잔소리는 삼가려고 노력했다.

자기가 무얼 원하는지 표현하지도 않고, 그게 충족되지 않아도 아무렇지도 않은 척하는 것은 잘못인 것 같았다. 그래서 그녀는 기대는 놓아버리되, 필요는 말로 표현하기 시작했다. 욕구를 속으로만 간직하는 것이 오히려 더 화나고 절망스러웠다.

마침 교회에서 부부들을 위한 주말수양회가 있어, 달라는 스탠과 함께 참석했다. 강의 중간에, 배우자가 자기를 위해 무얼 해주면 좋겠는지 말하는 시간이 있었다. 그래서 달라는 맥도날드 같은 데라도 좋으니, 가끔씩 외식하러 나갔으면 좋겠다고 했다. 아니면 저녁에 동네 한 바퀴라도 같이 돌았으면 좋겠다고 했다. 스탠은 시간 나면 그렇게 하겠다고 했다. 그러나 몇 주가 지나도 외식이나 바람 쐬러 가자고 하지 않았다. 그래서 그녀가 먼저 말을 꺼냈더니, 베이비시터를 부를 만큼 경제사정이 넉넉하지 않다며 그녀를 외면했다. 그리고는 혼자 훌쩍 나가더니 골프채를 사가지고 왔다.

그래서 달라는 힘들지만, 스탠의 이런 면을 받아들이기로 했다. 이제 그녀는 원하는 게 있으면 그때마다 스탠에게 말한다. 그러나 스탠이 들은 척하지 않아도 속상해 하지 않는다(내가 그녀에 대해 높게 평가하는 것도 바로 이 점이다).

3. 배우자를 지배하겠다는 욕심을 버리라. 이것은 아주 중요하다. 천성적으로 돌보기 좋아하는 사람이라면 더욱더 그렇다. 이런 사람들은 자신의 정체성을 상대방이 자기를 필요로 한다는 사실에서 찾는다. 상대방을 지배하고 변화시키고 개선시키고, 그의 행동에 영향을 끼치려고 한다. 그러나 이것은 잘못이다.

배우자가 아무리 자기 때문에 좋게 변화되고 있어도, 그를 지배하고자 하는 욕구는 버려야 한다. 자신의 통제 아래 있지 않으면 위태롭게 보여도 그를 지배하려고 해서는 안 된다. 배우자를 책임져야 할 사람은 배우자 자신이지 우리가 아니다. 배우자의 일거수일투족을 통제하는 한, 그는 영원히 자기 인생을 책임질 수 없게 된다. 배우자를 지배하고 싶은 마음이 들어도, 그것을 자제하는 것이 두 사람 모두에게 좋다.

스캇 펙 박사도 『끝나지 않은 여행(*Further Along the Road Less Traveled*)』에서 "많은 부부들의 문제는 너무 많이 떨어져 있는 것이 아니라, 너무 많이 붙어 있는 것이다."라고 말한다. 그는 균형을 잃은 사람들이 건강한 관계를 가지려면 혼자만의 시간을 가져야 한다고 설명한다. 그 역시 결혼한 지 오 년이 되자 아내와의 관계가 완전히 바닥에 이르렀다고 한다. 그는 아내에게 너무도 화가 나 그녀를 외면하기 시작했다. 나중에는 아무 관심도 안 가졌다. 그녀 역시 무관심으로 그에게 보복했다.

그런데 펙 박사는 그 무관심을 이렇게 표현한다. "우리가 서로에게 무관심해졌다는 것은 서로의 삶을 변화시키고 통제하기를 포기했다는 걸 의미한다. 그 후 우리 결혼은 조금씩 개선되기 시작했다!"[2]고.

나는 몇 년 전에 우연히 잘 휘어지는 중국산 직물로 만든 원통형 장난감을 보았다. 그 장난감은 손가락 두 개를 양쪽으로 넣고 힘껏 잡아당기면, 원통이 더 세게 조여 들어 손을 뺄 수 없도록 제작되어 있었다. 그런데 손가락을 당기지 않고 안으로 밀면, 원통이 느슨하게 풀어지면서 손을 뺄 수 있게 된다. 한쪽으로 너무 세게 잡아당기기 때문에 두 사람 다 꼼짝 못하게 되는 관계가 얼마나 많은지 모른다. "당신은 왜 내가 원하는 사람이 되어 주지 않죠? 그렇게만 해준다면, 우리 관계는 훨씬 근사해질 텐데 말이에요." 그러나 상대방을 지배하려고 하는 한, 관계는 나빠질 수밖에 없다. 설령, 좋은 의도로 그렇게 하더라도 말이다. 그런데 지배하기를 그만두고 상대방 마음대로 선택하게 하면, 관계중독이 맥을 못 추게 된다.

그러나 이미 관계중독에 빠진 사람은 이렇게 하기가 쉽지 않다. 연인 사이라, 언제고 관계를 끝낼 수 있다면 그나마 쉽겠지만, 결혼한 사람이 배우자에 대한 지배욕을 철회하기란 아주 어렵다. 이런 때는 자신의 태도를 날마다 점검해 보아야 한다.

- "배우자에게 관심은 갖겠지만, 그를 돌보지는 않겠다."
- "절대로 잔소리하지 않겠다."
- "겸손하되 자기 파괴적이 되지는 않겠다."
- "종처럼 섬기되, 건강한 경계선은 지키겠다."
- "배우자가 내 의견에 동의하지 않는다고 화내지는 않겠지만, 단지 가정의

평화를 위해 그에게 굴복하는 일도 하지 않을 것이다.”

달라가 스탠과의 관계를 개선하려고 하자, 스탠은 더욱더 방어적이 되어갔다. 그녀는 MBA라는 학위와 심리학 부전공자라는 사실을 내세워, 자기 입장에서 관계를 정의하려고 했다. 그러나 그는 그녀가 주도권을 쥐려고 할 때마다 분개했다. 그녀에게 지배되어 자신을 잃을까봐 두려워했다. 또한 자기가 그녀의 보살핌의 결과물밖에 되지 않을까봐 두려워했다. 그는 사업과 골프에서는 자신의 모습이 될 수 있었다. 그래서 거기에 많은 시간을 할애했다.

결국, 달라는 그에 대한 통제의 끈을 놓고 그가 되고 싶은 사람이 되도록 해주어야 했다. 그를 안심시켜 마음 문을 열게 할 수 있는 방법은 그것뿐이었다. 어쩌면 그는 지금까지처럼, 앞으로도 그녀에게 마음 문을 열지 않을 수 있다. 그러나 그녀가 결혼생활을 계속하며 자기 삶을 살 수 있는 방법은 이것밖에 없다.

4. 무엇에 대해 싸울지 결정하라. 배우자를 지배하고자 하는 욕구를 놓아 버리는 것도 중요하지만, 배우자가 잘못했을 때 싸움을 피하지 않는 것도 중요하다. 당신에게 신발이 필요한데, 배우자가 마지막 남은 1달러로 목걸이를 사 버렸다면 당신은 어떻게 하겠는가?

살다 보면, 배우자와 함께 결정해야 하는 일들이 있어, 어쩔 수 없이 충돌이 일어나게 된다. 그런데 그 가운데는 가정을 지키고 자신도 살아남기 위해 절대 양보하지 말아야 하는 것들이 있다.

그러나 의견이 일치하지 않을 때마다 싸우는 것은 좋지 않다. 웬만하면 배우자의 의견을 존중해 주되, 배우자가 꼭 알아두어야 할 것들이나 행동에 변화가 있어야 할 것들은 분명히 짚고 넘어가야 한다. 배우자에게 자신의 생각을 분명히 피력해야 하는 것이다. 그러므로, 무엇에 대해 싸울지 미리 결정해 두는 것이 좋다.

문제가 생길 때마다 승강이를 벌인다면, 온 집안이 전쟁터 같을 것이다. 그러나 무엇에 대해 싸울지 미리 선택해 둔다면, 과도한 갈등을 빚지 않고도 원하는 것을 이룰 수 있을 것이다.

5. 자신의 정체성을 발견하라. 심리학자들에 의하면, 정체성의 기본은 안정과 중요함이라고 한다. 그래서 이 두 가지가 흔들리면, 삶 전체가 소용돌이에 휘말리게 된다.

사람들이 배우자에게서 이 두 가지를 발견하려고 하는 것은 지극히 자연스러운 현상이다. 배우자가 항상 나를 사랑해 주리라는 것을 아는 것은 감정적으로 커다란 안정감을 준다. 혹은 그 정도는 아니어도, 최소한 같이 있을 사람이 있다는 것을 아는 것만으로도 실제적 안정감을 느끼기에는 충분하다. 여기에 '나는 이 사람에게 중요해.' '나는 이 사람의 삶에 아주 큰 영향력을 행사하고 있어.'라는 느낌까지 더해지면, 자기가 중요하다는 인식도 갖게 된다.

그런데 배우자에게서 분리되려면, 배우자와 상관없이 스스로 안정감과 중요함을 발견해야 한다. 나는 누구인가? 혼자서는 어떻게 삶을 꾸려갈 수 있는가? 배우자와 헤어져 돌봐 줄 사람이 없어지면, 그때는 내가 어디에 소용 있겠는가? 이것은 아주 어려운 질문이다. 그러나 반드시 해야만 한다. 이것이 내가 결혼한 부부들에게 해주는 전형적인 조언은 아니다. 대부분의 부부는 결혼 속에서 안정감과 중요함을 발견할 수 있다. 하지만 달라처럼, 남편에게서 아무런 안정도 받지 못하는 여성은 어떻게 해야 할까?

　막 이혼한 사람들은 대개 자기가 누구인지 모르는 멍한 상태에 있다. 그들은 문제가 생길 때마다 카펫 밑에 숨겨둔다. 그런데 어느 날, 그 카펫이 걷혀 버리고 말았다. 그러자 안정감과 중요함에 대한 인식이 흔들리기 시작했다. 나는 나 자신이 직접 경험해 보았기 때문에, 이게 어떤 건지 잘 안다. 나도 이혼했을 때는 내가 누구인지 몰랐다.

　그런데 결혼 안에 머무르는 동안 배우자에게서 분리되는 작업을 하면, 이 과정을 좀더 천천히 지나갈 수 있다. 그래서 자기가 누구인지 모르는 정체성의 상실은 경험하지 않게 된다. '나는 누구인가?'와 같은 기본적인 질문들에 새로운 답을 발견하려고 해 보라. 그러면, 배우자에 대한 건강하지 못한 의존을 많이 거둘 수 있을 것이다.

　당신은 누구인가? 여기에 대해 열 가지 정도 답을 적어 보라. 재능, 기질, 관심사, 관계, 신앙, 견해, 배경, 직장 등 무엇이든 좋다. 그런 다음에는 배우자와 연관된 것을 모두 지우라. 당신이 자신이 되는 데 이런 것들이 과연 필요할까?

　누구의 아내나 남편 말고, 당신이 어떤 사람인지 알 수 있게 해주는 것은 여덟 개나 아홉 개 정도밖에 안될지도 모르겠다. 그런데 그것이 자기 인식에 대한 출발점이 될 수 있다. 이 작업을 하면 혼자 있는 모습을 상상할 수 있고, 혼자만의 정체성을 발전시킬 수도 있다.

　다음 질문들에 대해 생각해 보라.

- 당신은 정치적으로 어떤 입장인가? 보수파인가, 개혁파인가, 아니면 중도파인가?

- TV 프로그램은 어떤 것을 좋아하는가? 그리고 영화나 연극은 어떤 것을 좋아하는가?
- 당신의 인성 가운데 가장 좋은 점은 무엇인가?
- 오늘 누가 3천만 원을 준다면, 뭘 하고 싶은가?
- 하나님과 아주 가까이 있다고 느낀 적은 언제였는가?
- 일 년 동안 여행할 수 있다면, 어디 가고 싶은가?
- 현재 우리 나라에 가장 필요한 것은 무엇이라고 생각하는가?

너무 기본적인 질문 같지만, 이런 기본적인 질문에 배우자의 의견을 구하지 않고도 답할 수 있다면, 미래가 밝다. 이런 질문에 혼자 답 못할 바보가 어디 있느냐고 반문할 수도 있겠지만, 샐리의 경우에서처럼 그렇게 못하는 사람도 있다. 그녀는 17년 동안 건강하지 못한 결혼에 갇혀 있었다. 그녀의 남편은 그녀가 자기 의견이라고는 하나도 가질 수 없을 정도로 그녀의 자존감을 깎아내렸다. 그녀는 자기가 좋아하는 TV프로그램을 가질 수 있다는 것도 몰랐다. 아마 공돈 3천만 원이 생겼다면, 남편한테 갖다 주었을 것이다.

배우자에게서 분리되는 과정에는 자신을 발견하고 자기가 누구인지 알아내는 작업이 반드시 포함되어야 한다.

6. 무언가 할 일을 찾으라. 직업은 자기가 중요한 사람이라는 의식을 갖게 해준다. 그러므로, 직업을 갖도록 하라. 직장에 얽매이기 싫다면, 교회나 자선단체에서 봉사활동이라도 하라. 이도 저도 싫다면, 취미활동이나 예술적인 일에라도 몰두하라.

달라는 MBA 과정을 마친 뒤 일자리를 구했다. 스탠은 재정적인 이유

때문에, 그녀가 직업 갖는 것을 용납했지만 썩 좋아하지는 않았다. 어떤 때는 조금 분개하기도 했다. 달라가 자기에게서 분리되려 한다는 걸 눈치 챘기 때문이었다. 흔히 한쪽이 정체성을 확립하고 자기만의 활동을 추구하려고 하면 상대방은 위협을 느끼게 된다. 관계에서 자유로워지려고 하는 움직임이 낯선 변화를 불러오기 때문이다. 그러나 상대방 눈치 보느라 다시 예전 상태로 돌아가서는 안 된다. 우리는 결혼 밖에서도 자기가 중요한 사람이라는 것을 얼마든지 느낄 수 있다. 그리고 이 사실을 하루 빨리 깨달아야 한다.

7. 새로운 친구들을 사귀라. 정서적 안정은 친구들을 통해서도 얻을 수 있다. 결혼이 산산조각 날 때, 그들은 우리 옆에 있어 줄 수 있다. 어려운 고비를 지날 때는 격려해 줄 수도 있다. 물론, 잘못된 판단을 하거나 어리석은 계획을 세울 때, 그리고 일관적이지 못할 때는 비난의 말을 할 수도 있다(좋은 친구라면 당연히 그렇게 할 것이다).

앞에서도 말했지만, 중독적인 관계에 빠지면 배타적이 되어 다른 사람을 돌아보지 않게 된다. 게다가 상대방이 질투심 많으면 다른 사람은 전혀 못 사귀게 된다. 따라서 자신을 찾는 과정에는 새 친구 사귀는 것도 포함되어야 한다.

달라는 스탠 때문에 좌절감이 커지자, 직장과 교회 친구들에게 정서적 도움을 받았다. 이것은 건강을 회복하는 데 많은 도움이 되었다. 나아가 그녀는 자신의 목적을 이해해 줄 친구들을 찾았다. 어떤 사람들은 아무 생각 없이 "그런 인간은 당장에 차 버려요."라고 조언하기도 했다. 그러나 그녀는 결혼에 헌신하고자 하는 그녀 마음을 이해해 줄 사람이 필요했다. 그래서 결혼이라는 틀 안에 머물면서도 온전한 사람이 될 수 있도록 도와줄 사람들을 찾았다.

8. 몇몇 실제적인 문제는 스스로 해결하라. 환갑이 가까운 나이에 남편과 사별한 할머니가 있었다. 할머니는 생계 문제에 있어, 사십 년 가까이 할아버지를 의지했다. 생계를 꾸려가고 공과금 내고 고장난 것을 고치는 등 실제적인 일은 할아버지가 다했다. 할머니는 아이들을 키우고, 집안일만 했다. 그래서 할아버지께서 돌아가시고 나자, 어찌할 줄을 몰랐다. 신용카드를 발급받는 것도 못했고, 보험금 수령 문제로 보험회사와도 한바탕 곤혹을 치렀다. 할머니는 육십이 다 된 나이에 세상살이에 필요한 모든 것을 새로 배워야 했다.

그런데 대부분의 여성들이 이 할머니처럼, 실제적인 문제에서 많이 무력하다. 특히, 경제적인 문제에서는 남편을 전적으로 의지한다. 이것이 꼭 나쁜 것은 아니지만, 그 속에 건강하지 못한 의존이 있다면, 하루 빨리 고쳐야 한다. 마찬가지로, 남자들도 집안 일이나 아이 양육 등 가사와 관련해서는 하나도 할 줄 아는 게 없다(물론, 이런 고착된 역할을 깬 부부도 많지만, 아직까지는 이것이 대부분의 가정에서 볼 수 있는 남편과 아내의 전통적인 역할이다).

남자냐 여자냐를 떠나, 이런 실제적인 것들은 어느 정도 배워 두는 것이 좋다. 달라는 직업을 구하고 검소한 생활을 함으로써, 자기 삶이 스탠의 사업의 흥망에 좌우되지 않게 했다.

그러나 내 말이 이혼했을 때를 대비해 혼자 일어서는 연습을 해 두라는 뜻은 절대로 아니다. 지금까지 내가 말한 것은 분리되는 과정의 일부분일 뿐이다. 두 사람 중 한 사람이 건강하지 못한 의존을 하고 있다면, 그 관계는 당연히 변화되어야 한다.

이상의 여덟 가지 방법을 당신의 관계에 적용한다면, 지금까지 관계를 엉망진창으로 만들어 온 것들로부터 벗어나 자신을 발견할 수 있을 것이다. 당신과 당신의 배우자가 현재의 의존적인 관계를 버리고 건강한 관계를 맺을 수 있다면 더할 수 없이 좋다. 그것은 엄청난 양의 치유와 변화가 일어나야만 가능하다. 그러나 희망은 언제나 있다.

여러분이 이 방법을 택했다면, 진심으로 환영한다. 당신은 다른 사람과 새 출발하는 좀더 쉬운 길을 택할 수도 있었지만, 그러지 않고 결혼에 대한 당신의 헌신을 영화롭게 하기로 결심했다. 부디, 자신을 발견하고 새롭고 건강한 관계를 누리기 바란다.

17

동성간의 우정에서 나타나는 중독

카라와 킴은 스물여섯 동갑이다. 그들은 고등학교 때부터 단짝친구였다. 그들은 하루도 빠짐없이 대화 시간을 갖는다. 때로는 남자친구들과 함께 더블데이트를 즐기기도 한다. 그리고 따로 데이트할 때는 전화해서 데이트가 어땠는지 들려준다.

그런데 몇 해 전에 킴 회사에 새로운 비서가 왔다. 킴은 그녀와 급속도로 가까워졌다. 점심식사도 같이하고, 카라에게 그녀 이야기도 많이 했다. 그런데 카라는 킴이 "베티가 그러는데", "베티가 그랬대."라고 말할 때마다 질투심 때문에 미칠 것 같았다. 처음에는 카라도 자기가 여자친구에게 질투심을 갖고 있다는 걸 믿을 수가 없었다. 그러나 시간이 지날수록 베티가 킴의 단짝친구가 될까봐 두려워졌다. 킴 없이는 단 하루도 살 수 없을 것만 같았다.

그래서 처음에는 은근히 킴이 베티와 친해지는 걸 반대했다. 그러나 그 다음에는 킴과 점심식사를 같이하기 위해 스케줄도 바꾸고, 베티가 다른 사람들과 친해지기 위해 킴을 이용하는지도 모른다고 말하는 등 노골적으로 불쾌감을 표시하기 시작했다.

결국, 킴은 베티와 점심식사하는 횟수를 급격히 줄여야 했다. 그런데 카라는 그걸로도 마음이 안 놓였는지, 킴에게 자기 회사 가까이에 있는 회사로 직장을 옮겼으면 좋겠다고 했다.

킴은 카라의 질투심이 걱정스러웠다. 그러나 그녀를 좋아했기 때문에 공연히 불안하게 하고 싶지 않았다. 그런데 올해 봄, 갑자기 어디론가 떠나고 싶어 아무 말없이 남자친구와 함께 뉴잉글랜드로 주말여행을 다녀왔다. 뒤늦게 이 사실을 안 카라는 격분했다.

"어쩜 나한테 한 마디 말도 없이 여행 가 버릴 수 있니? 내가 전화를 얼마나 많이 했는 줄 알아? 하도 전화 안 받길래 죽은 줄 알았어. 어제는 너무 걱정돼 하루 종일 밥도 못 먹었어." 카라는 다짜고짜 킴에게 따졌다.

갑자기 그렇게 된 거라 미처 얘기할 시간이 없었다고 설명해 줘도, 카라는 여행 일정과 관련하여 자기에게 조언을 구하지 않았다고 화냈다. 넷이 같이 여행 갔으면 좋았을 텐데, 그렇게 하지 않았다고도 비난했다.

킴은 죄책감을 느꼈다. 그래서 몇 번이나 사과했으며, 더 좋은 친구가 되기 위해 더 많이 노력했다.

중독에 대한 새로운 환경

지금까지는 주로 낭만적인 관계에 초점을 맞추었지만, 중독적인 관계를 가능케 하는 환경은 이것 말고도 많다. 분명, 카라와 킴은 관계중독 증상을 보이고 있었다. 그런데 낭만적인 관계에 적용되는 원칙들이 동성간의 우정에도 그대로 적용된다는 것이다.

킴과 카라는 레즈비언이 아니다. 그들 사이에서는 성적인 접촉을 전혀 발견할 수 없었다. 일부 동성애자들도 정서적으로 의존하기는 하지만, 정서적으로 의존한다고 해서 다 게이는 아니다(동성애자들의 관계에는 분명 많은 문제들이 있지만 거기에 대해 구체적으로 다루지는 않겠다).

정서적 의존은 여자들 사이에서 좀더 흔히 볼 수 있다. 그러나 여자들만 그런 것은 아니다. 나도 한번은 나에게 지나치게 의존적이던 남자친구를 사귄 적 있다. 그는 게이가 아니었다. 그러나 감정적으로는 나에게 심하게 의존했다. 그래서 나는 거기에서 빠져나왔다. 이렇듯 정서적 의존은 간혹 남자들 사이에서도 일어나지만, 그래도 남자들보다는 여자들 사이에서 훨씬 더 많이 일어난다(이성간의 친구도 정서적 의존을 발전시키기는 하지만, 그런 경우는 극히 드물다).

문제 정의하기

그렇다면, 좋은 우정이 나빠지는 것은 어디부터일까? 친구에게 하루도 빠짐없이 전화하는 것은 잘못일까? 그리고 자기의 애정생활을 친구의 애정생활과 비교하는 것도 잘못일까?

4장에서 우리는 건강하지 못한 중독적인 관계의 특성을 살펴보았다. 그런데 거기에 적용된 원칙들이 여기에도 그대로 적용된다. 킴과 카라의 우정은 분명 균형이 깨져 있었다. 그들의 우정은 배타적이었다. 그들 사이에는 다른 사람이 끼어들 자리가 없었다. 심지어 남자친구들도 변두리에서 겉돌았다. 그런데 그 배타성 뒤에는 질투심이 도사리고 있었으며, 비이성적이지는 않지만 부정적인 감정이 막강한 힘을 발하고 있었다.

둘의 우정이 건강했다면, 카라는 킴에게 새 친구가 생겼을 때 진심으로 기뻐해 주었을 것이다. 그리고 자기도 베티와 친해지려고 노력했을 것이다. 셋이 함께 식사도 하고 자주 어울리기도 했을 것이다. 건강한 관계는 포용적이다. 그래서 친구가 많을수록 기쁨도 그만큼 커진다.

질투심이 생기는 이유는 상대방을 신뢰하지 못하기 때문이다. 카라는 킴이 언제까지나 친구로 남아 줄 거라는 걸 믿지 못했다. 그래서 킴에게 다른 친구가 생겼을 때, 또 킴이 아무 말없이 남자친구와 여행 갔을 때 안절부절 못했다. 킴이 자신의 통제력을 벗어날 때마다 위기의식을 느낀 것이다. 그런데 이렇게 상대방을 신뢰하지 못하는 것은 자존감이 빈약하기 때문이다. 자신이 누구 하고라도 친구할 수 있을 만큼 가치 있는 사람이라는 것을 믿지 못하기 때문에, 친구가 딴 사람에게 가 버릴까봐 두려운 것이다.

자존감 빈약은 경계선이 결여되었을 때도 나타난다. 15장에서도 말했지만, 좋은 울타리는 좋은 배우자와 좋은 친구를 만든다. 우리는 자신의 경계선과 상대방의 경계선 모두를 알고 있어야 한다. 자신의 책임도 알고 상대방의 책임도 알아야 한다. 나는 어떤 사생활을 갖고 있는가? 그리고 혼자서 어떤 결정들을 내릴 수 있는가?

그러나 카라는 킴이 어떤 경계선을 정해도 침범했을 것이다. 여행일정 짜는 것을 도와달라고 하지 않으면 여행도 못 가게 했을 것이다. 아니면, 자기도 같이 가자고 해야 갈 수 있게 했을 것이다. 카라 때문에 킴은 다른 친구를 사귈 수가 없었다. 카라는 킴을 자기 옆에 붙들어 두기 위해 직장 까지도 구해 주었다. 킴에 대한 그녀의 통제력은 대단했다. 아마, 킴의 삶을 대신 살아 줄 수 있었다면, 그렇게라도 했을 것이다.

그러나 카라에게만 잘못이 있는 것은 아니다. 알고 보면 킴도 공범자다. 그녀는 돌보는 것을 좋아했다. 그래서 카라가 자기를 필요로 하자 거기에 부응했다(이것은 신입사원인 베티가 회사에서 친구를 필요로 하자, 당장에 그녀의 필요를 채워 준 것과 일맥상통한다).

카라와 달리 그녀는 카라를 직접적으로 의지하지는 않았다. 그러나 카라의 의존에 일일이 반응을 보였다. 카라가 자기 몰래 여행한 것에 대해 그녀를 죄인 취급하자, 그녀는 죄책감을 느꼈다.

실제로 카라는 "넌 내가 필요로 할 때 어디에도 없었어."라고 말했다.

그러면 킴은 "그렇지 않아. 난 항상 네 옆에 있었어. 하지만 네 요구가 너무 비이성적이라, 네게서 좀 벗어나고 싶었어."라고 말할 수도 있었다.

그러나 그녀는 "네 말이 맞아. 미안해. 다시는 그러지 않을게."라며 그녀의 말을 인정했다. 카라가 경계선을 없애도록 허락한 것이다. 킴에게는 카라에게 굴복할 때만 충족될 수 있는 특별한 필요가 있었던 것 같다. 그녀는 카라의 행복에 대해 책임감을 느끼고 있었다. 그래서 카라가 자기 삶에 침입함으로써 행복해질 수 있다면, 그렇게 하게 해야 한다고 생각했다. 그렇게 하지 않으면 자기가 나쁜 사람이 되는 거라고 생각했다.

킴과 카라가 경계선을 확립한다면, 훨씬 더 건강한 관계를 누릴 수 있을 것이다. 카라는 자기 삶을 꾸려가는 데서 행복을 발견해야 한다. 그리고 킴은 카라에게서 떨어져, 그녀가 스스로의 삶을 살 수 있도록 도와주어야 한다. 그것이 그녀가 카라에게 줄 수 있는 최고의 선물이다.

치료법

어쩌면 이 두 사람은 건강한 관계를 가질 수 없을지도 모른다. 현재의 잘못된 관계에 너무 깊이 들어와 버렸기 때문이다. 그러나 나는 아무리 균형이 일그러진 관계라도 만남을 중지하고 떨어져 있으면 건강을 회복할 수 있다고 생각한다. 다른 중독도 그렇지만, 관계중독도 미온적인 해결책을 택하는 것은 효과적이지 못하다. 카라와 킴이 건강한 관계를 회복하려면, 최소 1년 이상은 만나지 말아야 한다. 힘들고 고통스러워도, 그들에게는 이것이 최선의 방법이다.

그러나 떨어져서는 하루도 지낼 수 없다면, 분리를 시도하는 것이 차선의 대안이 될 수 있다. 중독적인 결혼생활을 영위하는 부부들처럼, 헤어지지는 않되 일정한 거리를 두고 경계선과 규칙을 확립하는 것이다. 우정을 유지하고 싶다면 이렇게라도 해야 한다.

킴과 카라는 전화하는 횟수를 하루에 한 번에서 일주일에 한두 번 정도로 제한해야 한다. 남자친구에 대해 이야기하는 것도 자제해야 한다(내 생각에 이런 대화는 전혀 필요치 않은 것 같다. 만일, 그들이 계속해서 이런 식으로 상호작용한다면, 애인과의 사이에도 머잖아 문제가 생길 것이다).

상대방에게 죄책감 불러일으키는 것도 자제해야 한다. 특히, 카라는 킴에게 죄책감 불러일으키는 것을 그만두어야 한다. 킴도 카라가 어떤 식으로 죄책감을 불러일으키든, 거기에 휘둘리지 말아야 한다. 그리고 상대방 없이 혼자 몰두할 수 있는 활동도 찾아보아야 한다. 그러면 각자 따로 성장하게 되어 서로의 통제력에서 벗어날 수 있다.

그러나 이 모든 것을 다했다고 관계의 건강이 회복되는 것은 아니다. 의존의 정도가 온건하다면 이것만으로도 건강을 회복할 수 있겠지만, 중독의 정도가 심하다면 일체 안 보는 수밖에 없다. 어떤 사람들에게는 이것이 친구 사이를 이간시키는 말로 들릴 수도 있겠지만, 건강하지 못한 애착으로 발전한 관계는 이것 외에는 건강을 회복할 방법이 없다.

킴과 카라는 서로 거리를 두어야 한다. 동시에 둘의 관계가 어째서 이렇게 균형이 깨지게 되었는지 진지하게 고민해 보아야 한다. 이것은 그들 속에 있는 좀더 깊은 문제가 겉으로 드러난 것일 수도 있다. 그래서 서로 만나지 않는 것도 어쩌면 겉으로 드러난 증상을 다루는 것밖에 안 될지도 모른다. 아마 두 사람은 서로 만나지 못하면 공허감이 생길 것이고, 그 공허감을 분명 다른 누군가를 통해 채우려고 할 것이다. 내 생각에 십중팔구는 지금 사귀고 있는 남자친구를 통해 채우려고 할 것이다. 그래서 간신히 우정의 중독에서 빠져나와서는 낭만적인 중독의 손아귀 아래로 들어가는 어처구니 없는 결과를 야기할 것이다. 그러므로, 우정이든 사랑이든 중독적인 관계를 교정하려면 근본적인 문제를 다루어야 한다.

건강한 우정은 개인적인 성장을 가능케 한다. 특히, 중독적인 관계로 기울어지는 성향이 있는 사람들에게는 우정이 필수다. 우정은 자기 행동에 책임을 지게 하며, 인정과 지원을 얻도록 한다. 신뢰와 무조건적인 사랑을 배우게 하며, 더 많은 관계도 맺게 해준다.

4장에서 살펴본 건강한 관계와 중독적인 관계의 특성 가운데 우정에 적용되는 것도 몇 가지 있어 여기에서 살펴보도록 하겠다.

- 친구가 만나는 것은 함께 있는 것을 좋아하기 때문이지, 만나지 않으면 죄책감이 들고 보고 싶다는 강박적인 필요가 생겨서가 아니다.
- 우정은 상호적이다. 그래서 상대방을 구해 주고자 하는 필요가 아니라, 지원하고 격려하며 서로 돕고자 하는 마음을 바탕으로 한다.
- 우정은 정직하고 객관적이다. 친구들 하고는 어떤 감정도 나눌 수 있다. 무슨 말을 해도 판단하지 않으며, 고민에 대한 조언도 받을 수 있다. 친구들은 지나치게 부정적인 의견이나 현실을 외면한 의견은 말하지 않는다.
- 우정은 포용적이다. 단 둘이 있고 싶을 때도 있지만, 다른 친구들과 함께 있으면 기쁨이 그만큼 더 커진다.
- 친구들은 서로 신뢰한다. 그래서 친구에게 다른 친구가 생겨도 질투하지 않는다.
- 친구는 서로의 존재만 즐길 뿐 의지하지는 않는다. 혼자서도 온전하기 때문이다.
- 친구들은 서로 세워 준다. 그들은 정체되어 있지 않다. 계속 성장하며 서로를 지원해 준다. 상대방을 벌 주지도 않고 부끄럽게도 하지 않으며 약하게도 하지 않는다. 사랑과 증오의 사이클이 없다. 다만, 느리되 안정적이며 지속적으로 성장해 갈 뿐이다.

18

가족관계

건강하지 못한 애착은 인간관계의 기본인 가족관계에서도 일어날 수 있다. 진정한 사랑도 감정적인 의존으로 변질될 수 있기 때문이다. 즉, 부모가 자녀에게 의존할 수도 있고 자녀가 부모에게서 독립되지 못할 수도 있는 것이다.

부모 자식 간의 의존

아이가 엄마 뱃속에 있을 때 둘 사이에는 아무런 경계선이 없다. 물리적으로 아이는 모체의 일부분이다. 그래서 엄마에게 완전히 의존하고 있다. 그런데 세상에 태어나도 아이는 물리적으로만 떨어져 있을 뿐, 의존적인 것은 여전하다. 전적으로 엄마 아빠의 보살핌에 의지하는 것이다. 부모는 먹여 주고 입혀 주고 아이를 대신해 결정도 내려 준다. 그러다가 아이가 성장하면 자기 의지를 갖게 된다. 그런데 그 의지가 항상 부모 의지에 순응하는 것은 아니다. 그런데도 대부분의 부모는 자녀가 십대가 되어도 계속해서 통제력을 행사하려고 한다. 자녀가 자신에 대해 점점 더 많은 책임감을 갖게 되었는지도 모르고…. 심지어 어떤 부모는 자녀가 성인이 되었는데도 통제력을 행사하려고 한다. 이렇게 되면 많은 문제가 생긴다. 자녀가 성인이 되면 부모는 자녀에 대한 통제력을 놓아 버려야 한다.

부모의 목적은 자녀를 독립적이고 건강한 성인으로 양육하는 것이다. 자녀로 하여금 성장하고 스스로 결정하고 독립적인 사고를 할 수 있게 하는 것이 자녀 양육의 목적인 것이다. 열일곱 살짜리 아이에게는 괜찮은 독립이 열두 살짜리 아이에게는 부적절할 수도 있다. 그럼에도 불구하고 자녀를 건강한 성인으로 양육하려면 항상 독립이라는 목표를 향해 나아가야 한다. 훌륭한 부모는 자녀를 떠나 보낼 준비가 된 부모다.

자녀가 성인이 되었는데도 계속해서 아이 취급하며 매사에 대신 결정을 내려 주는 것은 잘못이다. 그런 부모는 자녀를 떠나보내는 데 실패한 부모다. 자녀에게 사사건건 자기 의견을 강요하는 부모 역시 실패한 부모다. 부모가 장성한 자녀의 독립을 받아들이지 못한다면, 그것은 이미 건강하지 못한 중독이 작동하고 있는 것이다.

스캇 펙 박사는 『끝나지 않은 여행』이라는 책으로 강연하며 자신이 발견한 흥미로운 사실에 대해 들려주었다. "사랑 많고 따뜻하고 건강한 가정에서 양육받고 자란 아이들은 어른이 되어 가정을 떠나야 할 때 큰 어려움을 겪지 않습니다. 그러나 험담과 적의와 냉담과 악의가 가득 찬 가정에서 자란 아이들은 어른이 되어도 가정을 떠나지 못해 큰 고통을 겪습니다."[1]

펙은 이 발견이 비논리적이기는 하지만, 역기능 가정에서 자란 아이들이 또 다시 역기능적인 시스템에 말려드는 이유에 대한 좋은 설명이 된다고 주장한다. 그들은 세상을 적대적이고 메마른 곳으로 본다. 반면, 건강한 부모 밑에서 자라며 독립과 분리에 대해 배운 아이들은 외부세계가 가하는 도전을 기대하는 마음으로 맞는다. 그들은 세상에 직면할 준비가 잘 되어 있다. 그는 "모든 부모는 아이의 분리를 도와주는 것을 양육의 최대 목표로 삼아야 합니다."라고 결론 내린다.

모니카를 기억하는가? 그녀는 악당 같은 남편과 함께 해외에 선교사로 파송되어 갔다. 그리고 남편과 이혼한 후 계속해서 나쁜 로맨스에 걸려들었다. 그런데 그녀는 자신의 고통에 대해 이야기하며, 끊임없이 부모의 의견을 언급했다. 이는 그녀가 서른이 넘은 지금까지도 부모의 통제력 아래에 있음을 의미한다.

그녀의 부모님은 그녀가 어떤 결정을 내리든 사사건건 비판하고 판단했다. 그녀는 어려서부터 아빠의 인정을 갈망했다. 그래서 결정을 내릴 때마다 부모님의 판단에 좌우되었다. 그녀는 부모님이 자기를 '어린아이' 취급했으며, 잠재력을 발휘하지 못하게 했다고 불평했다. 그러면서도 이해할 수 없을 정도로 부모에게 얽매여 있었다. 한마디로, 그녀는 부모님의 의견에 저항할 힘이 없었다.

흥미롭게도, 이런 현상은 한 세대로 그치지 않고 다음 세대로까지 이어진다. 모니카에게는 대학 진학을 앞둔 딸이 있었는데, 다른 주로 가고 싶어했다. 그런데 모니카는 그 생각만 하면 황폐해지는 것 같아, 어떻게든 딸을 곁에 두려고 했다. 그래서 툭하면 "대학을 너무 먼 곳으로 가는 건 위험하지 않을까? 그건 좀더 나이 든 다음에 해도 늦지 않을 것 같은데…. 엄마랑 떨어져 있으면 너도 외로울 거야."라고 말하곤 했다. 그러나 정작 외로움을 두려워하는 건 모니카 자신이었다. 그녀는 안정감이 결여되어 있었다. 그래서 딸에게서 안정감을 발견하고 있었기 때문에 딸을 떠나 보낸다는 건 있을 수도 없는 일이었다.

아이들을 잘 떠나 보내지 못하는 것은 주로 엄마들에게서 많이 발견된다. 우리 문화(적어도 전통적인 문화)는 여성의 유일한 가치는 자녀를 양육하는 것이라는 메시지를 전달해 왔다. 따라서 자녀가 떠나면 여성은 정체성의 위기를 겪게 된다. 더 이상 키울 아이도 없는데 이제 내가 무슨 소용 있겠는가? 그래서 아이가 떠나면 많은 엄마들이 자기가 중요한 사람이라는 인식을 잃어버린다. 그게 싫어 자녀를 가까이 두고 계속해서 엄마 노릇을 하려고 하는 사람도 있다. 그러나 이렇게 되면 건강하지 못한 상황이 야기된다.

그런데 아빠들은 자신의 중요함을 다른 데서 찾기 때문에 이런 경향이 훨씬 덜하다. 반면, 그들은 자녀에 대한 통제력이 위기에 처하는 경험을 한다. 자녀가 성인이 되면, 대부분의 아빠들은 자기가 부도 직전의 회사를 이끄는 기업총수 같다고 느낀다. 더 이상은 자녀에 대해 아무것도 책임져 줄 수 없고, 고작 조언이나 해주는 고문자 역할밖에 못하기 때문이다.

내 친구 가운데 부모님을 방문할 때마다, 엄마에게서는 맛있는 음식을 얻어 먹고 아빠에게서는 이런 저런 조언을 듣고 온다는 친구가 있다. 그녀는 부모님 얘기만 나오면 "어쩜 그렇게 안 달라지시는지 몰라." 하며 피식 웃는다.

부모가 이렇게 한다고 해서 다 건강하지 않은 것은 아니다. 그러나 이렇게 하는 것을 멈추지 않으면 언젠가는 자녀에게 건강하지 못하게 중독되어 버릴 수 있다. 그런데 이렇게 하는 것이 언제부터 문제가 되는지 어떻게 알 수 있을까?

증상

자녀가 성인이 되었는데도 계속해서 통제력을 행사하는 것은 위험하다. 조언을 주는 것까지는 괜찮지만, 조언이 받아들여지지 않았다고 화내는 것은 좋지 않다. 자녀가 자기 조언을 따르도록 감정적으로, 재정적으로, 실제적으로 압력을 가하는 것 역시 아주 좋지 않다.

그런데 부모가 너무 의존적이면 부모와 자녀 역할이 뒤바뀌어 자녀가 이런저런 결정을 내리기도 한다. "저와 쇼핑 가고 싶으면 같이 가도 돼요." "안 돼요. 지금은 바빠서 얘기할 시간 없어요."라는 식으로. 그러나 이것은 아주 위험하다. 자녀는 스스로의 건강을 지키기 위해서라도 관계의 경계선을 정해야 한다.

그런데 부모들은 경계선을 정해도 그것을 넘어와서는 자녀들의 삶에 깊이 개입하곤 한다. 자녀가 뭘 하고 있는지 다 알아야 직성이 풀리며, 자녀가 하는 일에 시시콜콜 간섭해야 속이 후련하다. 자녀들이 그것을 싫어하면 방법을 달리해서라도 그들의 삶에 끼어든다. 그리고 자기를 자녀들과 동일시해, 그들을 통해 삶을 살려고 한다. 그러나 이런 사람들은 건강한 경계선을 확립해, 저건 네 삶이고 이건 내 삶이라는 것을 분명히 해야 한다.

회복

나는 이런 관계들에는 중독적인 결혼과 동일한 처방을 내린다. 결혼과 마찬가지로, 가족관계 역시 서로 보지 않는 것은 좋은 해결책이 아니다. 이런 극단적인 방법을 취하지 않고도 관계의 건강을 회복할 수 있다면 그보다 더 좋을 수는 없을 것이다.

자녀의 삶에 건강하지 못하게 휘말려 있는 부모들은 자녀를 놓는 법을 배워야 한다. 그러려면 무엇보다 자녀의 독립을 기쁜 눈으로 바라보아야 한다. 자녀가 건강한 성인이 되어 독립하게 하는 것이 자녀를 키우는 목표이기 때문이다. 자녀에게 애착이 강한 부모는 이 사실을 하루 빨리 인정하고, 자녀를 놓아 주어야 한다. 그러면 자녀는 이런 저런 실수를 할 수도 있다. 그러나 그런 실수로 인한 고통을 덜어 주려 해서도 안 된다. 아이들이 세상을 배우는 것은 바로 그런 실수를 통해서이기 때문이다.

신체장애아를 둔 어머니가 길에서 친구와 이야기하고 있었다. 그동안 아이는 조금 떨어진 곳에서 혼자 놀았다. 그런데 잘 놀다가 비틀 하더니 꽈당 하고 넘어져 버렸다. 그 소리에 엄마는 아이쪽을 돌아보았다. 아이는 불편한 몸으로 어떻게든 일어나 보려고 안간힘을 쓰고 있었다. 그런데도 그 어머니는 달려가 도와주지 않았다. 아이는 한참 애를 먹은 후 간신히 일어섰다.

그 모습을 지켜본 친구가 깜짝 놀라며 "너 진짜 엄마 맞냐? 네 아들이 그렇게 힘들어하는데 어쩜 그렇게 모른 체할 수 있니?"라고 물었다.

그러자 그 엄마는 "모른 체하다니? 방금 도와줬잖아!"라고 대답했다.

아이들의 삶에 언제 끼어들고 언제 물러날 건지를 아는 것은 아주 어려운 일이다. 그것은 솔로몬의 지혜를 필요로 한다. 만일, 당신이 자녀에게 건강하지 못한 애착을 갖고 있다면, 이 신체장애아 어머니에게서 지혜를 배우기 바란다. 부모가 자녀에게 줄 수 있는 도움 가운데 가장 큰 것은 아이가 무엇을 하든지 스스로의 힘으로 하도록 배려해 주는 것이기 때문이다.

그러므로 자녀와 의논하여 경계선을 정한 뒤, 정한 것을 반드시 지키도록 하라. 어쩌면 당신은 자녀와 함께하는 시간을 제한해야 할지도 모르고 전화통화하는 횟수를 제한해야 할지도 모른다. 조언이나 경제적 도움을 제한해야 할지도 모른다.

그리고 자녀가 어떨 때 감정적으로 격해지는지 알아내 그런 순간이 생기지 않도록 하라. 부모로서 우리는 말 한 마디로도 자녀를 파괴시킬 수 있다. 우리에게는 그만큼 강력한 힘이 있다. 우리는 어떻게 하면 자녀의 마음을 아프게 할 수 있는지 본능적으로 알고 있다. 때문에 자녀의 아픈 곳을 건드리지 않도록 우리의 본성을 훈련시켜야 한다. 자녀와 마주앉아, 그 아픈 부분이 어딘지 함께 대화하도록 하라.

끝으로, 자기 삶을 가지라. 자신만의 기술과 관심사와 인성을 개발하면, 부모라는 역할에 집착하지 않게 된다. 그래서 자녀의 삶에 끼어들고 싶은 충동이 많이 줄게 된다.

성인아이

부모가 자녀를 떠나 보내려 하지 않아 성인아이가 된 사람들은 이제라도 부모님께 독립하겠다고 말씀 드려야 한다. 그리고 앞에서 소개한 단계들을 모두 밟아야 한다. 특히, 경계선 정하는 작업을 해야 한다.

그런데 부모가 자녀의 독립 욕구를 이해 못하면, 자녀에게 죄의식을 불어넣으려고 할 수도 있다. 그러나 거기에 휘둘릴 필요가 없다. 당신은 지금 결혼생활을 구하려고 하는 배우자와 마찬가지로, 부모님과의 관계를 구하려고 하고 있다. 당신은 현재의 애정상태가 건강하지 못함을 인식했다. 그래서 관계를 좀더 새롭고 건강하게 하기 위해 기본적인 규칙을 확립하려 한다. 이것은 부모님이 당신을 더 잘 양육하도록 도와주는 것이라할 수 있다. 독립해 자신의 삶을 살려고 하는 것이 처음에는 부모님 눈에이기적으로 보일 수 있다. 그러나 시간이 지나면 부모님도 그것이 자신을위한 것이었다는 걸 알게 될 것이다.

필요하다면, 부모에게서 분리되는 작업도 해야 한다. 부모님이 계속해서 경계선을 침범한다면, 당분간 부모님과 떨어져 지내는 것도 고려해 보아야 한다. 어디 멀리 여행 가는 것도 좋다. 이도 저도 여의치 않다면, 최소한 부모님이 당신을 통제하지 못하게는 해야 한다. 당신도 부모님께 모든 것을 시시콜콜 말씀 드릴 필요는 없다. 부모님의 조언을 구할 필요도없다. 받아들일 필요는 더더욱 없다. 당신은 이미 성인이기 때문이다. 언젠가는 부모님과의 관계가 개선돼 좀더 건강하게 부모님과 상호작용하는 것이 당신의 목적이다. 그러나 이것이 불가능하다 해도, 당신은 부모님과 상관없이(부모님도 여러분과 상관없이) 정서적 건강을 발견해야 한다.

부모에 대한 자녀의 의존

반대로, 자녀가 부모를 놓으려 하지 않을 수도 있다. 그런데 이것은 본인의 결혼생활에도 영향을 미치기 때문에 심각한 문제를 야기한다.

낸시가 그랬다. 릭은 낸시가 장모님께 너무 많이 의존한다고 불만을 토로했다. "낸시는 하루라도 장모님을 안 보면 못 살아요. 장모님을 못 보는 날은 전화라도 해야 해요."

"그게 어쨌다고 그래요?"

"하지만, 정도가 너무 지나치잖아. 어떻게 하루도 안 빠지고 그래? 이 사람은 직장에서도 장모님과 통화해요. 그리고 퇴근할 때는 꼭 처가에 들러요. 그런데 집에 와서 저녁 먹고도 장모님께 전화해서는 한 시간 이상 수다를 떨어요. 저는 전혀 안중에도 없다는 듯이요. 어떨 때는 장모님을 저보다 훨씬 중요하게 생각하는 것 같아 씁쓸해요!"

"말도 안 되는 억지 부리지 말아요."

"육 개월 전에는 이 사람이 승진했는데, 퇴근해서 저한테 한마디도 않고 곧장 전화기로 달려가더니 장모님께 승진했다고 자랑하는 거에요. 전 이 사람이 전화하는 소리를 듣고서야 그 사실을 알았어요. 웃기지 않아요?"

"그게 뭐가 이상해요?" 낸시가 어이없다는 듯 고개를 저었다.

"게다가 저희는 무슨 결정을 내리든 장모님의 허락을 받아야 해요. 휴가도 저희 마음대로 가 본 적 없어요. 어디 가서 어떤 일정으로 여행할 건지 모두 장모님께 보고해야 한다니까요."

"그건 엄마가 여행을 많이 다녀서 어디가 좋고 어디가 안 좋은지 잘 아시기 때문이죠."

"더 기분 나쁜 건 장모님이 제게 전화해서는 저희 둘만 알고 있어야 할 아주 개인적인 일들에 대해 뭐라고 말씀하신다는 거에요."

"우리 엄마가 언제 그랬어요? 있으면 얘기해 봐요." 낸시가 다그쳤다.

"말하라면 못할 줄 알아? 아, 글쎄, 한번은 전화하시더니, '낸시가 그러는데, 자네, 요즘 별로 정열적이지 않다며? 무슨 문제 있나? 일을 너무 많이 해서 그런 건가?' 하시는 거에요?"

"그럴 리 없어요!"

"그럼 내가 거짓말이라도 한단 말아?"

그런데 이 둘은 상담받으러 오기 일주일 전에 크게 다투었는데(무슨 문제로 다퉜는지는 상상에 맡기겠다), 그 일로 낸시가 집을 나가 버렸다고 한다. 그렇다면, 낸시는 집을 나와 어디로 갔을까? 보나마나, 친정으로 갔을 것이다.

나중에 낸시는 개별 상담 중에, 릭과 엄마 중 한 사람을 택해야 한다면 엄마를 택할 거라고 했다. "그이를 안 지는 4년밖에 안 됐지만, 엄마는 평생 알고 지내온 걸요?"

평가

　낸시의 모녀관계는 건강하지 못했다. 약간 중독적이기도 했다. 그리고 남편조차 배제할 정도로 배타적이었다. 그녀는 무슨 일이든 혼자 결정 내리지 못했으며, 부부간의 경계선을 수시로 침범했다.

　창세기는 이 문제와 관련하여 아주 유용한 지혜를 제공해 준다. 아담은 이브를 "내 뼈 중의 뼈요, 살 중의 살"이라고 했다. 더불어 성경은 "이러므로 남자가 부모를 떠나 그 아내와 연합하여 둘이 한 몸을 이룰지로다"[2]고 말한다.

　남자와 여자 모두, 좋은 결혼생활을 영위하고 다른 사람들과 건강한 관계를 맺기 위해서는 부모를 떠나야 한다. 이 말은 부모님과 일체 대화하지 말라거나, 부모님 말씀을 업신여기라는 소리가 아니다. 우선순위가 바뀌어야 한다는 소리다. 결혼하고 나면, 충성의 대상은 당연히 부모에게서 배우자로 바뀌어야 한다.

　낸시는 분리와 경계선에 대해 알아둘 필요가 있었다. 아무리 건강하지 못한 부모 자식간의 관계라도 적절한 의사소통과, 함께 협력하려는 노력 그리고 변해야겠다는 단호한 결심만 있으면, 얼마든지 건강한 우정으로 탈바꿈할 수 있다. 더불어 올바른 경계선도 가질 수 있다.

19

결론

　지금까지 우리는 중독적인 관계에 빠져 힘들어하는 여러 사람들을 만나 보았다. 샐리, 크리스틴, 스콧 등. 그들의 상황은 모두 독특했다. 그러나 공통점도 있었다.

　각자 처한 상황은 달랐지만, 모두 비슷한 고통을 겪고 있다는 것, 이것이 내가 그들을 하나의 그룹으로 묶게 된 이유다. 그들은 서로 "그게 어떤 느낌인지 알겠어요", "당신이 겪고 있는 고통을 정확히는 모르겠지만, 그 비슷한 감정은 느껴본 적 있어요."라고 말하곤 했다.

　나는 여러분이 어떤 상황에 처해 있는지 정확히 알지 못한다. 왜 이 책을 들었는지도 모른다. 이 책으로 당신 삶이 어떻게 변화 될지도 알지 못한다. 그러나 당신의 상황이 아주 독특하다는 건 알고 있다.

그럼에도 불구하고, 당신은 이 책에 나오는 다양한 사람들로부터 많은 것을 배울 수 있다. 그들의 이야기와 이 책에서 제시하는 많은 원리들을 통해 당신에게 있는 특별한 문제들을 해결할 수 있다. 그러나 어떤 게 필요하고 어떤 게 불필요한지는 전적으로 여러분이 가려 내야 한다. 필요 없는 것은 버리고 필요한 것만 취하도록 하라.

그러나 이 책을 다 읽었다고 치유가 절로 되는 것은 아니다. 이 책을 다 읽었으니, 기적 같은 치유가 일어나는지 어디 한 번 볼까 하는 것은 우스운 일이다. 치유는 그런 식으로 일어나지 않는다. 치유가 일어나려면, 이 책에서 소개한 것들을 몸소 실천해야 한다. 훈련도 해야 하고 힘든 결정도 내려야 한다. 중독적인 관계에 빠져 들게 한 애인과는 만남을 중지하고 새로 많은 친구들을 사귀어야 한다. 자기 동정의 늪에서도 빠져나와야 한다. 어쩌면 볼링동호회나 연극동호회에 가입해야 할지도 모른다. 혹은 자기 일에 더 몰두하거나 지금까지 말없이 도와준 친구들에게 더 관심 가져야 할지도 모른다.

하나님

어쩌면 하나님에 대해 좀더 진지해져야 할지도 모른다. 여러분은 자신이 변화되고 치유되는 과정에서 그분이 하는 역할을 어떻게 보고 있는가?

나는 이 책을 읽고 있는 사람들은 두 부류로 나눌 수 있다고 생각한다. 하나는 '종교적인' 사람들이고 다른 하나는 '종교적이지 않은' 사람들이다. 그러나 이것은 정확한 표현이 못 된다. 이 책의 독자를 두 부류로 가르는 중요한 기준은 하나님을 믿느냐 안 믿느냐가 아니라, 믿음으로 사느냐이기 때문이다.

어떤 사람들은 날마다 하나님을 의지하는 삶을 산다. 그들에게는 하나님이 인도자고 선생이며 위로자다. 이런 사람들은 언제쯤이면 '요점' – 하나님이 사랑 문제에서 우리를 치유하기 위해 역사하시는 기적들 – 이 나올까 궁금해 하며 이 책을 읽었을 것이다. 어쩌면 여러분도 그 가운데 한 명일지 모르겠다.

그러나 스스로의 힘으로 문제를 해결하려는 사람도 많다. 그들은 기적을 기대하는 것은 두 손 놓고 아무것도 하지 않는 것이라고 생각한다. 기적은 자신이 만드는 거라고 생각하는 것이다.

글쎄, 어떻게 보면 전자도 맞고 후자도 맞다.

하나님께서는 분명 치유의 기적을 행하신다. 때로 그분은 의사들의 예상을 뒤엎고 기적을 행하신다. 그러나 그분은 자연적으로 치유되는 과정도 사용하신다. 그런데 이런 자연적 치유과정의 효과를 극대화하는 훈련을 받은 사람들이 바로 의사다. 그래서 우리는 아프면 그들에게 간다.

이것은 감정의 치유도 마찬가지여서, 하나님은 기적적인 치유도 일으키시지만, 감정이 자연적으로 치유되게도 하신다. 건강하지 못한 의존 관계를 맺고 있는 사람들은 분리, 정체성을 새롭게 함, 자존감, 균형과 경계선 확립 등을 통해 거기에서 빠져나올 수 있다. 아무것도 하지 않고 가만히 앉아 "하나님을 믿기만 하면, 모든 문제가 저절로 해결될 거야."라고 말하는 것은 그분이 만드신 좋은 것을 무시하는 것이다.

그러나 기적은 분명히 있다. 나는 샐리가 약물중독으로 죽지 않은 것이 기적이라고 생각한다. 그녀는 지금 행복하고 자신감 넘치며 자유로운 삶을 살고 있다. 이것은 분명 기적이다.

로리는 상사와의 관계가 실패로 끝나자 한동안 절망의 구렁텅이에 빠져 있었다. 그러나 하나님을 의지하는 법을 배워 다시 일어섰다. 지금 그녀는 건강을 회복하게 해주신 하나님을 찬양한다. 이 역시 기적이다.

우리는 '보다 높은 힘인' 하나님을 의지해야 한다. 중독적인 관계에서 치유되려면, 무엇보다 자신의 한계를 인정하고 하나님께 도움을 청해야 한다. 이렇게 해서 건강을 회복하는 사람들이 얼마나 많은지 모른다.

교회는 성도 한 사람 한 사람이 거룩해지도록 돕는다. 그런데 요즘은 거룩함에 대한 이미지가 별로 좋지 않아서 '거룩한 사람' 하면, 즐거움도 모르고 남들이 즐거워하는 모습을 보고 싶어하지 않는 사람을 연상시킨다. 그러나 언어학적으로 '거룩함'은 '온전함'과 같은 의미를 갖고 있다. 즉, 하나님은 우리가 거룩하고 온전해지기 원하시는 것이다.

여러분은 어느 한 쪽으로 치우쳐 있지는 않은가? 자신에게서 아주 큰 부분이 떨어져 나간 것 같지는 않은가? 훌륭한 결정을 내리기 어렵고, 건강한 관계를 향유하는 것이 어려운가? 유년기 때 받지 못한 사랑을 아직도 갈망하지는 않는가? 우리 사회가 필요하다고 외치는 것을 필사적으로 추구하지는 않는가? 이런 여러분을 온전하게 해주실 수 있는 분은 하나님 한 분뿐이시다. 그분과 관계를 가지도록 하라. 그분과 관계를 가지는 방법은 삶을 그분께 굴복시키는 것이다. 그분은 어떤 것이 우리에게 가장 좋은 지 아신다. 삶의 공허함을 채워 줄 수 있는 분은 그분뿐이다. 그분

외에는 어떤 관계도, 연인도, 중독도 우리를 채워 줄 수 없다.

기적은 오늘날에도 일어난다. 당신 삶에서도 일어날 수 있다. 그러나 그것은 행동하는 사람들에게만 일어난다.

이것으로 이 책도 끝났다. 이 책을 읽으며 당신은 자신에게 뭐가 필요한지 알게 되었을 것이다. 남은 것은 그것을 실행하기만 하면 된다. 당신의 기적은 오늘 시작될 수 있다. 아니, 벌써 시작되었는지도 모른다.

미주

1. 서클

1. Gerald G. May, 『중독과 은혜(*Addiction and Grace*)』, (서울: IVP 2002년) P.14

2. 중독적인 관계의 유형들

1. Robert Palmer, "Addicted to Love." Copyright ⓒ1985, Bungalow Music, NY. 허락하에 인용..
2. Genesis 2:24.
3. Computing Magazine, June/July issue, John C, Dvorak, "Net Addiction" WWW.PCCOWUTlNG.COK June/July 1996, p. 85.

4. 중독적인 관계의 특성

1. HoWard Halpern, *How to Break Your Addilction to person*(New York: Bantam, 1982), pp. 7-8.
2. M. Scott Peck, 『아직도 가야 할 길(*The Road Less Traveled*)』, (서울: 열음사 1991) P.126.
3. M. Scott Peck, 『아직도 가야 할 길(*The Road Less Traveled*)』 P. 127.

7. 중독의 뿌리

1. Daniel Goleman, "Drug Addiction Linked to Brain Chemistry", Santa Barbara News Press, July 7, 1990.
2. Carolyn Johnson, *Understanding Alcoholism*(Grand Rapids: Zondervan, 1991), pp. 28-29.
3. Archibald Hart, 『숨겨진 중독 (*Healing Life's Hidden Addictions*)』(서울: 참미디어, 1997)

16. 결혼 안에서의 중독

1. Gerald G. May, 『중독과 은혜(*Addiction and Grace*)』, (서울: IVP 2002년) P.14
2. M. Scott Peck, 『끝나지 않은 여행(*Further Along the Road Less Traveled*)』 (서울: 열음사 2003)

18. 가족관계

1. M. Scott Peck, 『끝나지 않은 여행(*Further Along the Road Less Traveled*)』 (서울: 열음사 2003)
2. Genesis 2:24.